权威·前沿·原创

皮书系列为
"十二五""十三五""十四五"国家重点图书出版规划项目

BLUE BOOK

智库成果出版与传播平台

四川蓝皮书
BLUE BOOK OF SICHUAN

四川社会发展报告（2022）
ANNUAL REPORT ON SOCIAL DEVELOPMENT OF SICHUAN (2022)

县域治理新探索

主　编／廖冲绪
副主编／刘　伟

社会科学文献出版社
SOCIAL SCIENCES ACADEMIC PRESS (CHINA)

图书在版编目（CIP）数据

四川社会发展报告.2022：县域治理新探索／廖冲绪主编 .—北京：社会科学文献出版社，2022.5
（四川蓝皮书）
ISBN 978-7-5228-0072-1

Ⅰ.①四… Ⅱ.①廖… Ⅲ.①社会发展-研究报告-四川-2022 Ⅳ.①D677.1

中国版本图书馆 CIP 数据核字（2022）第 072476 号

四川蓝皮书
四川社会发展报告（2022）
—— 县域治理新探索

主　　编／廖冲绪
副 主 编／刘　伟

出 版 人／王利民
责任编辑／张　媛
责任印制／王京美

出　　版／社会科学文献出版社·皮书出版分社（010）59367127
　　　　　地址：北京市北三环中路甲29号院华龙大厦　邮编：100029
　　　　　网址：www.ssap.com.cn
发　　行／社会科学文献出版社（010）59367028
印　　装／天津千鹤文化传播有限公司

规　　格／开本：787mm×1092mm　1/16
　　　　　印 张：16.75　字 数：252千字
版　　次／2022年5月第1版　2022年5月第1次印刷
书　　号／ISBN 978-7-5228-0072-1
定　　价／249.00元

读者服务电话：4008918866

版权所有 翻印必究

四川蓝皮书编委会

主 任　高中伟　向宝云

副主任　李中锋

编 委　（以姓氏拼音为序）
　　　　安中轩　陈美利　陈　映　陈　妤　达　捷
　　　　甘庭宇　何祖伟　黄　寰　李晟之　李卫宏
　　　　廖冲绪　廖祖君　刘　伟　骆　希　庞　淼
　　　　彭　剑　王　芳　张克俊　张立伟

主要编撰者简介

廖冲绪 研究员，博士，硕士生导师。四川省社会科学院政治学研究所所长，研究方向为基层治理、政治社会学与廉政建设。主持和参与国家社科基金项目"统筹城乡发展背景下乡村治理结构研究""应对重大自然灾害和重大公共突发事件对策研究""破解一把手监督难题研究""社会协商的法律建构"等，主持省部级科研项目10余项。出版《中国共产党组织纪律建设研究》《社会协商论》《重大公共危机应对研究》等著作；在《新华文摘》《社会科学研究》《贵州社会科学》《学习与探索》《光明日报》《人民日报》等报刊发表论文30多篇；获四川省社会科学优秀科研成果二等奖、三等奖。

刘 伟 副研究员，博士研究生，四川省社会科学院社会发展与公共政策研究中心副主任，研究方向为城乡基层治理、组织社会学。近5年，主持国家社科基金课题1项，主研国家社科基金重点课题1项、国家社科基金一般项目3项；主持省部级科研项目4项。出版学术专著2部（含合著1部），主研各级各类横向课题若干。曾获四川省社会科学优秀科研成果二等奖、三等奖，中国社会学会2015年全国学术年会优秀论文一等奖，中国社会学会2018年全国学术年会优秀论文二等奖，全国首届社科青年论坛优秀论文一等奖等荣誉。在《民族研究》《西北民族研究》《经济体制改革》等期刊发表论文20余篇，参与撰写的对策建议被省委常委以上领导正向批示8件。

摘　要

《四川社会发展报告（2022）：县域治理新探索》是由四川省社会科学院社会学研究所主持编撰的年度报告，四川省社会科学院、四川省民政厅相关领导对本书的调研、基础资料供给和写作给予了大力支持。在连续三年聚焦城乡基层治理的基础上，本年度将报告主题深入聚焦到更加体系化的基层治理领域，即县域治理，以表达我们对基层治理做县域体系化探索的主张。

2021年，新冠肺炎疫情时常点状出现，对保持区域社会稳健发展与基层治理能力提出了更高要求。在此背景下，四川社会建设与社会发展继续重点聚焦公共服务供给与城乡基层治理，通过夯实社会底部基础，"以不变应万变"地应对不断出现的各类风险挑战。这一年，不仅全省城乡基层治理的体系化格局正在形成并日趋完善，还在多个西部地区基层治理深水领域由点及面地做改革、寻找创新突破：出台了全国首个城乡社区发展治理"十四五"规划，在对乡村整体结构做出大刀阔斧的区划改革之后，在治理领域深度探索，易地扶贫集中安置社区治理、城乡结合部新型社区治理等难点、痛点领域得到创新示范，成效很快将被检验。2022年，四川社会发展将迎来更大的挑战，比如风险因素增加，社会很难再以线性发展模式模拟与想象，这增大了社会稳定与基层治理领域的挑战，比如城乡、区域发展差距较大依然是现实发展中面临的关键问题，再如还需进一步理顺并平衡社会发展与社会治理的关系等。

本年度的四川社会发展报告，我们试图以典型经验报告的方式，"拼凑"出一份四川省在县域治理领域做出的系列新探索"答卷"，为此，我们

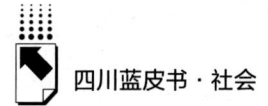

有针对性地收录了五篇主题报告。一是全面系统地回顾四川省基层社会深刻调整甚至结构重塑的重大工程，即"两项改革"的实施现状及对策建议，这同四川省乡村治理的整体状态高度相关；二是选取并解剖了一批正在进行中的县域各级各类治理单元的创新探索，包括县域如何整体统筹、街镇如何统合调度治理资源、社区如何动员结构性的主体参与、小区如何创新激活多元主体主动性的治理机制等，这些报告有助于我们完整认识与理解县域治理这一正在探索中的基层治理社会事实，及其体系性、层级性、协调性与复杂性。

本年度，我们还设置了专题篇与案例篇两个部分，展示了"双龄共养""双减"后的社会影响，乡村社工站、城乡人口迁徙、高等教育、网约车组织等社会热点，试图以管窥豹地呈现今天四川省社会治理的多元样态与生动的一线实践。

最后需要特别说明的是，本年度报告的研究方法依然坚持实证研究的基本取向，研究资料力图客观、全面、权威，能有效反映四川省的基本状况。在四川省各级民政部门的帮助下，本书作者先后在全省10余个地市（州）开展了田野调查，收集了大量宝贵的一手资料。整本报告内容翔实，从不同角度呈现四川城乡基层治理的不同面向，具有较大的参考和借鉴价值。

关键词： 四川　城乡基层治理　社会建设　社会发展

Abstract

Annual Report on Social Development of Sichuan (2022): *New Exploration of County Governance* is an annual report compiled by the Institute of Sociology, Sichuan Academy of Social Sciences. The relevant leaders of Sichuan Academy of Social Sciences and Sichuan Provincial Department of Civil Affairs conducted research on this book and provided basic data. and writing support. On the basis that the annual theme has focused on urban and rural grassroots governance for the third consecutive year, this year, the theme of the report has been in-depth focused on a more systematic grassroots governance field, namely county governance, to express our proposition for a systematic exploration of regional and county grassroots governance.

In 2021, the new crown epidemic will often appear in a spot, which puts forward higher requirements for maintaining the stable development of regional society and grassroots governance capabilities. In this context, Sichuan's social construction and social development continue to focus on public service supply and urban and rural grassroots governance, and respond to various risks and challenges that continue to emerge in society by consolidating the foundation of the society and "responding to constant changes". This year, not only the systematic pattern of urban and rural grassroots governance in the province is being formed and becoming more and more perfect, but also in the deep-water areas of grassroots governance in many western regions, reforms have been carried out and innovative breakthroughs have been made: the country's first urban and rural community development governance has been introduced. In the 14th Five-Year Plan, after making a drastic zoning reform on the overall structure of the countryside, it has made in-depth explorations in the field of governance, and has achieved innovative demonstrations in difficult and pain-point areas such as community governance for ex-situ poverty alleviation and centralized resettlement, and new community governance in urban-rural fringes. The results will soon be achieved. be inspected. In 2022, Sichuan's social development will face greater challenges, such as increased risk factors, and it is difficult to simulate and imagine the society in a linear development model, which increases the challenges of social stability and grassroots governance, such as urban-rural and regional development gaps Larger is still the key demand for realistic development. Another example is the need to further straighten out and balance the relationship between social development and social governance.

In this year's Sichuan Social Development Report, we tried to "piece together" a series of new exploration "answer sheets" made by Sichuan Province in the field of county governance in the form of typical experience reports. Report. The first is to comprehensively and systematically review the major projects of profound adjustment and even structural reshaping of the grass-roots society in Sichuan Province, that is, the implementation status and countermeasures of the "two reforms", which are highly related to the overall state of rural governance in Sichuan Province. The second is to select and dissect a number of ongoing innovative explorations of various governance units at all levels in the county and county, including how to manage the county as a whole, how to allocate governance resources in the streets and towns, how to mobilize the main body to participate in the community, and how to activate the participation of multiple subjects in the community. Wait. These reports will give us a complete understanding and understanding of county governance, a social fact of grassroots governance under exploration, and its systematic, hierarchical, coordinated and complex nature.

This year, we also set up two parts: the special report and the typical case, showing the social impact of "double age co-raising" and "double reduction", rural social work stations, urban and rural population migration, higher education, online car-hailing organizations and other social influences Hot topic reports. It attempts to present the diverse patterns and vivid first-line practices of social governance in Sichuan Province today.

Abstract

Finally, it is particularly stated that the research method of this annual report still adheres to the basic orientation of empirical research, and the research materials strive to be objective, comprehensive and authoritative, and can effectively reflect the basic situation of Sichuan Province. With the help of civil affairs departments at all levels in Sichuan Province, the author of this book has carried out field investigations in more than 10 cities in the province and collected a large amount of valuable first-hand information. The entire report is detailed and detailed, and presents different aspects of Sichuan's urban and rural grassroots governance from different perspectives, which is of great reference and reference value.

Keywords: Sichuan; Urban and Rural Grassroots Governance; Social Construction; Social Development

目 录

Ⅰ 总报告

B.1 2021~2022年四川省社会建设与社会发展的现状及趋势
………………………………… 廖冲绪 刘 伟 黄熹微 / 001

Ⅱ 年度主题：县域治理新探索

B.2 四川"两项改革"的实施现状及对策……………… 刘宗英 / 027

B.3 县域治理新探索：基层治理整体统筹的温江样本
………… "温江区县域整体统筹的基层治理体系研究"课题组 / 045

B.4 街镇治理新探索：资源调度作用
——以绵阳市涪城区工区街道为例………… 曾胜利 杨 麒 / 068

B.5 社区治理新探索：社区社会组织参与社区治理的政策与
路径研究
——以成都实践为案例………………… 张雪梅 王 磊 / 079

B.6 小区治理新探索：信托制物业的武侯经验…… 田 昭 杨 元 / 098

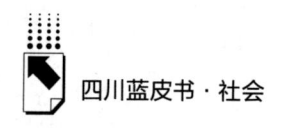

Ⅲ 专题篇

B.7 构建四川省社区"双龄共养"模式研究 …………… 候 蔺 / 114

B.8 "双减"的社会反响调查及深化治理的对策研究
——基于对成都市民的调查分析
…………………………………… 明 亮 徐 睿 胡 燕 / 131

B.9 四川成都西部片区城乡人口迁徙制度改革研究报告
…………………………………… 曾旭晖 陈 丽 夏 璐 / 146

B.10 从精准扶贫到乡村振兴
——四川省社工站(室)的实践内容及保障机制
………………………… 四川省社会工作站（室）研究课题组 / 167

B.11 新就业形态劳动者的组织特征研究
——以成都市某网约配送员组织为例
………………………… 曹栩豪 陈 丽 夏 璐 席德璐 / 182

B.12 2017~2022年四川省高等教育内涵式发展成效与改革趋势 ……………………………… 张志英 赵悦彤 / 204

Ⅳ 案例篇

B.13 县域治理的经验案例
——邛崃"五维治理" ………………… 金小琴 康 莹 / 221

B.14 中心镇社会治理的四川实践与思考
——以泸州为例 ………… 四川省社会科学院小城镇课题组 / 230

CONTENTS

I General Report

B.1 Status and Trends of Social Construction and Social Development in Sichuan Province from 2021 to 2022
Liao Chongxu, Liu Wei and Huang Xiwei / 001

II Annual Theme: New Exploration of County Governance

B.2 Report on the Implementation Status and Countermeasures of "Two Reforms" in Sichuan *Liu Zongying* / 027

B.3 Research Group of Grassroots Governance System of the Overall Coordination of Wenjiang County
Research group / 045

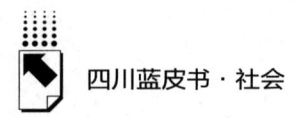

B.4 New Exploration of B4 Street and town Governance: the role of Resource Scheduling

—Taking the streets of Fucheng District, Mianyang City as an example

Zeng Shengli, Yang Qi / 068

B.5 New Exploration of Community Governance: Research on Policies and Paths of Community Social Organizations' Participation in Community Governance   *Zhang Xuemei, Wang Lei* / 079

B.6 New Exploration of Community Governance: Wuhou Experience of Trust Property   *Tian Zhao, Yang Yuan* / 098

Ⅲ Special Reports

B.7 Research on the Construction of the "two-age co-nurturing" Model for Communities in Sichuan Province   *Hou Lin* / 114

B.8 "Double reduction" Social Response Survey and Research on the Countermeasures for Deepening Governance

Ming Liang, Xu Rui and Hu Yan / 131

B.9 Research Report on the Reform of Urban and Rural Population Migration System in the Western Area of Chengdu, Sichuan

Zeng Xuhui, Chen Li and Xia Lu / 146

B.10 Research Group of Sichuan Social Work Station

—Practice Content and Guarantee Mechanism of Sichuan Social Work Station

Research group / 167

B.11 Research on the Organizational Characteristics of Workers in the new Employment form

Cao Xuhao, Chen Li, Xia Lu and Xi Delu / 182

B.12 The Effect and Reform Trend of the Connotative Development of Higher Education in Sichuan Province from 2017 to 2022

Zhang Zhiying, Zhao Yuetong / 204

CONTENTS

Ⅳ Cases

B.13   Experience Cases of County Governance

Jin Xiaoqin, Kang Ying / 221

B.14   Research Group of Small Towns of Sichuan Academy of
Social Sciences *Research group* / 230

总报告

General Report

B.1
2021~2022年四川省社会建设与社会发展的现状及趋势

廖冲绪 刘伟 黄熹微*

摘　要： 新冠肺炎疫情时常点状出现，给社会的稳健发展与基层治理能力带来较大挑战。2021年，四川在社会建设与社会发展领域重点聚焦公共服务供给与城乡基层治理，通过不断夯实社会底部基础，防范与化解社会稳定风险并保证基础民生。具体而言，全省城乡基层治理的体系化格局正在形成，表现为城乡社区发展治理体系日臻完善、综合服务设施明显改善、综合服务功能明显增强、服务人才队伍日趋壮大、智慧治理格局初步形成；基层治理领域不断下深水、探索创新，一批重要举措相继出台，比如出台全国首个城乡社区发展治理"十四五"规划、全面实施城乡社区综合服务设施"补短板"工程、有序推动"两项改革"后半

---

* 廖冲绪，四川省社会科学院政治学研究所所长、研究员；刘伟，四川省社会科学院社会学研究所副研究员；黄熹微，四川省社会科学院社会学研究所助理研究员。

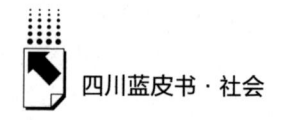

篇文章、逐步完善社会工作服务体系建设、开展易地扶贫搬迁集中安置社区与城乡结合部新型社区的治理探索；居民生活、教育服务、医疗卫生、社会保障、就业、文化服务等民生服务领域不断进步。同时，2022年四川省社会发展事业也面临着三个主要的全新挑战，分别为：风险因素增加给社会稳定与基层治理带来的挑战，缩短城乡、区域发展差距依然是关键的现实发展诉求，还需进一步理顺并平衡社会发展与社会治理的关系等。

关键词： 社会建设　基层治理　社会发展　四川

一　2021年四川省社会建设成就

2021年，是我国"十四五"时期的开局之年，全面吹响了我国向第二个百年奋斗目标进军的号角。这一年，全球范围内新冠肺炎疫情尚未得到有效控制，包括疫情在内的各类风险常常将区域社会带入"非常态"的情形，似乎更加"常态化"地出现。世界经济复苏面临诸多不确定性，局势愈加紧张，我国的经济发展与社会稳定承受着较大压力。如何从社会建设层面发力，稳固中国经济的复苏态势，保持经济与社会运行在合理区间，并在复苏中持续推动社会有序治理和高质量发展，成为从中央到地方的核心关切。

四川省同全国同频共振，直面社会建设与社会治理的挑战性情境，但除此之外，作为我国的西部大省四川省还面临着更加多元化的挑战，比如西部地区超大城市的城乡基层治理、"两项改革"的"后半篇"文章，以及民族（与边疆）地区的基层治理等。值得欣慰的是，2021年，我国经济发展和疫情防控保持全球领先地位，民生保障有力有效，以国内大循环为主体、国内国际双循环相互促进的新发展格局逐步形成，高质量发展之路更加坚实。与此对应，四川全省社会治理井然有序、社会发展稳步向前，充分体现了中国社会在直面世界百年未有之大变局时的应对韧性。2021年，在坚定以习近平新时代中国特色社会主义思想为指导，全面落实习近平总书记对四川工作系列重要指示精神和党中央、国务院决策部署之下，四川省社会建设依然将重心聚焦社会的基层单元，在过往社区、街镇治理成效的基础上，在县域亦呈现诸多创新机制、形成诸多经验，在城乡社区发展治理中继续深刻着力，取得了较为显著的成就，实现了"十四五"时期的良好开局。

（一）城乡基层治理的体系化格局日渐形成

1. 城乡社区发展治理体系日臻完善

2021年，四川全省城乡社区发展治理的组织架构、空间布局、治理体系等进一步完善。首先，领导体系更加健全，在省委成立城乡基层治理委员会，专设"城市基层治理工作组"，统筹社区发展治理工作基础上，全省21个市（州）、183个县（市、区）全覆盖成立领导和工作机构，形成上下贯通、健全高效的组织领导体系，且运行通畅，覆盖省、市、县三级的社区治理联席会议制度稳健运行。其次，空间体系实现优化，通过四川省启动的"两项改革"（2020年，四川省推动完成了全省乡镇行政区划、村级建制调整改革，简称"两项改革"），各地对社区建制和管辖边界进行调整优化，改革完成后全省城乡社区共8266个（城市社区4597个、集镇社区3669个），城乡社区平均服务人口6000余人，新型城镇化背景下的城乡互动关系初步形成。最后，治理体系不断创新，通过不断努力，"党委领导、政府负责、民主协商、社会协同、公众参与、法治保障、科技支撑的社会治理体系"不断完善，"党建引领+综合服务+综治保障+科技赋能"的全省城乡社区治理机制更加定型。

2. 城乡社区综合服务设施明显改善

"十三五"时期，四川省便已基本形成以社区综合服务设施为主体、专项服务设施为配套、服务网点为补充的社区服务设施布局。2021年，各级政府加大资金投入，社区综合服务设施覆盖率逐年提高，城市社区达到94%、集镇社区和农村聚居点达到80%，并实现综合服务设施空间布局优化。社区专项服务建设得以加强，全省共计改造城镇老旧小区9300个；设立社区卫生服务中心448个，社区卫生服务站590个；建成一批社区日间照料中心、社区养老服务综合体试点和社区学院（学校）、社区教育工作站（学习中心）。基本公共服务布局同步优化，各地以"两项改革"为契机，对社区服务中心、医疗服务中心（站）等城乡社区服务机构进行整合，有效解决了社区服务设施布局散、面积小、功能弱的问题。

3. 城乡社区综合服务功能明显增强

2021年，全省社区公共服务、便民利民服务、志愿服务有效衔接的城乡社区服务机制更加成熟。首先，社区政务服务体系更加健全，各地依托四川省一体化政务服务平台提供网络端服务功能，在便民服务中心、部分社区综合服务设施、派出所、社区警务室部署政务服务一体机自助服务终端，实现群众事务"就近办"。其次，社区生活服务网络逐渐完善，持续推进"城市社区15分钟基本公共服务圈"规划建设，初步构建社区便民服务网络；全省城市（县城）燃气普及率达93.8%，供水普及率达95.9%，电力等公共事业服务全面覆盖；电子商务、社区服务、养老托幼、就业培训等综合服务功能得到全方位拓展。最后，社区志愿服务活动渐成常态，实名注册志愿者超过1400万人，设立社区志愿服务站点7760个、社区志愿服务队伍9200个。

4. 城乡社区服务人才队伍日趋壮大

2021年，全省以社区"两委"班子为骨干、专职工作者为支撑、社会工作人才为补充的城乡社区服务人才队伍日趋壮大。首先，城乡社区"两委"班子得到加强，全省现有城乡社区"两委"干部64590人，每个社区平均8人左右；党组织书记、居委会主任"一肩挑"占比达到97.5%；较上一届，党组织书记平均年龄下降1.8岁、高中以上学历比例提高34.7个百分点。其次，社区专职工作者职业化体系初步建立，各地建立社区专职工作者岗位等级序列，出台社区工作者职业津贴、学历教育补助等激励政策。最后，社区社会组织和社会工作专业人才队伍不断壮大，建成西部首个省级社会组织孵化园，启动实施"双千工程"（培育1000个功能型社会组织和

1000个兴趣爱好型社会组织)、社会工作专业人才万人培养工程、四川社工人才培养计划,全省依法登记和备案的社区社会组织13633个、社会工作服务机构(协会)1300余家,全省社会工作专业人才总量达11.98万人。

5. 城乡社区智慧治理格局初步形成

截至2021年,全省初步构建网络联通、应用融合、信息共享、响应迅速的城乡社区智慧治理格局。首先,信息基础设施不断完善,制定四川省社区公共服务综合信息平台建设总体框架和技术参数地方性标准,开展城乡社区公共服务综合信息平台建设试点,在基层实现多项业务跨部门整合。其次,全省城市社区公共服务综合信息平台覆盖率达到75.8%,集镇社区和农村聚居点公共服务综合信息平台覆盖率达到39%。信息服务广泛运用,结合城乡社区治理试点示范工程,省、市同步开展智慧社区建设试点,在33个县(市、区)开展智慧社区建设;推进智慧物业平台建设和功能运用,实现在线缴费、车辆识别、"24小时"智能监控预警等智慧物业服务,推进社区生活服务智能化、便捷化。最后,加快建设"智慧平安小区",全省累计建成"省级智慧平安小区"2521个,覆盖人口239万人,建成小区基本实现"零发案"。

(二)基层治理领域的重要举措不断创新出台

1. 出台全国首个省级层面的城乡社区发展治理五年规划[①]

2021年,四川省委组织部、四川省民政厅、四川省委政法委联合对外发布《四川省"十四五"城乡社区发展治理规划》(以下简称《规划》),作为四川省政府"十四五"专项规划之一,成为全国首个省级出台的城乡社区发展治理规划,为全省加强基层治理体系和治理能力现代化建设提供了行动指南。《规划》进一步明确提出四川省健全"党建引领+综合服务+综治保障+科技赋能"的社区治理机制,从"社区发展"与"社区治理"两个部分阐述了城乡社区发展治理的主要任务。具体而言,"社区发展"着眼于

---

① 资料来源:四川省民政厅。

空间、形态、设施、人才、经济、融合六个维度，层层递进、纵向展开。"社区治理"则以四川省委第十一届八次全会明确的"党建引领+综合服务+综治保障+科技赋能"社区治理机制为内在逻辑主线，贯穿始终。"保障措施"明确了加强组织领导、强化政策保障、完善考评机制、抓好示范引领、加大宣传力度五个方面的保障措施。

总结来看，《规划》体现了当前四川省社会发展与基层治理所面临的四个主要趋势。一是从新型城镇化战略视角来看，《规划》着力于社区空间布局和发展。"十四五"时期，我国将进入城镇化与人口流动加速变迁关键期，城乡社区人口及规模将快速增长。围绕"建立与城乡人口规模相适应的良性互动新型城乡空间布局"，按照传统城市社区、集镇社区、城乡结合部新型社区、易地扶贫搬迁社区四个类别，明确了建制规模分类指导标准，以期通过社区建制优化不断适应和推动"以人为中心"的新型城镇化进程，实现城乡空间形态良性耦合互动。二是着眼于社区治理不同演进阶次，回应城乡社区分层分类治理诉求。各地人口承载能力有别、经济发展速度各异、城市演进逻辑不同，社区治理侧重亦应有所区别，特别是随着城市扩张，出现一批"非城非乡、亦城亦乡"的城乡结合部新型社区、脱贫攻坚时代背景下产生的易地扶贫搬迁集中安置点等。《规划》在提出普遍性要求的同时，聚焦不同类型，突出分类指导，尤其是针对城乡结合部社区和易地扶贫搬迁集中安置点两种新型社区作出了专节规划。三是顺应人民群众美好生活新期待健全全生命周期社区治理服务。随着全面小康社会的建成和全面现代化建设的开启，广大城乡居民对美好生活有更高期待，应从关注"有没有""够不够"转向"优不优""精不精"等"分众化"问题。《规划》针对未成年人、老年人、残疾人等不同社会群体以及环卫工人、快递小哥等新型劳动群体，明确分类优化治理服务；针对托育、教育、体育、健身、养老、殡葬等群众全生命周期服务需求，明确了9项城乡社区协助开展的基本公共服务主要项目，设计了15项社区综合服务能力提升计划。四是构建"发展"和"治理"互促互进格局推动经济社会高质量发展。把握新发展阶段、贯彻新发展理念、构建新发展格局、推动高质量发展是"十四五"时期经济社会发展的逻辑主线。高质量发展"既要见物又要见人"，是"以人民为中心"的发展。促进社区发展有利于为持续创新优化社区治理提供物质、人才等基础支撑；创新社区治理，不仅可以丰富基本公共服务、增进民生福祉，还可以激活居民需求，催生大批社区经济新业态，畅通和扩大"内循环"，从而反向助推经济社会发展。鉴于此，《规划》在总体考虑上以"发展""治理"两个维度，尝试既突出"社区发展"的基础支撑重要性，又保证"社区治理"的内在逻辑自洽性。

总之，2021年《四川省"十四五"城乡社区发展治理规划》，构建了四川省城乡社区发展治理内容体系的"四梁八柱"，在推动四川省社会治理领域体系化、系统化、专业化方面，前进了一大步。

2. 全面实施城乡社区综合服务设施"补短板"达标工程

四川省内呈现区域发展不均衡、社会形态多元多样的复杂省情，城乡社区综合服务设施发展程度不一。四川省民政厅、四川省委组织部、四川省发展改革委、四川省财政厅、四川省住房城乡建设厅、四川省自然资源厅联合印发《城乡社区综合服务设施"补短板"达标工程实施方案》，以推动城乡基层治理的基础"阵地"工程建设。

具体而言，方案计划到2025年，以2022年为界设定阶段目标。最终，以基本补齐既有城乡社区综合服务设施"短板"，推动资源配置更加合理、功能分布更加完善、服务供给更加丰富、机制体制更加健全，建成一批集社区管理、便民服务、文化体育、医疗养老等多种公共服务与生活服务于一体的社区综合体为目标，确定了优化布局、新建配建、改建扩建、购置租赁、合作共建、亲民改造、场景营造、服务集成等八个领域。从目标任务分解来看，"补短板"达标工程，并非仅为补齐"短板"，而是以更优质的综合服务为打造目标。

3. 有序推动"两项改革""后半篇"文章

如前所述，"两项改革"对四川省社会建设领域的影响举足轻重。在四川省的行政话语体系中，以"两项改革"为契机，党委、政府通过优布局、扩面积、强服务等方式，推动城乡基层服务设施改善，推动城乡基层社会形成以社区综合服务设施为主体、专项服务设施为配套、服务网点为补充的基层服务设施格局的过程，称为"两项改革"的"前半篇"文章，而将如何稳固"前半篇"文章的成果，作为"后半篇"文章。在四川省的政策设计中，城乡社区治理，成为"后半篇"文章的重要施略。

2021年，为了谋深做实"两项改革""后半篇"文章，巩固空间治理体系优化成果，提升社会治理效能，推进基层治理体系和治理能力现代化，四川省出台了《加强和创新城乡社区治理工作方案》。内容包括开展城乡社区治理试点示范，启动"互联网+社区"行动计划，推进乡镇（社区）社工站建设，组织社会工作专业人才培养工程，出台社区专职工作者职业化岗位薪酬体系的政策文件，优化社区服务供给，进一步完善"党建引领+综合服务+综治保障+科技赋能"的城乡社区治理机制等目标。明确了坚持党建引领社区治理、编制社区发展治理规划、推动城乡街区有机更新、抓好社区综合服务设施建设、优化社区服务供给、完善"三社联动"机制（后改为"五社联动"机制）、营造"三治"融合氛围、加强居民小区治理、培育社区服务经济、推进平安社区建设等十大方面，以及创新资金投入机制、创新权责对等机制、创新资源整合机制、创新内生动力机制、创新人才培养机制、创新共建共享机制等六项机制创新。

4. 逐步完善社会工作服务体系建设[①]

2021年，"五社联动"成为社会建设领域之关键词。四川省在社会工作服务体系上重点着力，启动了社会工作服务体系试点建设，公开发布《四川省社会工作服务体系建设试点工作方案》。根据方案设计，四川省形成了"三年试点示范、两年扩面延伸"点面结合的推进思路，以及"五个一批"的分批次建设思路。示范建设方面，从2021年起，四川省级将每年支持100个社会工作服务试点乡镇（街道），带动建设并运行200个乡镇（街道）社会工作站；同时，要求市、县两级同步开展社会工作服务试点工作，借由试点工作，大力培养本土性的社会工作专业人才，初步形成社会工作服

---

① 资料来源：四川省民政厅。

务网络和服务模式，形成示范效应。"五个一批"指的是："省级民生实事带动运行一批"，主要依托四川省人民政府年度省级民生实事，每年选择50个县（市、区），采取"省级奖补、市县为主"的方式，实施试点项目。"城乡社区治理试点建设一批"，主要结合四川省城乡社区治理试点示范三年行动计划，每年建设40个左右的试点项目。"依托民政服务机构布局一批"，依托各级民政部门新建的养老服务综合体等民政服务机构，引入或培育社工服务机构，开展社会工作综合服务形态的救助帮扶，每年将建设60个左右的相应机构。"市县整合部门资源自建一批"，鼓励各级各地探索资源的统筹协调机制，通过政府购买服务的方式，整合同社区治理相关部门的各项治理资源，引入社工服务机构开展社会工作服务，带动建设运行一批社会工作站。"利用现有场所资源赋能一批"，充分利用乡镇（街道）便民服务中心、大型社区党群服务中心等资源，形成一批社会工作站。

5. 开展易地扶贫搬迁集中安置社区治理

2021年，易地扶贫搬迁集中安置社区治理成为四川省基层治理的重要关切。在脱贫攻坚时期，四川省就是全国重要的战场之一，其中凉山彝族地区更是脱贫攻坚的重中之重。对易地扶贫搬迁集中安置社区的治理施略，既是巩固拓展脱贫攻坚成果与乡村振兴有效衔接的重要举措，也是加强城乡基层治理特别是针对民族地区实施有效治理的题中应有之义。2021年，四川省在总结推广凉山州"彝路相伴"三年行动计划经验做法的基础上，在全省易地扶贫搬迁大型集中安置社区着手实施"牵手伴行"项目，该项目包括十个部分，分别为：健全组织体系、培育多元主体、完善自治机制、开展社区营造、优化社区服务、促进社区就业、弘扬文明新风、落实兜底保障、实施对口帮扶、建设和谐社区。政策设计具有较强的系统性，兼顾了政策的一般性与区域的特殊性。其中，能够体现易地扶贫搬迁集中安置社区治理的施略有二：一是有关自治机制完善，特别是有针对性地指导安置社区建立健全居民议事会、居务监督委员会、村民红白理事会等自治机制，探索在社区"两委"下设社会工作委员会，组织发动居民自治，以及引导安置社区制定完善党组织议事规则、居（村）民自治章程、居（村）务公开目录、议事协商制度、议事协商目录等居民自治相关制度。探索建立红黑榜、道德银行、积分管理制度，引导搬迁群众广泛参与社区协商，促进民事民议、民事民办、民事民管。二是有关对口帮扶。包括引导治理水平较高的社区与集中安置社区牵手结亲，通过互访交流、岗位实习、专业指导等方式帮助其提升治理水平；实施社会工作服务机构对口帮扶，组织先发地区社会工作服务机构一对一牵手帮扶集中安置地区社会工作服务机构，帮助受援地社会工作服务机构提升内部治理、专业服务、资源整合和组织发展能力，促进社会工作专业人才双向互助成长，夯实受援地社会工作发展基础，探索形成符合易地扶贫搬迁集中安置社区所在地特点的社会工作发展模式；实施高校对口帮扶，与四川大学、西南财经大学等高校加强牵手合作，发挥高校人才优势，指导帮助安置社区提升社区治理水平。

至2021年底，四川省以党组织为核心的安置社区组织体系在全省易地扶贫搬迁集中安置社区中已全面建立，社区治理体制机制不断健全，社区服务供给逐步丰富，搬迁群众精神上、生活上、治理上基本融入社区。

6. 加强城乡结合部新型社区治理

有针对性地对城乡结合部新型社区实施治理，是四川省应对流动社会形态的一项重要基层治理施略。城乡结合部新型社区是大中城市中心城区、县城所在地中心城镇与周边农村交接，纳入城市建成区内的建制社区，聚集了大量流动人口和特殊人群，兼具城乡两方面的特征，具有较强的流动性，是今天城乡基层治理中的薄弱环节。为此，四川省在2021年按照"重点突破、梯次推进、全面提升"的思路，全面推进城乡结合部新型社区治理工作。重点包括三个部分的工作内容，分别为：理顺治理结构、优化服务保障、改善治理环境。具体而言，理顺治理结构主要包括规范管理体系，以全面厘清隶属关系不清、辖区边界模糊的城乡结合部区域；健全组织体系，以理顺治理单元的组织架构，特别是理顺社会形态相互交织、融合程度较深的城乡结合部行政村和社区的组织关系，以及对重新构建的治理单元进行治理队伍建设等。优化服务保障主要包括提升社区品质、补齐服务短板、优化服务内容、推进智能服务等方面，特别是对老旧院落、基础设施相对落后地区的公共服务供给短板进行了针对性补齐。改善治理环境主要包括强化社会治安防控、推动矛盾纠纷化解、实施网格服务管理、整顿规范市场秩序、完善应急保障措施等方面。

截至2021年末，四川全省城乡结合部新型社区管理隶属关系基本理顺，治理力量基本到位，矛盾纠纷明显减少，社区环境大幅改善，治安乱源有效遏制，人民群众满意度不断提升。

（三）民生服务基础领域不断进步

1.居民生活水平稳步提升

一是居民收入和消费水平同步增长。2021年，四川省居民人均可支配收入达到29080元，比2020年增长9.6%。其中，城镇居民人均可支配收入达到41444元，比2020年增加3191元，增长8.3%。其中，工资性收入23934元，比2020年增长9.0%；经营净收入4799元，比2020年增长10.7%；财产净收入3322元，比2020年增长8.6%；转移净收入9389元，比2020年增长5.4%。城镇居民人均消费支出26971元，比2020年增长7.3%。城镇居民恩格尔系数为34.3%。农村居民人均可支配收入达到17575元，比2020年增加1646元，增长10.3%。其中，工资性收入5514元，比2020年增长10.8%；经营净收入6651元，比2020年增长8.1%；财产净收入587元，比2020年增长15.0%；转移净收入4823元，比2020年增长12.5%。农村居民人均消费支出16444元，比2020年增长10.0%。农村居民恩格尔系数为36.3%。[①]

二是居民消费价格也在不断上涨。2021年，全年居民消费价格（CPI）比上年上涨0.3%，其中医疗保健类上涨1.9%，居住类上涨0.3%，教育文化和娱乐类上涨0.9%，食品烟酒类下跌2.0%。商品零售价格比上年上涨1.4%。工业生产者出厂价格（PPI）比上年上涨5.9%，其中生产资料价格上涨7.3%，生活资料价格上涨2.3%；工业生产者购进价格（IPI）比上年

---

① 资料来源：《2021年四川省国民经济和社会发展统计公报》。

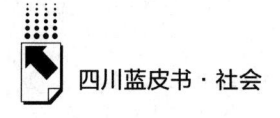

上涨7.5%。① 总体而言，全省居民生活水平呈稳步提升趋势。

2. 人口结构呈现新变化

2021年，根据第七次全国人口普查结果，四川省公布了截至2020年11月1日零时全省人口的基本情况，四川人口结构呈现一些新的变化。

一是家庭规模进一步小型化。全省常住人口为8367.49万人，与第六次全国人口普查相比，增加325.67万人，增长4.05%，年平均增长率为0.40%。平均每个家庭户的人口为2.51人，比2010年第六次全国人口普查的2.95人减少0.44人，家庭规模进一步小型化，作为构成社会的基础组织单元，这一现象值得关注。

二是人口增长方面呈现分化趋势。全省常住人口中汉族人口为7798.66万人，占比为93.20%；各少数民族人口为568.82万人，占比为6.80%。与2010年第六次全国人口普查相比，汉族人口增长率为3.28%；而各少数民族人口增长率为15.90%。同一省份之内，汉族人口与少数民族人口之间的增长率差异较大。

三是区域间呈现成都人口单极独大的进一步分化趋势。四川省21个市（州）中，成都作为西部超大城市，常住人口已经超过2000万人，与此同时其余20个市（州）的常住人口均在600万人以下。四川省人口居前五位的市（州）依次是成都市、南充市、达州市、绵阳市、凉山州，累计占全省常住人口比例为49.78%。如果从四川省五大经济区来看，成都平原经济区吸纳了全省一半以上的常住人口，为4193.50万人，占比为50.12%。其他四个经济区的人口均不到成都平原经济区的一半，分别为：川南经济区常住人口为1447.29万人，占比为17.30%；川东北经济区常住人口为1926.64万人，占比为23.03%；攀西经济区常住人口为607.06万人，占比为7.25%；川西北生态示范区常住人口为193.00万人，占比为2.31%（见表1）。

---

① 资料来源：《2021年四川省国民经济和社会发展统计公报》。

表 1　2010 年和 2020 年四川省各市（州）常住人口情况

单位：人，%

地区	常住人口	比重 2020 年	比重 2010 年
成都市	20937757	25.02	18.80
自贡市	2489256	2.98	3.33
攀枝花市	1212203	1.45	1.51
泸州市	4254149	5.08	5.25
德阳市	3456161	4.13	4.50
绵阳市	4868243	5.82	5.74
广元市	2305657	2.76	3.09
遂宁市	2814196	3.36	4.04
内江市	3140678	3.75	4.60
乐山市	3160168	3.78	4.02
南充市	5607565	6.70	7.81
眉山市	2955219	3.53	3.67
宜宾市	4588804	5.48	5.56
广安市	3254883	3.89	3.99
达州市	5385422	6.44	6.80
雅安市	1434603	1.72	1.87
巴中市	2712894	3.24	4.08
资阳市	2308631	2.76	3.22[①]
阿坝藏族羌族自治州	822587	0.98	1.12
甘孜藏族自治州	1107431	1.32	1.36
凉山彝族自治州	4858359	5.81	5.64

注：①因 2016 年成都市和资阳市行政区划调整，2010 年成都市和资阳市常住人口已按调整后行政区划作了修改。

数据来源：四川省统计局网站公布数据。

四是人口的性别分布更加平衡。全省常住人口中，男性人口为 4228.97 万人，占比为 50.54%；女性人口为 4138.51 万人，占比为 49.46%。人口性别比（以女性为 100）由 2010 年第六次全国人口普查的 103.14 下降为

102.19，性别比例更加均衡。在四川省21个市（州）中，常住人口性别比低于100的市（州）有1个，为自贡市，常住人口性别比在100~105的市（州）有16个，常住人口性别比超过105的市（州）有4个，分别为攀枝花、达州，以及阿坝藏族羌族自治州和甘孜藏族自治州（见表2）。

表2 2020年四川省各市（州）人口性别构成

单位：%

地区	占常住人口总量比重		男女性别比
	男	女	
成都市	50.26	49.74	101.03
自贡市	49.75	50.25	99.02
攀枝花市	51.67	48.33	106.92
泸州市	50.42	49.58	101.70
德阳市	50.26	49.74	101.03
绵阳市	50.15	49.85	100.58
广元市	50.02	49.98	100.09
遂宁市	50.74	49.26	103.00
内江市	50.26	49.74	101.05
乐山市	50.18	49.82	100.71
南充市	50.68	49.32	102.74
眉山市	50.00	50.00	100.00
宜宾市	51.12	48.88	104.58
广安市	50.60	49.40	102.44
达州市	51.43	48.57	105.90
雅安市	50.60	49.40	102.42
巴中市	50.87	49.13	103.53
资阳市	50.48	49.52	101.94
阿坝藏族羌族自治州	51.83	48.17	107.59
甘孜藏族自治州	51.45	48.55	105.98
凉山彝族自治州	51.14	48.86	104.65

数据来源：四川省统计局网站公布数据。

五是社会老龄化趋势明显。如表3所示，四川省常住人口中，0~14岁人口为1347.11万人，占比为16.10%；15~59岁人口为5204.00万人，占比为62.19%；60岁及以上人口为1816.38万人，占比为21.71%，其中65岁及以上人口为1416.76万人，占比为16.93%。同2010年第六次全国人口普查的对应数字比较来看，0~14岁人口以及15~59岁人口比重均有所下降，60岁及以上人口的所占比重则上升了5.41个百分点，其中，65岁及以上人口比重更是上升了5.98个百分点，社会的老龄化趋势较为明显。而在四川省21个市（州）中，65岁及以上老年人口比重超过14%的市（州）已达17个。

表3 2020年四川省人口年龄构成

单位：人，%

年龄	人口数	比重
总计	83674866	100.00
0~14岁	13471112	16.10
15~59岁	52039950	62.19
60岁及以上	18163804	21.71
其中:65岁及以上	14167600	16.93

数据来源：四川省统计局网站公布数据。

3.教育服务进一步完善

一是教育作为公共服务在供给方面更加完善。至2021年末，全省共有各级各类学校2.4万所，在校生1627.1万人，教职工123.4万人，其中专任教师99.2万人。首先，基础教育供给保持稳健。共有普通小学5443所，在校生549.0万人；普通初中3522所，在校生279.8万人；普通高中806所，在校生143.8万人；特殊教育学校135所，在校生1.7万人；中等职业教育学校（含技工学校）482所，在校生102.7万人。其次，高等教育水平稳健提升。至2021年末，全省共有普通高校134所。其中，普通本（专）科招生共计60.4万人，同比增长2.4%；在校生达到192.1万人。全省研究生培养单位共计36家，全年招收研究生5.1万人，在校生达到14.7万人。①

二是全省常住人口受教育水平普遍提高。全省常住人口中，大学（大专及以上）文化程度人口共计1110.01万人，高中（含中专）文化程度人口共计1112.97万人，初中文化程度人口共计2630.95万人，小学文化程度人口共计2620.48万人。② 上述数据同2010年第六次全国人口普查数据比较来看，每10万人口中大学文化程度者由6675人增加到13267人，高中文化程度者则由11247人增加到13301人，而初中文化程度者和小学文化程度者分别由34889人和34627人，减少到31443人和31317人（见表4）。

表4 2020年四川省各市（州）每10万人口中各类受教育程度人数

单位：人/10万人

地区	大学（大专及以上）	高中（含中专）	初中	小学
全省	13267	13301	31443	31317
成都市	25582	16186	28324	21802
自贡市	9484	12836	34694	33570
攀枝花市	15476	15078	30775	27624
泸州市	8410	12186	31690	37582
德阳市	11882	13114	32693	32326
绵阳市	12959	13759	32089	30873
广元市	10242	13604	29837	34743
遂宁市	7475	12933	35840	32847
内江市	8057	12290	36909	33370
乐山市	10584	12834	32642	34703
南充市	8825	13348	33385	32568
眉山市	9600	11957	34277	34095
宜宾市	9621	12325	31749	37020
广安市	6508	12189	34110	36644

① 资料来源：《2021年四川省国民经济和社会发展统计公报》。
② 各种受教育程度的人包括各类学校的毕业生、肄业生和在校生。

续表

地区	大学 （大专及以上）	高中 （含中专）	初中	小学
达州市	6920	13781	38231	32018
雅安市	10649	12131	35654	31762
巴中市	8615	15868	32890	32948
资阳市	6177	10195	37083	35685
阿坝藏族羌族自治州	13191	8261	21614	36097
甘孜藏族自治州	10486	7249	14603	38870
凉山彝族自治州	6776	6861	22732	41783

数据来源：四川省统计局网站公布数据。

同时，值得一提的是，2020年四川省常住人口中，文盲人口[①]为333.07万人，比2010年第六次全国人口普查时减少104.63万人，文盲率由5.44%下降为3.98%，下降了1.46个百分点。

4. 医疗卫生风险防控能力不断加强

一是医疗卫生服务水平保持稳健增长。其中，基层医疗卫生机构的功能日渐增强。至2021年末，全省医疗卫生机构共计80249家，其中医院2481家（包含684家公立医院和1797家民营医院），基层医疗卫生机构76875家。全省医疗卫生机构床位共计66.1万张，在业从业的卫生技术人员共计67.4万人，其中执业医师共计21.0万人、执业助理医师共计4.1万人、注册护士共计30.7万人，医疗卫生人员结构较为合理。全省妇幼保健机构202家，相对应地，执业医师和执业助理医师共计0.9万人，注册护士共计1.3万人；乡镇卫生院共计3661家，其中执业医师和执业助理医师共计3.8万人，注册护士共计3.4万人。全省全年医疗机构的总诊疗人次达54647.2万人次，其中医院23356.3万人次（诊疗主要在公立医院，民营医院3899.8万人次），基层医疗机构29211.8万人次；出院1856.7万人，其中医院1352.8万人（民营医院322.7万人），基层医疗机构447.9万人；县域

---

① 15岁及以上不识字的人。

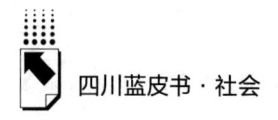

内住院率达95.9%。① 总之，基层医疗卫生机构的总体作用愈加显著，全省整体诊疗结构愈加合理。

二是全省抗击新冠肺炎疫情成效显著。面对久驱不散的疫情冲击，需要以人民至上、生命至上为首要坚持，处理好常态化治理与动员式治理之间良性转化的互动关系。2021年，新冠肺炎疫情时常点状出现，而及时压制疫情、确保人民群众生命健康、保证社会秩序良性运行十分关键。四川省及时启动突发公共卫生事件Ⅰ级响应，率先探索并推行分区分级差异化防控，全年核酸检测2087万人次，探索并启动运用"5G+医疗"开展远程诊疗，中西医并重加强救治。落实闭环管理措施，切实做好"外防输入、内防反弹"。24天内实现市（州）确诊病例"清零"，33天实现疫情应急响应级别由Ⅰ级降为Ⅱ级，55天实现中高风险区全部转为低风险区，发病率、病亡率均处于全国较低水平。②

5. 社会保障体系取得明显成效

至2021年底，全省参加城镇职工基本养老保险人数3178.5万人，参加城乡居民基本养老保险人数3181.1万人，参加基本医疗保险人数8586.2万人，参加失业保险人数（不含失地农民）1128.9万人，参加工伤保险人数1472.1万人，参加生育保险人数1201.7万人，全年纳入城市低保人数58.9万人，农村低保人数359.6万人，城乡最低生活保障标准分别为695元/月、514元/月，比上年分别提高82元/月、80元/月。城乡特困人员45.5万人，年末社区服务机构和设施14067个③，各项数据指标相对于2020年均有较大提升。可见，四川省社会保障建设取得了明显成效。同时，社会保障在全省呈现发展不平衡的态势。以农村最低生活保障为例，2019年四川省农村居民最低生活保障人数共3537479人，农村低保资金为788004万元。成都市农村居民最低生活保障人数为80976人，农村低保资金为50704万元；自贡市农村居民最低生活保障人数为106702人，农

---

① 数据来源：《2021年四川省国民经济和社会发展统计公报》。
② 四川省2021年政府工作报告。
③ 数据来源：《2021年四川省国民经济和社会发展统计公报》。

村低保资金为 18155 万元，可以看出，省内不同地区的低保资金供给相差较大（见表5）。

表5 2019年四川省各市（州）农村居民最低生活保障和救济情况

单位：人，万元

地区	最低生活保障人数	农村低保资金
全　省	3537479	788004
成都市	80976	50704
自贡市	106702	18155
攀枝花市	11579	3771
泸州市	176569	40643
德阳市	74529	17230
绵阳市	93831	23592
广元市	170568	31777
遂宁市	95153	23637
内江市	73812	20480
乐山市	118631	28800
南充市	562362	105151
眉山市	69220	15850
宜宾市	126957	33784
广安市	217036	32899
达州市	346837	84445
雅安市	24519	10581
巴中市	333515	57493
资阳市	104030	26649
阿坝藏族羌族自治州	79994	17120
甘孜藏族自治州	161611	35489
凉山彝族自治州	509048	109755

数据来源：《四川统计年鉴2020》。

6. 城镇新增就业人数稳步提高

就业是民生之本，是社会的重要"稳定器"。在疫情反复"大考"之下，如何稳定就业、保证民生，是社会的基础性大事。2021年，四川省继续大力实施就业优先政策，力保用工总体趋稳，主要就业指标超额完成预期目标，重点群体就业状况良好，就业形势总体平稳，社会"稳定器"功能有效发挥。2021年，四川全省城镇新增就业人口105.12万人，突破百万人口大关，同比增加8.90万人，增长率为9.25%。失业人员再就业人口为32.24万人，同比增加1.35万人，增长率为4.4%；就业困难人员就业人口为8.68万人，同比减少0.20万人，降幅为2.3%。与此同时，全省失业率也实现了年初设定的低于4.5%的控制目标，2021年全省城镇登记失业人数为53.85万人，城镇登记失业率为3.6%，比2020年同期低0.03个百分点。① 重点就业人群中，高校毕业生就业形势总体良好，截至2021年底，全省离校未就业高校毕业生总量比上年减少4.6万人。农村流动劳动力中，省内流动人口已大于省际流动人口，劳动力的省内流动成为主要模式。全年全省农村劳动力转移就业规模为2633.1万人，同比增加60.1万人，增长2.3%。其中，省内转移就业1502.4万人，增长3.0%；省外转移就业1130.7万人，增长1.5%，省内转移比省外转移多371.7万人。

7. 文化服务事业进一步繁荣

作为多民族省份，文化类公共服务对四川省而言是重要的公共服务种类，文化治理也成为公共治理的重要施略，因此，文化服务事业建设对四川省有更重要的意义。截至2021年底，四川省城乡现代公共文化服务体系基本建成，全省共有公共图书馆207个、文化馆207个、博物馆292个、美术馆58个、文化系统内的艺术表演团体49个、乡镇（街道）综合文化站4225个，"三馆一站"全部面向社会公众免费开放。全省拥有国家级文化产业示范（试验）园区1个，国家级文化和科技融合示范基地2个，国家文化消费试点城市5个，国家级动漫游戏基地1个，国家级文化产业示范基地15个，省级文化产业示范园区11个，省级文化产业试验园区5个，省级文化产业示范基地59个，从公共文化服务拓展出的文化事业得到较快发展。与此同时，《中国机长》《彝海结盟》等各艺术门类精品力作不断涌现，巴蜀文化传承和遗产保护成效明显。全省建成了185个县级融媒体中心，基本

---

① 数据来源：四川统计局公布数据。

实现电视户户通、广播村村响。文旅深度融合发展进一步推进，文化产业增加值年均增长12.7%，全省5A级景区达15家，"三九大"文旅品牌闻名遐迩，动漫、电竞等文创产业发展势头强劲，巴蜀文化影响力、四川旅游美誉度也在不断提升。

二 2022年四川省社会发展面临的新形势与新挑战

（一）风险因素增加给社会稳定与基层治理带来的挑战

新冠肺炎疫情正在深刻且持续地影响着经济社会生活的方方面面，近年来，随着各地将城乡基层治理不断推向深入，人们对社会的感知度、理解度、依存度不断加深，社会各界对加强和创新城乡基层治理的基础性、必要性、紧迫性认识也前所未有的深化。2021年新冠肺炎疫情依然不断点状发生，令社会常常在疫情状态与常态下作出"切换"转化，而新冠肺炎疫情给经济社会带来的连锁影响如就业岗位减缩、经济水平下滑等正在显现，加上各地自然灾害频发、国际国内环境持续变化，地区的社会稳定风险因素不断增加，在应对挑战的过程中，也暴露出基层治理方面人员力量不足、专业素养缺乏、治理手段单一、社区服务留白、社会力量参与不够、科技支撑欠缺等薄弱点，对基层社会稳定和基层治理能力提出了更大的挑战。

在此背景下一系列具体挑战日渐凸显。例如，面对治理重心下移的实践方向，存在资源要素配置方式粗放、应急能力不足、共享机制缺位等问题。再如，资源要素部门化、碎片化问题依然不同程度存在，缺乏有效整合机制和供需对接平台。机关企事业单位的公共资源下沉和共享机制尚不健全，公共服务设施面向居民开放共享还缺乏制度安排和配套措施，持续性的保障力亦相对缺乏。基层应对重大突发公共事件的资源要素调拨、采购、分配等制度机制尚未建立，紧急状态下基层应急处置的权限和能力不足。面对创新基层治理能力建设的形势和任务，体制机制层面存在制度创新不足、力量统筹不够、职能配置不优等问题。面对居民多元化、差异化、品质化的服务需求，服务供给体系存在公共服务供需失衡、便民服务匹配不准、生活服务品质不优等问题。

（二）缩短城乡、区域发展差距依然是关键的现实发展诉求

既有超大城市，又有快速成长的大中小城市，还有类型多样、发展差异明显的大量乡村集镇是四川省的基本省情也是特殊省情，城乡差别较大、区域差别较大，导致四川省城乡社会发展依然呈现一定程度的非均衡状态，在社会治理层面，缩短城乡、区域发展差距的现实诉求依然迫切。

成都平原地区社会发展程度高、社会治理总体水平较高，川南、攀西、川东北等地次之，川西北地区社会发展程度整体偏低的区域差异格局，短期内难以根本性改变。据此，全省城市社区大致分为"两类别、五层次"，其社会发展状况与社会治理重点各不相同。两类别，即城市与集镇两类社区；五层次，即特大中心城市、地级市、县级市、一般县城和集镇。从城乡居民的组织形态看，特大中心城市人口流动率较高，本地与外来移民兼而有之、社会异质性和复杂性较强，居民的利益联结机制主要依赖于"物业服务""学区划片"公共服务供给等方面，人际关系相对冷漠，基层治理更多聚焦如何提升服务质效、重构居民利益链接机制。地级市呈现城市向近郊乡村扩张、乡村向城市形态演替的特点，形成了较多既包含城市社区空间形态特征，又延续一定的农村社区属性的城乡结合部地区，这些地区"非城非乡、亦城亦乡"，具有较强的自身特点，社会诉求冲突与群体性事件较多，基层治理的难点在于如何满足差异化公共服务需求、防范与化解社会冲突和社会稳定风险。县级市、一般县城一定程度上存在粗放式扩张现象，基础设施建设跟不上城市扩张速度，公共设施供给与人口聚集规模不相匹配，基层治理的着力点还在于加快补齐基础设施建设短板、提升公共服务供给水平。集镇社区大多由"村"改"居"转制而成，在组织形式上仍沿袭着村级组织的结构；在职能行使上更多的是基层政府"臂膀""手足"的角色定位；在管理形式上延续了村委会模式，集镇社区

治理还停留在维系乡村组织管理的基本功能层级。总体上讲，四川省城乡社会发展不平衡态势依然存在，需要强化分类指导。

（三）还需进一步理顺并平衡社会发展与社会治理的关系

2022年是四川省"两项改革"后对社会治理水平的重要考验期。可以预见，因"两项改革"而引发的各类社会矛盾冲突逐渐显现，且最终都要"下沉"到城乡社区。在此背景下，需要特别重视对社会活力与治理秩序间的平衡。一是需要进一步激发"人"的活力。推动居民平等表达利益诉求，积极参与社区活动，共建共享社会发展成果，促进人的自我价值、社会价值，实现群众自治有活力、有秩序。二是需要进一步激发"社会"活力。推动政府向社会放权，拓宽共建共治共享渠道，实现政府、社区组织、市场主体与社会力量和谐有序，各项生产要素高效运转，增强社会发展活力。三是需要进一步维护社会秩序，从源头上发现问题、化解矛盾、减少纠纷，进一步有效破解社会治理难点、痛点、堵点，营造良序善治、睦邻友好的社会氛围，促进社会和谐稳定。与此同时，社会发展与社会治理的联结更加紧密的背景下，一方面通过社会发展对社会治理形成反哺的机制亟待建立，另一方面将城乡社区变成重要的消费场景，以治理促发展的格局也需要形成。应通过加强和创新基层社会治理，促进消费升级，在构建国内国际双循环新发展格局下，有效促进消费回补和潜力释放，激活新的消费需求，推动消费升级。同时，应通过创新城乡基层社会治理，稳定社会就业，进一步拓展服务、丰富供给，通过引入社会企业、社会组织等多种市场主体，通过消费升级、需求释放，容纳更多的社区服务就业岗位，促进社会就业。

三 对策建议

（一）着眼机制创新，在社会治理深水领域寻突破

针对省域内社会发展对基层社会治理能力提出的更高要求，可尝试在四

个领域探索创新，在社会治理的深水领域寻求突破。一是针对资源保障问题，创新稳定投入机制。建立完善以省市补助为引导、县级投入为主体的稳定财政投入机制。积极争取中央预算内投资的城乡社区建设项目。省、市（州）设立城乡社区治理专项资金，并建立动态调整机制，主要用于社区综合服务设施建设、社区治理试点示范建设、社区治理服务项目等；加大对县级（含市辖区）财政的基层组织活动和公共服务运行经费、社区干部基本报酬的转移支付力度；探索建立社区基本运行经费和激励资金双轨并行机制。二是针对基层责权问题，创新权责对等机制。进一步理顺街道（乡镇）与社区的关系，推动人财物和责权利对称下沉，增强社区自主权。在定位上，让社区回归群众自治组织属性；在人事上，建立健全"县级组织选聘、街道（乡镇）签订合同、社区实施考核"的社区工作人员准入管理制度，强化社区对社区工作人员的管理权和考核权；在事权上，建立健全社区权责事项清单制度，并完善事项准入机制；在财权上，建立健全社区基本运行经费管理办法；在赋能上，建立健全"社区呼叫、街道吹哨、部门和驻区单位报到"的社区召集机制等。三是针对基层治理资源缺乏问题，创新资源整合机制。深化街道管理体制改革，推动城市资源向街道集中、服务重心向街道下沉，探索将部分县级国有资产经营权、行政部门执法权、行政许可审批权等适当下放给街道，增强街道服务社区治理的能力。建立健全社区链接外部资源共同推进社区发展的长效机制，建立健全社区社会组织孵化机制。建立健全政府购买城乡社区服务指导性目录，探索以县（市、区）为单元建设政府购买社会组织服务资源交易信息平台，建立健全社区治理供需对接平台。四是针对社区人才问题，创新人才培养机制。推动省级层面出台加强社区专职工作人员队伍建设的指导意见，着力建设一支以社区党组织和居委会成员为主，县级民政部门核定的在社区专职从事社区管理和服务的人员为辅，结构合理、素质优良、能力突出、群众满意的社区专职工作人员队伍。探索构建以选任招聘、岗位设置、培训考核、职业发展、关心关爱为主要内容的社区专职工作人员管理服务体制。建立完善社区专职工作人员岗位薪酬体系、薪资标准体系、社会保险体系、福利待遇体系，推进岗位待遇职业化。积极搭建社区专职工作人员招聘引进平台、培育锻炼平台、激励导向平台，推进能力素养专业化。实施社区专职工作人员学历素质提升行动，推行社区专职工作人员"全岗通"工作模式，完善社区专职工作人员参加社工资格考试激励措施，将社区专职工作人员培训纳入各级组织部门干部培训计划并建立长效机制。

（二）聚焦四川特色，在三个重要领域探索社会建设模式

一是做好"两项改革""后半篇"文章，探索西部地区乡村治理的有效路径。习近平总书记曾就优化行政区划、加强基层治理作出一系列重要论述，指出行政区划本身也是一种重要资源，用得好就是推动区域协同发展的更大优势，用不好也可能成为掣肘。四川省委直面矛盾、攻坚克难，把"两项改革"作为实现乡村有效治理的牵引性工程来抓，分两批次开展乡镇行政区划调整改革，接续推进村级建制调整改革。以"两项改革"为载体，进一步优化资源要素配置，重塑乡村经济和治理版图，加强农村基层政权和基层组织建设，为促进乡村全面振兴、推动县域经济高质量发展、巩固党的执政地位夯实基层基础，可作为四川社会建设重点聚焦的重要领域。二是做好超大城市社会治理，探索西部地区党建引领城市治理的有效路径。成都市在党建引领超大城市城乡社区发展治理中已有深度的探索创新，可进一步将党建引领社区发展治理作为城市转型的着力点，以破解超大城市治理中的基本问题——活力与秩序的矛盾——为核心目标，在理顺党建引领西部地区超大城市城乡社区治理的路径上积极探索。三是做好民族地区社会治理，铸牢民族治理"共同体"。四川是一个多民族省份，在巴蜀大地上生活着汉、彝、藏、羌、回等15个世居民族，还有其他41个民族成分，是全国最大的彝族聚居区、第二大藏族聚居区和唯一的羌族聚居区，各民族你中有我、我中有你。四川高举民族团结旗帜，持续用力促进各族群众交往交流交融，把推进民族团结进步与基层社会治理深度融合，大力推动民族团结进步创建工作进机关、进企业、进社区、进乡镇、进学校、进宗教场所，积极顺应民族大流动、大融居的新特点，结合探索推进城乡基层治理制度创新和能力建

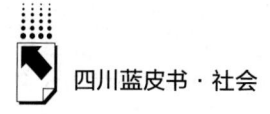

设，做好散居与城市少数民族服务管理工作，推动形成互嵌式的社会结构和社会环境。

（三）以保障和改善民生应对各类社会风险

尽管社会风险不可预估，但保障和改善民生、将民生做实做好，是应对各类社会风险、维护社会稳定的重要施略。应牢牢兜住基本民生，办好民生实事，鼓励民间资本参与民生工程。就业方面，进一步加强高校毕业生、退役军人和农业转移人口等群体创业就业服务。社会保障方面，实施全民参保计划，健全多层次社会保障体系，建立个人账户跨统筹区家庭成员共济机制，提高门诊和住院救助限额，加快保障性租赁住房建设，完善长租房政策。基础设施方面，持续加强农村公路建设，打造乡村运输"金通工程"品牌。开展积极应对人口老龄化综合创新试点，发展普惠托育服务体系，深化"量体裁衣"式残疾人服务，畅通社会救助渠道。坚持常态化精准防控和局部应急处置有机结合，建立常态与非常态社会管理转化机制，强化人物同防、多病共防举措，完善入境人员全流程闭环管理机制，完善联防联控群防群控长效机制，织密疫情防控救治网络。

年度主题：县域治理新探索

Annual Theme: New Exploration of County Governance

B.2 四川"两项改革"的实施现状及对策

刘宗英[*]

摘 要： 四川省的基层组织数量多、规模小、分布密、实力弱，已不适应现代乡村社会治理的新要求。按照国家优化行政区划和加强基层治理的部署，四川省启动了乡镇行政区划和村级建制调整改革。改革的"前半篇"文章重在减少基层组织数量，重塑经济地理版图，重构基层治理空间；改革的"后半篇"文章重在提质增效，目前围绕优化资源配置、提升发展质量、增强服务能力、提高治理效能"四大任务"进行。本文介绍了四川省"两项改革"的实施情况，并从进一步提升基层治理成效的角度提出建议。

关键词： 乡镇行政体制改革 村级建制改革 基层治理 四川

---

[*] 刘宗英，四川省社会科学院助理研究员，主要研究方向为城乡基层治理。

推进乡镇行政区划和村级建制调整改革,是四川结合省情实际贯彻落实党的十九届四中全会精神,加强和改进乡村治理的重大基础性改革[①],是四川推进乡村振兴和实施新型城镇化战略的重大举措,被列为中国改革2020年度唯一省级特别案例。"两项改革"优化了四川基层社会治理单元,重构了四川基层经济社会发展格局,将对四川基层治理产生深远的影响。

一 "两项改革"的实施背景

(一)四川原有基层组织架构已不适应现代基层治理的要求

一方面,四川省的基层组织数量多。"两项改革"前,四川省乡镇数量4610个,居全国第一,相当于排名第二的河南省和排名第三的河北省乡镇数量的总和,乡镇平均人口和面积分别为全国平均水平的51.7%、44.2%。村级建制总数5.3万个,居全国第二,其中建制村4.54万个,居全国第四,建制村设置呈现"数量多、人口少、选人难、投入大、实力弱、形态乱"等特征。[②] 另一方面,四川省的区域人口集疏分化加剧。随着城镇化进程的推进,全省呈现农村人口向城镇持续转移、小城镇人口向大中城市加速转移的态势,人口流动更加频繁,空间分化趋势更加明显。[③] 2020年,城镇化率达到56.73%,较2010年提高16.55个百分点;常住人口8367.5万人,较2010年增加325.7万人,人口增加主要集中在成都都市圈、7个区域中心城市市辖区和42个县城,部分县城和农村地区一般乡镇人口外流日趋严重,发展动能受到影响。人口过度集中和局部塌陷现象并存,对区域空间规划、重大生产力布局和公共资源配置提出了更高要求。

---

① 彭清华:《激活四川乡村治理"一池春水"——三台县、盐亭县"两项改革"调查》,《乡村振兴》2021年第1期。
② 李丹:《村级建制调整 四川首批减少建制村18110个》,川观新闻,2020年8月24日。
③ 《四川省人民政府办公厅关于印发〈四川省人口发展中长期规划〉的通知》(川办发〔2022〕25号),2022年2月15日。

面对乡村人口集疏分化加剧的趋势，传统小农经济下建构的基层组织架构已不适应现代乡村社会治理的新要求。一是原有的以家庭承包经营为基础的零散土地和面积较小的村镇区域设置已不能满足现代农业设施化、园区化、融合化、绿色化、数字化经营趋势的新需求。现代农业发展往往需要多个村庄甚至跨乡镇联合，牵涉点多，关系更为复杂，面临农民组织化困难、利益协调平衡难度大等问题。二是原来的乡镇、村落数量多导致每个镇村平均资源不足，进而不能满足新时代基层组织开展社会治理和提供优质公共服务的新要求，陷入"小马拉大车"的治理困境。四川省是全国乡镇一级财政投入总量最高的省份之一，但平均到每个乡镇，却是财政收入最低的省份。财政资源不足又导致人员编制受限，村镇服务体系未能有效构建，基层干部往往身兼数职，难以实现专业化、精细化、高效化，更无法承接权力下放。三是人口流动出现大量的"空心村"，导致基层工作人员人均服务人口数量远低于全国平均水平，行政运行成本较高；与此同时，这些村公共服务投入不足与闲置浪费并存，不能满足老百姓对美好生活的需求。总之，原有的基层组织架构已经不适应农业农村现代化的新要求，阻碍了生产力的发展，降低了服务效能，削弱了乡村治理。

（二）国家对优化行政区划和加强基层治理作出系列部署

习近平总书记指出，行政区划本身也是一种重要资源，用得好就是推动区域协同发展的更大优势，用不好也可能成为掣肘；基层社会治理是国家治理体系和治理能力现代化的有机组成部分和重要基础，要尽可能把资源、服务、管理放到基层。我国乡镇政府自恢复建制以来，一直处于改革—发展—再改革—再发展的历史进程中[1]，目前进入了以"中央发起的系统改革"为主要模式的阶段[2]。随着经济社会的快速发展，乡镇政府的职能普遍滞后于经济发展和现代社会治理需求，基层政府处于任务重、压力大、权力小、责

---

[1] 吴玉贤、刘玮：《四川省乡镇行政体制改革现状及对策——基于2019年度大规模乡镇撤并现象的分析》，《成都行政学院学报》2021年第2期。
[2] 叶贵仁、陈丽晶：《乡镇行政体制改革的类型划分研究》，《理论与改革》2021年第5期。

任大的被动地位，且科层体制没有赋予与其职能地位相对应的各种行政资源，权力向上集中、责任向下集中，权责不匹配问题越到基层越凸显，村（社区）的情况也基本如此。为了提升基层治理效能，2013年党的十八届三中全会通过的《中共中央关于全面深化改革若干重大问题的决定》提出要"优化行政区划设置"；2017年党的十九大报告提出，要"深化机构和行政体制改革……统筹使用各类编制资源，形成科学合理的管理体制"，并"赋予省级及以下政府更多自主权"；同年中共中央办公厅、国务院办公厅印发《关于加强乡镇政府服务能力建设的意见》；2018年党的十九届三中全会提出"构建简约高效的基层管理体制"；2019年党的十九届四中全会提出"优化政府组织结构"；2021年出台《中共中央　国务院关于加强基层治理体系和治理能力现代化建设的意见》。党和国家的系列部署为四川省实施"两项改革"指明了方向，也提供了合法性基础。

二　"两项改革"的"前半篇"文章

2019年10月，四川省启动了"两项改革"，改革分"前半篇"文章和"后半篇"文章。"前半篇"文章是指对四川省183个县级行政区所辖乡镇和行政村进行调整，使乡镇和建制村数量调减、面积扩大、人口增加、资源整合、要素聚集、结构优化，重塑乡村经济和治理版图，为促进乡村全面振兴、推动县域经济高质量发展、巩固党的执政地位夯实基层基础。

（一）经验做法

一是统筹谋划，谋定后动。"两项改革"本质上是一场体制性变革、结构性调整和格局性重塑，牵涉面广、利益关联多、社会关注度极高。在正式启动之前，四川省委用了近1年的时间围绕"乡镇如何并""干部如何安""风险怎么控""工作怎么推"四大课题扎实深入开展调研，摸清摸透乡镇人口面积、机构设置、人员编制、产业现状等基础情况；同时各地也针对即将进行的改革开展专题调研，例如绵阳市三台县走村串乡召开"坝坝会"

"诸葛会"90余场，征集意见建议600多条；盐亭县召开社会各界、干部群众座谈会800余场次，发放调查问卷、征求意见表近3万份。此外，四川省还派出专题调研组到省外学习考察。在准确把握全省实际情况、充分借鉴省内外相关实践经验的基础上，制定乡镇行政区划调整省级层面的"1+4"政策体系，出台《关于推进村级建制调整改革的指导意见》，从目标确定、政策体系、实施步骤等方面做好顶层设计。

二是因地制宜，分类推进。四川省地域面积广、地区差异大。根据"胡焕庸线"两侧区域的特点，将全省分为平原地区、丘陵地区、山区和高原地区四个类型，分别提出以户籍人口和辖区面积为要素的镇村调整参考标准。在具体实践中，各地还综合考虑当地的历史渊源、文化传承、经济联系、群众心理以及交通状况等因素，坚持地缘相近、产业相融、人口相适、大小相宜原则，不搞"一刀切"。在推进时序上，将非贫困和已脱贫地区往前排，未脱贫摘帽地区往后放，待其脱贫攻坚考核验收后再启动。

三是尊重民意，顺向调整。所谓顺向调整，就是把握好当地的历史文脉、现实条件、发展趋势和群众愿望，顺应新型城镇化和乡村振兴发展演进之"向"，顺应产业、人口、交通等要素流动之"向"，顺应人民群众对美好生活新期待之"向"，顺应"人往高处走"的人心之"向"，把群众满意作为根本标准，坚持实事求是，宜留则留、宜并则并、宜撤则撤、宜改则改。在具体实践中，推动县城周边的镇村往县城并、经济欠发达的往经济较发达的并、公共服务配套差的往配套好的并、自然条件较差的往条件较好的并、交通闭塞的往交通便捷的地方并、存在洪涝地灾隐患的往环境安全的地方并、山上的往山下并、沟里的往沟外并。各地的实施方案都事先征求群众意见，绝不与群众拧着干。

四是回应关切，保障利益。改革牵涉地方政府、干部、群众等多元主体利益，"群众担心办事上学看病不方便，干部担心不能得到妥善安置，地方政府担心财政资金会减少"。为回应各方关切，四川省政府制定了机构设置、干部安置、集体资产、投资和财政等方面的配套政策，明确提出"五个不"和"三不变"。在乡镇行政区划调整改革中，坚持"五个不"，即乡镇编制不上收、财政转移支付不减少、基础设施建设不削弱、基本公共服务不降低、干部安排不悬空。在村级建制调整改革中坚持"三不变",即农民享受的惠民政策不变、农村土地和林地等权属不变、农业经济利益关系不变等。"五个不"和"三不变"政策确保相关主体当期利益不受损、长期利益有增进,不仅消除了改革阻力、减少了改革震荡,还激活了基层改革动力。

(二)初步成效

一是治理空间重构,奠定产业发展基础。到2021年9月,四川"两项改革"的"前半篇"任务基本完成,全省乡镇(街道)从4610个减至3101个,减少1509个,减幅达32.7%。乡镇平均面积由106平方公里增加至156.7平方公里,增幅达47.8%,平均户籍人口由1.8万人增加至2.93万人,增幅达62.8%。全省建制村从45447个减至26369个,减少19078个,减幅达41.98%;建制村平均面积从10.7平方公里增至18.3平方公里,增幅达71.0%,平均常住人口由877人增加至1512人,增幅达72.4%。治理空间重构让土地、产业、人口、行政等资源要素得以在更大范围内优化配置,为现代农业和县域经济的发展奠定基础。例如,绵阳市三台县刘营镇将原三道河村、土地村和青松村合并为三道河村,合并后的村面积变大了,原来需要和4个村8个组谈土地流转的连兴果业家庭农场现在只需要和2个村3个组谈,利益关系协调更加简便,农场规模也从以前的130亩顺利扩增到1100多亩。[1]

二是组织结构优化,完善基层治理功能。基层治理体系和治理能力现代化要求加强乡镇(街道)、村(社区)党组织对基层各类组织和各项工作的统一领导,增强乡镇(街道)的行政执行能力、为民服务能力、议事协商能力、应急管理能力和平安建设能力,增强村(社区)组织动员能力和优

---

[1] 李传君:《"两项改革"释放发展动能——四川三台县探索乡镇行政区划和村级建制调整之路》,《农民日报》2021年6月16日。

化社区服务。这些基层治理功能的实现都要求有与之相对应的基层治理组织结构，然而在"两项改革"前，由于资源不足，一些乡镇（街道）人员匮乏、基层治理服务机构空设，一些村（社区）工作人员待遇低，干事积极性不高。乡镇行政区划和村级建制调整后，四川各乡镇行政和事业编制干部平均从37.6名增加到59.9名，比改革前增加了22.3名，乡镇力量得到充实，形成了上下贯通的基层组织架构；村党组织书记平均年龄下降3.9岁，大专以上学历人员占比提高7.1个百分点。镇村干部人少事多、老龄化、文化水平偏低等长期存在的问题得以化解，在没有增加财政总支出的情况下，干部待遇得到较大幅度提高。巴中市巴州区水宁寺镇村干部月工资从1730元涨到3140元，该镇龙台村以前选村干部"求都求不来"，村庄合并重新选举村委时，4个村委职位有30多人竞争，其中有几个人专程从广东、福建等地赶回来参加竞选。[①]

三 "两项改革"的"后半篇"文章

"两项改革"是一篇前后相续的大文章，"前半篇"文章重在调整减量，"后半篇"文章重在提质增效。改革能否适应基层治理现代化的新要求，"后半篇"文章是关键。2021年3月，四川省委办公厅、省政府办公厅印发《关于做好乡镇行政区划和村级建制调整改革"后半篇"文章的实施方案》，提出围绕优化资源配置、提升发展质量、增强服务能力、提高治理效能"四大任务"，推进基层治理体系和治理能力现代化，促进乡村全面振兴和县域经济高质量发展，为推动治蜀兴川再上新台阶夯实底部基础。

（一）优化资源配置

一是优化乡镇机构编制。"前半篇"文章完成后，多数乡镇都成立了综合行政执法机构，但覆盖领域还不够广，针对与乡村治理密切相关的秸秆焚

---

① 龙在宇：《从物理变化到化学反应》，《廉政瞭望》2021年第18期。

烧、污水排放等问题还缺乏执法资格。此外，有的机构服务对象和服务内容交叉重叠、职能职责模糊不清。"后半篇"文章开启后，四川省政府印发《四川省赋予乡镇（街道）县级行政权力事项指导目录》，把基层管理迫切需要且能有效承接的权限赋予乡镇，制定乡镇权责清单、属地事项责任清单，厘清乡镇与县直部门的职责边界，同时健全派驻机构纳入乡镇统一指挥协调的工作机制，提升乡镇统筹协调能力，实现"一支队伍管执法"。编制是一种重要的治理组织资源，四川省根据县（市、区）人口数量、区域面积、经济实力3个主要指标，同时参考乡镇类型、发展定位、产业特色、交通条件、重大任务等实际情况核定编制数量。为满足经济社会发展需要，四川省探索跨县域调整乡镇编制，重点保障成渝地区双城经济圈建设、乡村振兴任务重和因历史原因乡镇编制偏少的地区以及经济发达镇、中心镇的编制使用。此外，四川省还选择部分县（市、区）开展机构编制"扁平化"管理试点，探索将乡镇职责归类划分为基层党建、经济发展、社会事务、社会治理、便民服务、综合行政执法等方面，统筹使用乡镇行政和直属事业机构等力量，通过人员"多岗化"实现管理"扁平化"。

二是盘活用好镇村公有资产。"前半篇"文章完成后，一方面被撤并的镇村腾出了大量办公用房、活动阵地，另一方面新设乡镇由于人员增加，办公用房、干部周转房不足。在"后半篇"文章中，对于公有资产基础情况，首先摸清资产权属、分布和使用状况，按照"资产随职能和人员走"的原则，做好资产移交管理；对于公有资产的使用，乡镇采取充实办公用房一批、改作公益用房一批、支持产业发展一批、市场化处置变现一批、补充国有资本一批等方式，村采取便民服务提升一批、公益事业改建一批、集体经济使用一批、市场运营开发一批等方式，分类盘活闲置资产；对于公有资产的管理，逐步建立起乡镇国有资产管理以县（市、区）为主体、村集体资产管理由乡镇统筹指导的责任体系。针对涉改乡镇干部周转房的保障，按照合并乡镇数量较多优先、距离县城较远优先、自然条件艰苦优先的原则，2021年重点推进140个涉改乡镇试点，通过盘活存量、社会租赁、新建购置等方式，提供干部周转房27.4万平方米，解决8200名干部周转房保障问题。预计2023年底以前，全省涉改乡镇干部周转房保障问题得到有效解决。

三是加大政府购买服务力度。为避免重走以前"加机构、加编制、加人员、加经费"的老路，四川省在"两项改革""后半篇"文章中，加大了政府购买服务力度，着力探索优质高效公共服务供给的新模式。四川省财政厅先后制定《四川省乡镇政府购买服务试点工作方案》《加大政府购买服务力度工作方案》，明确基层加大政府购买服务力度的指导思想、基本原则，以及工作任务和工作要求。全省21个市（州）出台加大政府购买服务力度工作方案和本地试点方案，一些市（州）还结合本地实际研究出台了各具特色的制度措施，如遂宁市制定了《2021年遂宁市乡镇政府购买服务需求目录》，涵盖35项具体购买事项；船山区出台了《乡镇政府购买服务项目资金管理办法》。2021年，四川省在居家养老、儿童关爱、学前教育、植物保护、人民调解等10个领域选取41个县（市、区）开展乡镇政府购买服务试点工作，省级试点项目涉及387个乡镇，试点项目资金合计4274.69万元，全省在乡镇基层开展政府购买服务的范围逐步扩大。在试点的基础上，四川省将继续健全乡镇政府购买服务制度体系，推动政府购买服务事项常态化下沉至乡镇，支持和鼓励基层群众性自治组织、农村集体经济组织、"两新"组织等社会力量承接政府购买服务项目，同时推进政府购买服务预算绩效评价工作，提高财政资金使用效益和公共服务质量，力争到2025年，乡镇公共服务供给水平和质量显著提升。

（二）提升发展质量

一是强化乡村规划。四川省大多数乡镇没有编制国土空间规划，也没有专门管理机构，占用耕地违法建房的问题突出。一些乡镇虽然编制了规划，但也缺乏特色。"后半篇"文章中的乡村规划，将综合考虑自然条件、经济地理、功能定位、历史人文、产业类型、跨区域合作等因素，打破行政区划限制，以片区（经济区）为单元，编制乡镇国土空间总体规划和村规划，探索"多镇合一""镇村合一""多村合一"的规划编制模式，引领国土空间布局、生产力布局、基础设施和公共服务设施布局，提升乡村规划建设的科学性、实用性和前瞻性。2021年，四川省划分乡镇级片区809个，制定了一系列乡村规划标准规范，乡村规划技术标准体系基本建立。2022年乡村规划编制全面启动。2023年，乡镇国土空间总体规划将实现全覆盖，"多规合一"的实用性村规划按需应编尽编全面完成，规划建设管理机制基本建立。

二是强化乡村基础设施建设。基础设施是实现乡村振兴战略的基础。"后半篇"文章中基础设施建设包括交通运输、水利设施、电网、市政设施等方面。其中，交通运输方面，2021年底基本解决撤并建制村与新村委会直连道路通畅问题，且100%实现硬化；建成产业路旅游路900公里，农村路网服务产业和旅游发展的能力初步显现；实现全省所有县（市、区）"金通工程"①试点全覆盖。水利设施方面，2021年底全省涉改乡镇（街道）、村（社区）农业灌溉水有效利用系数达到0.48以上，自来水普及率达到81%以上，规模化工程服务人口比例达到51%以上；到2025年，全面完成农村小型水利工程管理体制改革。电网方面，预计2022年底实现全部涉改乡镇（街道）农网供电水平达到国家标准。乡镇市政设施和村镇建设管理方面，一方面确保被撤并乡镇市政设施不过度建设，另一方面也不降低维护管理水平，同时提升村镇建设管理职能，健全涉改乡镇市政设施管理维护和农房建设管理机制。

三是推进一二三产业融合发展。产业是振兴乡村经济的重要抓手，"后半篇"文章主要从提升产业基地、提升初加工能力、促进产业融合发展、培育新型经营主体、做好科技服务等方面推进乡村特色农产业发展，预计到2025年，涉改乡镇基本形成"一村一品""一乡一业"农业产业发展格局，乡镇主导产业优势特色突出、产业链条完善、一二三产业融合发展、利益联

---

① "金通工程"：传统乡村客运的升级版，基本特点是"四个统一"，即统一车辆外观，全省统一采用"小黄车"外观；统一驾驶员工牌、工装，全省统一赋码、"一人一码"佩证上岗，鼓励以县为单位统一着装；统一乡村客运标识，全省统一车身"四川乡村客运"LOGO标识、招呼站（牌）公示内容；统一监管投诉平台，全省统一平台集中监管驾驶员和车辆，统一使用交通运输监督服务12328电话。

结紧密。支持涉改镇村就撤并后留存的闲置集体建设用地和房屋发展乡村旅游，实施"旅游功能化"改造，推进乡村旅游"最后一公里"建设，培育乡村旅游新产品、新品牌，2021年全省乡村旅游总收入超过3600亿元。加强"美丽四川·宜居乡村"农村人居环境整治，重点开展补齐农村"厕所革命"短板、提升农村生活垃圾治理水平、提高农村生活污水治理能力、防控农业面源污染、改善村容村貌等工作。2021年底，农村卫生厕所普及率、生活垃圾处理体系覆盖率分别达87%、96%，12个乡镇、119个村被认定为全国乡村治理示范镇村。

四是开展合并村集体经济融合发展试点。集体经济是提高基层党组织凝聚力、增强乡村治理效能的重要物质基础和抓手。2021年，四川省在全国率先颁布实施《四川省农村集体经济组织条例》，基本完成农村集体产权制度改革，农村承包地确权颁证率达97.5%，1292个村探索开展合并村集体经济融合发展试点，包括集体资产和债权债务相差不大村的合并及相差较大村的合并、集体经济发展较好与较薄弱村的合并、贫困村与贫困村的合并、贫困村与非贫困村的合并、非贫困村与非贫困村的合并等不同类型，同时探索新型农村集体经济有效组织形式和运行机制。预计再过3~5年，全省合并村集体经济基本实现完全融合，形成收入稳定增长机制。

（三）增强服务能力

一是完善镇村便民服务体系。为方便群众办事，"两项改革"的"后半篇文章"中将被撤并的乡镇便民服务中心设置为便民服务站，依托党群服务中心设置村便民服务室，保留被合并村的便民服务点，建立乡镇领导干部和县直部门派驻机构负责人定期到便民服务站集中办公、村级便民服务代办等制度。同时，加强基层扩权赋能，将群众办理频次高、基层治理需要的事项权限赋予乡镇并纳入便民服务平台，按照"一件事一次办"原则优化整合，提升便民服务质量。此外，全省一体化政务服务平台正在完善，预计2025年实现"一网通办"。

二是优化教育医疗服务供给。教育、医疗与人们的美好生活息息相关。

针对此前农村教育"门可罗雀"和"门庭若市"并存的现象,"后半篇"文章中基础教育的布局将打破行政区划界限,在"经济区"内布局,幼儿园就近就便、小学向乡镇集中、初中向中心城镇或片区集中、高中向县城集中、资源向寄宿制学校集中,教师配置由"学校人"向"系统人"转变、管理体制由"管学校"向"管学区"转变,优化教育资源供给。2021年重点推进"空心学校"、生源严重萎缩的小规模学校(含教学点)的撤并整合,预计到2025年,全省拟调整中小学(幼儿园)共3200余所、教学点2380余个,拟新(扩)建中小学(幼儿园)共1170余所。提升乡村医疗卫生服务能力,每个乡镇办好一所达到国家基本标准以上的卫生院,每个行政村办好一所达标村卫生室,全省规划布局400个以上县域医疗卫生次中心;能初步识别和诊治60个以上基本病种的乡镇卫生院较调整前增加10%,中心镇卫生院全部设置中医馆。

三是提升养老育幼服务能力。第七次全国人口普查数据显示,2020年全省65岁及以上农村常住人口占比为21.7%,预示着四川省农村地区已进入超老龄化社会。农村老年人口规模增加、占比提高,将大幅增加养老、医疗等公共服务需求。为此,四川省将在改革后的中心镇、重点镇建设具备服务辐射功能的示范性农村区域养老服务中心,同时转型升级乡镇(街道)、村(社区)养老服务设施,设置养老服务点,形成"一站多点"的居家社区机构"三位一体"服务网络。此外,进一步提升农村敬老院照护能力,增设失能人员生活服务照护单元及医疗护理、康复服务等医养结合照护单元。在儿童服务方面,打造"一站一家一点"工作阵地[①],试点建设婴幼儿照护机构,实施儿童关爱服务项目。整合基层养老育幼服务力量,健全社工引领志愿者服务机制,2021年涉改乡镇(街道)、村(社区)志愿者服务队伍覆盖率达到100%。

---

① 一站一家一点:"一站"即在乡镇(街道)设立的未成年人保护工作站,"一家"即在村(社区)设立的儿童之家,"一点"即在撤并前儿童总数达到600人、留守儿童达到20人的村保留儿童之家活动阵地,设置为儿童服务点。

（四）提高治理效能

一是加强乡村基层组织建设。基层组织是提高基层治理效能的关键。"两项改革"后，镇村的治理区域更广、担负的权责更大、工作的要求更高，对基层组织提出了更高的要求。四川省通过健全"选育用管"工作链条，初步形成组织体系好、领导班子好、运行机制好、工作实绩好、群众反映好的"五好"乡村组织建设新格局。特别是对于基层组织的监督，"两项改革"后可支配的资源更多了，"书记主任一肩挑"，手里的权力更大了。对此，四川省推行村级小微权力清单制度，明晰权力责任，界定权力边界，规范权力流程，同时建强村务监督委员会，确保监督到位。

二是提升基层组织治理能力。基层组织治理能力对于基层治理现代化至关重要，"后半篇"文章中强化基层治理能力建设主要包括以下几个方面。其一，完善农村司法体系，所有乡镇（街道）均配齐配强乡镇（街道）政法委员，因地制宜优化公安派出所、司法所、人民法庭布局，优化网格化服务管理体系，打造"多网合一、一网运行"的全科网格。其二，加强乡镇（街道）综治中心和农村"雪亮工程"建设，夯实治理基础。其三，提升应急管理能力。2021年已完成516个中心消防救援站整合重组和建设，成立乡镇（街道）应急队和村（社区）应急分队，基本形成"一主两辅"的基层应急力量体系；基层应急管理机制创新、制度建设、支撑保障、预案管理等重点工作持续加强，基本形成以政府力量为主，基层社区、社会组织、公民个人协同参与的"大应急"格局。

三是加强社区治理。社区治理是基层治理的基础。"后半篇"文章着力构建"党建引领+综合服务+综治保障+科技赋能"的四川省城乡社区治理框架。坚持党建引领社区治理，全面推行书记、主任"一肩挑"和"两委"成员交叉任职；实施社区综合服务设施"补短板"达标工程，保障社区用房；优化社区服务供给，集成社会保障、劳动就业、社会救助、教育卫生、养老托幼、殡葬殡仪、助残康复、社区矫正、法律服务、调解仲裁、退役军人事务等公共服务，开展服务进社区系列活动；建设智慧社区，印发《"互联网+社区"行动计划（2021—2025年）》，预计到2025年基本实现大数据、云计算、5G、区块链、物联网、人工智能等信息技术在社区治理和服务中的耦合应用，建成一批智慧科技型社区；创新社区、社会组织、社会工作"三社"联动机制，力争"十四五"末实现乡镇（街道）社会工作服务全覆盖。

四是加强基层群众自治。群众是基层治理的重要主体。根据"后半篇"文章的要求，四川省将健全村级配套组织，在村（居）民委员会产生后10日内，依法推选产生村（居）务监督委员会和村（居）民小组长，随后完成村（居）民代表和人民调解、治安保卫、环境卫生等村（居）委会下属委员会成员，以及村（居）民议事会、村（居）民理事会、红白理事会等下属自治组织负责人的推选，加强共青团、妇联、民兵组织和村级集体经济组织、合作经济组织等其他村（居）组织建设；进一步规范基层群众议事协商制度机制，完善监督体系，提升基层队伍能力；制定城乡社区工作事项准入制度指导意见，建立事项依法准入和动态管理机制，厘清权责边界。预计到2025年底，基层群众议事规则更加规范、监督机制更加健全、自治体系更加完善，努力实现"治理有效、充满活力、和谐有序"的基层群众善治新格局。

四 做好"后半篇"文章的对策建议

基层治理盘根错节，相互关联。四川省实施的"两项改革"有助于系统性地解决基层治理中的问题，提升基层治理能力。"后半篇"文章的实施期限为2021~2025年，为使改革进一步提升镇村合并后的基层治理效能，提出如下对策建议。

（一）重塑基层党组织的领导权威

"两项改革"后，撤并后的村级组织需要重组和调整。2021年，镇村撤并后的第一次全省村（社区）"两委"换届完成，"一肩挑"的村（社区）

有 33493 个，达到 97.5%，党组织书记担任村级集体经济组织负责人的占83.1%，"两委"成员交叉任职比例达 51.2%。新组建的"一肩两任"甚至"一肩三任"基层组织，一方面面临着村庄规模扩大带来的治理负荷增加，以及村庄管理和服务难度的增加、治理效能的下降，另一方面面临着原有各村作为独立治理单元的均衡性被打破，以及随之而来新治理单元秩序的建构。农村基层党组织是党的执政基础，新组建的基层党组织必须在应对治理环境的变化中重塑领导权威。

有关研究提出通过领导力塑造、制度供给以及公共服务供给重塑合并村基层党组织权威的路径值得借鉴。首先，领导力塑造是重塑权威的首要前提，没有领导力就难以形成有效的制度供给和公共服务供给。领导力塑造包括确立村党组织书记的领导权威和村级党组织在全体村民中的组织权威。其次，制度供给是重塑权威的保障。可采用矛盾协商制度、群众回应制度等一系列制度确立合并村庄的新规则，将党在基层社会的权威塑造融于村庄治理之中。最后，由发展村级集体经济推动的公共服务供给是重塑权威的关键点。村公共服务的改进有助于增加群众对基层组织的认同感和接受度。以上三者共同发挥作用，相辅相成。

（二）管控产业资本下乡的社会风险

产业兴旺是乡村振兴的重要基础，是解决农村一切问题的前提。四川省"两项改革"的重要目标之一就是重塑乡村经济版图，为乡村产业发展奠定基础。例如，四川省崇州市就把"赋能产业"作为"两项改革"的原则之一，"推动主体功能与产业功能相叠加、镇街区划与产业功能区区划相重合，构建'产业功能区+镇街+社区'的管理架构"，同时按照"大项目带动大产业"思路，策划引进百亿级别项目 4 个、30 亿级别项目 6 个，形成"一个功能区一个主导产业，一个主导产业一个百亿（元）项目"的发展格局。如此大规模的产业离不开大量资本的投入。现有研究表明，资本下乡的过程中，可能存在如下几种风险。其一，资本下乡不遵循市场逻辑，而是遵循行政逻辑，围绕地方政府的发展偏好开展投资，以获得政策倾斜为回报，这不仅浪费了社会资本携带的生产要素、国家支持农业发展的政策资源、乡村社会优质经济的发展机会，更阻碍了农村产业的实质性发展。其二，城市工商资本拥有更多的资金等市场优势，以及政府涉农优惠政策支持带来的"超市场优势"，使得农村产业中的高附加值环节被工商资本垄断，进而影响小农户农业收入的稳定性。其三，下乡资本在与农村资源的结合过程中面临着多方面障碍，容易陷入经营困境。

为防控资本下乡的社会风险，提出五点建议。第一，政府相关部门要对现代农业和乡村产业形成正确的认知，不能盲目追求自动化、标准化与规模化，而是应该立足地方实际，因地制宜探索适合的发展道路。第二，进一步规范政策性涉农资源的分配管理，设置明确的分配规则、制定高效的分配机制、严格分配过程监督等，从而保证涉农资金和农村资源被精准用于提升产业发展水平、提高社会公共效益。第三，明确政府与市场的功能定位，主要为保障市场的稳定健康运转提供环境。第四，农村是中国社会的稳定器，农业发展的首要目标是为农民提供稳定的收入来源，因此应谨防城市工商资本直接下乡挤占农村内生精英的产业位置，从资金、政策等方面支持农村内生精英自主创业。第五，强化村社组织对于农村产业发展的主导地位，将资本主体整合农村资源的过程转化为村社组织整合资本与农村资源的过程，实现资本与农村资源的深度整合。

（三）促进村集体经济提质增效

集体的资金、资产和资源即"三资"处理是村庄合并中的难题，很多新村集体"三资"在融合和运营管理上仍存在突出问题。一是存在"并村不并人、并村不并心、并村不并账"的问题，严重影响新村"三资"的利用率和管理效能；二是部分村庄集体经济基础薄弱、资源匮乏，例如资阳市，没有经营收益或经营收益在5万元以下的"空壳村"有1948个，占97.99%；三是缺乏管理、运营集体经济的优秀人才，"一肩三任"要求村党组织书记不仅要会管理，还要懂经营，这样的人才在一些人口流出多的纯农业村镇尤其匮乏；四是缺少农村集体经济管理的法律法规，导致农村集体

"三资"管理不严谨，甚至出现干部侵吞集体资产现象。

发展村集体经济是实施村庄自治的基础。促进村集体资产提质增效，一是要切实做好村集体"三资"融合。在做好清产核资的基础上，实施集体资产股份化改造，明确村集体成员权益，建立村集体经济与村民的利益联结机制，逐步推动村集体经济的管理运营正常化。二是基础薄弱村庄要立足实际、广开思路、另辟蹊径，可借鉴资阳市，围绕当地的"地""水""房""景"等资源发现需求，提供生产生活服务，点滴之间积累集体经济。三是人才匮乏的纯农业地区要扩大村干部选人用人范围。当前仍然有大量在农村就业的人口，例如村里的医生、教师，以及电工、兽医、家庭农场主、小作坊主、商贩、农资代理人、农机手等各种能人，他们熟悉农村的情况，有一定的见识，是乡村相对可靠、稳定、能干的干部来源。通过对他们进行能力提升培训和政治理论培训，为村集体经济发展提供人才保障。四是根据《四川省农村集体经济组织条例》，建立切实有效的监督管理机制。机制不必复杂，复杂的机制会增加治理成本，具体可根据各村庄的集体经济发展情况而定。一般而言，集体经济越大，不明确的经济利益越多，需要的监督制度也越复杂。

参考文献

彭清华：《激活四川乡村治理"一池春水"——三台县、盐亭县"两项改革"调查》，《乡村振兴》2021 年第 1 期。

胡建林：《谋深做实镇村建制调整改革"后半篇"文章》，《四川日报》2020 年 4 月 8 日，第 006 版。

望超凡：《资本下乡与小农户农业收入稳定性研究——兼论农村产业振兴的路径选择》，《南京农业大学学报》（社会科学版）2021 年第 1 期。

望超凡：《村社主导：资本下乡推动农村产业振兴的实践路径》，《西北农林科技大学学报》（社会科学版）2021 年第 3 期。

望超凡：《资本下乡的行政逻辑：表现形式、形成机制与实践影响》，《农林经济管理学报》2022 年第 1 期。

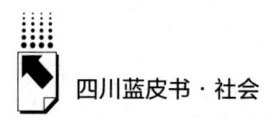

王璐瑶、刘江、董法尧：《镇村建制改革视阈下农村集体经济转型发展路径——以四川省彭州市为例》，《乡村论丛》2022年第1期。

应寿英、罗娟、胡碧霞、李传昊：《西部地区村级集体经济发展现状及对策研究——以简阳市为例》，《安徽农学通报》2022年第2期。

何安华、倪坤晓、庞洁：《基础薄弱地区如何发展村级集体经济》，《农村工作通讯》2022年第3期。

易安：《从"并肩走"到"一肩三任"：合并村庄基层党组织权威重塑路径研究——基于四川省眉山市新C村的调查》，华中师范大学硕士学位论文，2021。

《国务院关于促进乡村产业振兴的指导意见》（国发〔2019〕12号），2019年6月28日。

B.3
县域治理新探索：基层治理整体统筹的温江样本

"温江区县域整体统筹的基层治理体系研究"课题组 *

摘　要： 县域是基层治理的重要层级，处在国家治理与基层治理、组织与群众、秩序与活力、国家与社会的重要连接点位置上，十分重要，在基层治理中应当发挥整体统筹之功能。本报告以四川省成都市温江区的实践探索为案例，通过对温江区在县域整体统筹下构建基层治理体系的策略与行动历程进行详细剖析，呈现在四川省内探索的，以区县范围为域，如何通过筑牢根基、创新机制、整体统筹等系列举措，形成对县域基层治理的体系化探索与分步骤施略的整体过程，并展示其内在机理与行动逻辑。

关键词： 县域治理　基层治理　成都

党的十九届四中、五中全会以及《中共中央　国务院关于加强基层治理体系和治理能力现代化建设的意见》勾勒出基层治理体系和治理能力现代化的总体布局与阶段目标。在这一系统布局中，乡镇（街道）、村（社区），分别以行政体系的末端组织与广大群众的自治组织角色，构成了基层治理体系的核心治理单元，也将基层治理的目标指向了国家对基层社会在中

---

* 课题组由中共成都市温江区委城乡社区发展治理委员会与四川省社会科学院社会学研究所联合组成。执笔人：刘伟，四川省社会科学院社会学研究所副研究员；王良品，中共成都市温江区委城乡社区发展治理委员会改革统筹科科长。

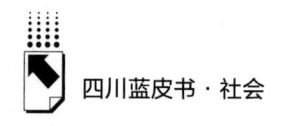

国特色社会主义现代化目标下的再组织与再整合，当下全国各地基层治理的示范探索主要针对这一目标的实现路径具体展开。

大量的组织研究以及世界各地的基层执政经验表明，对组织的有效治理需要形成刚性的制度性规则作为秩序保障，以及柔性的创造性空间作为活力保障，这便要求在基层治理体系中，对基层组织做到总体性的统筹治理与系统治理，同时还能持续激发社会多元主体的创造性与能动性。如此方能既巩固国家基层政权，又实现"满足人民群众日益增长的美好生活需要"这一重要使命。温江的基层治理经验提示，基层治理中乡镇（街道）、村（社区）的组织权责归位，直接关乎基层治理体系的良性运行，实为国家与社会良性互动、上下一体的最直接、最深刻之体现。这更加需要将两级组织放置在制度与规则设计和制定的适宜层级来总体性统筹，而县域政权（相对于市域政权）则因直接面对民众、服务民众，是功能完备的最后一级基层政府，在基层治理体系中，对治理指令、治理资源与治理主体的总体性统筹功能无法替代、意义重大。

一 样本描述：温江在县域治理中的代表性

温江区地处成都平原腹心，位于成都市中心城区西北部，东邻青羊区、南毗双流区、西接崇州市、北连郫都区和都江堰市，为4000多年前古蜀鱼凫王国发祥地，系都江堰自流灌溉区，既孕育了源远流长的古蜀文明，又创造了发达富庶的近代农业文明，素有"金温江"之美誉。全域面积277平方公里，辖9个乡镇（街道），被确定为成都市中心城区的重要组成部分。至少在如下四个方面，温江直面了我国大部分地区县域所面临的基层治理难题，具有典型意义。

（一）城市进阶程度不一，覆盖不同时代发展形态

从区域城市形态的多元性与复杂性来看，温江可作为探寻城镇化进阶形态全覆盖的县域基层治理典型样本。在成都市的规划中，温江区属中心城

区，但作为成都市的传统二圈层地区，温江区所辖区域覆盖了新中国成立以来几乎各个时代的城镇化发展形态，具有城镇化进阶的全生命周期特征。既有作为超大城市新型中心的现代化城市形态与产业社区形态，又有快速成长中的城市老工业时期形态，更保有类型多样、发展差异的集镇形态与川西平原乡村形态，总之，新中国成立后的不同历史阶段城镇化特征"烙印"均在温江可寻，且有片区集中性。不同发展形态的人口承载能力有别、城市演进逻辑不同、利益诉求各有所需，决定了温江的基层治理必须统筹规划、分层指导、分步实施、差异化应对。

（二）人口持续高速增长，兼存稳态、流动双重特征

从人口流动与稳态的角度来看，温江可作为探寻兼存稳态与流动双重特性的县域基层治理典型样本。温江因与我国现代化变迁同频共振，基层治理需同时应对稳态社会与流动社会的治理问题。根据第七次全国人口普查数据，截至2020年11月，温江区常住人口为96.79万人，与2010年第六次全国人口普查（常住人口45.71万人）相比，增长111.75%，年平均增长率达10.16%。城乡社会处在较快的流动变迁之中。与此同时，城市吸纳能力持续增强，流动人口的人口学特征日益复杂、流动性日益增强，同社会流动相关的治理工作日益复杂化，防范与化解治理风险的难度不断加大，对以流动为形态的治理模式要求较高。与此同时，温江区大部分区域城市化形态已较为成熟，沿着原本城市进阶速率，已发展为稳态社会，对以稳定为核心的治理模式亦要求较高。总之，不论相较于城市化相对成熟、以稳态社会为主的城市主城核心区，还是正在城市化进程中、以流动社会为主的城市远郊形态区，温江区具有稳态社会与流动社会的双重特征。

（三）地域空间南城北林，兼备城乡融合治理要素

从城乡特征鲜明度来看，温江可作为探寻城乡基层融合发展的县域基层治理典型样本。近年来，国内各大城市有关基层治理的实践探索主要集中于

城市形态，将乡村治理纳入基层治理体系的经验性探索相对较少。在全面乡村振兴的战略背景下，亟待在城市单元中聚焦乡村治理，探索基层城乡融合发展治理的实现路径。温江区因所处的地理位置相对特殊，在地域空间结构和产业结构上呈现典型的南城北林、"半城半乡"格局，形成了城乡要素兼备、特色鲜明的生活、生产和生态场景。根据第七次全国人口普查数据，截至2020年11月，温江区居住在城镇的常住人口为75.50万人（占78.01%），居住在乡村的常住人口为21.29万人（占21.99%）。与第六次全国人口普查相比，城乡人口均稳定增长，城乡间现代化发展水平同步，城乡间发展与治理要素齐备。这让将城乡社区空间布局、融合发展、精细治理纳入新型城镇化战略视角下进行统筹规划、一体考量，从而实现城乡空间形态良性耦合互动的诉求更加迫切。

（四）承扬巴蜀古今文脉，兼具稳健、创造双重气质

从区域的文化厚度与创造性来看，温江可作为探寻基层治理兼具稳健与创造双重气质特征的县域基层治理典型样本。基层治理是一项"牵一发而动全身"的系统工程，在价值层面需要形成兼具稳健性与创造性的双重气质，即一个地区需要形成这样一种价值认同：既要确保基层政权稳定、政社连接稳固，还要充分发挥基层创造性，不断在机制层面寻求创新突破。温江历史文化的气质底蕴稳健厚重，是4000多年前古蜀鱼凫王国的发祥地，自古便是巴蜀地区的重要文脉，自西魏以来，一直是川西政治、经济、文化重镇，拥有鱼凫遗址、陈家桅杆两处国家级文保单位，温江文庙、鱼凫王墓等省级文保单位；温江当代创新活力优势明显，近年来城市吸纳能力不断增强，高端人才不断引入、产业结构不断升级、资源投入不断增长，拥有11座大专院校，在校大学生超10万人，是成都市重要的科技研发基地，整个城市充满活力，创造性的气质底蕴不断累积。文化上兼具稳健与创造双重气质，为形成县域兼具底盘稳固与创新创造的基层治理体系提供了较好的文化与价值基础。

二 行动策略

(一)阶段一:夯实基层治理底部根基

1. 创新将"空间"作为基层治理单元

核心是将千头万绪、多层多级的"治理关注点"引向稳态的基层空间,并精准定位基层治理单元的治理要素。

超大城市的县域基层治理涉及区县-街镇-社区-小区四个层级。长期以来科层体系的工作惯性,容易将"治理关注点"引入这些层级中进行具体谋划。一方面,市级或区县下达行政指令后,常常在街镇治理下谋划社区治理,在社区治理下谋划小区治理,治理工作随着指令下达、层层加码,令基层任务叠加、繁重不堪;另一方面,有些事项同时在不同层级当中谋划,指令在不同层级的不同部门间执行,部分指令甚至相互"打架",造成治理资源浪费和基层执行困难,层级间在基层治理中的职能划分混合交织。因此,打破层级工作惯性,谋定职能互斥、相对稳定与固定的基层治理单元,是将多层多级的治理关注点引向稳态的基层空间所作出的基层治理创新。

基于此,温江对基层单元进行了区分与重构,将基层单元区分为行政单元与治理单元。在不改变行政单元集体权责的基础上,创新以稳定和固定优势明显的空间为维度,重构基层治理单元。以小区空间为界,在小区以内重点围绕治理机制不健全的问题,识别和厘清基层治理"软件"元素,探索实施有利于政社一体的小区治理路径;在小区以外着力破解公共服务配套不完善问题,识别和厘清基层治理"硬件"元素,探索实施有利于政社一体的社区治理路径;在连接两个空间的维度上,重点破解治理力量薄弱问题,识别和厘清基层治理"人力"元素,探索实施有利于社区治理队伍能力提升的人力资源培育路径。

以空间重构基层治理单元,有利于厘定多层多级的治理权责。如表1所示,在温江的基层治理实践中,区县的治理重心在于统筹治理,街镇的治理重心在于硬核治理,而社区的治理重心在于活力治理。

表1　县域基层治理各层级治理功能

层级	治理重心	治理能力	
区县	统筹治理	组织统筹能力 资源统筹能力 服务响应能力	制度统筹能力 社会动员能力
街镇	硬核治理	行政执行能力 议事协商能力 平安建设能力	为民服务能力 应急管理能力
社区(含小区)	活力治理	组织动员能力 有序自治能力 德治法治能力	创新创造能力 民主协商能力

2. 在不同空间中识别治理元素

核心是挖掘不同空间治理的共性元素,并在不同空间中探索党建引领、组织动员的具体路径。

温江在重构以空间为划分维度的基层治理单元后,随即开展系列工作,分别从小区空间、社区空间和基层力量三个方面,探索了这一划分标准下各基层治理单元中需要关注的核心治理要素,具体如表2所示。

表2　县域基层治理"两空间一力量"要素识别阶段治理策略

治理线索	元素识别	共性特征元素
小区空间	分三个类型探索:①楼②居③院 分三个机制探索:①党建引领②组织动员③邻里重塑 分三大主体探索:以万人小区设置社区为工具 ①基层党组织②小区居民③物业服务	党建引领 居民自治 物业服务 资源保障
社区空间	分三个类型探索:①城市②乡村③产业 分三个领域探索:①公共服务②组织提能③社会动员 分两个层级探索:①统筹层级②行动层级	补公共服务 组织力提升 居民总动员

续表

治理线索	元素识别	共性特征元素
基层力量	分三支力量建设：①行政力量②社区骨干③社会工作者 分建两条人力链：①纵向：行政力量-社区干部-居民 ②横向：行政力量-自治力量-社工力量	夯实基层力量 形成政社连接
共性特征	"党建引领、组织动员"	

小区治理方面。最早于2017年，温江便确定以小区治理为基层治理的核心单元，分别从三个维度对小区治理的核心元素进行了深度探索。一是分类别探索。依据空间形态不同，将温江区域内的城乡小区分成三大类型，①楼——楼宇、②居——居民小区、③院——老旧院落（含温江的主要农村小区形态川西林盘），分别进行治理元素探索。二是分机制探索。基于小区动员乏力、机制孱弱的现状，分别从①党建引领——夯实基层党组织坚强力量，②组织动员——形成小区居民组织化、秩序化的集体行动力，③邻里重塑——重建符合时代发展的新型邻里关系等三大领域探索治理机制元素。三是分主体探索。在全区范围内选择了两个典型的万人小区，以特别设置行政社区为探索性治理工具，分①基层党组织、②小区居民、③物业服务三大主体探索治理主体相关元素。最终，探索出"党建引领、居民自治、物业服务、资源保障"四项可覆盖三个类型、三个机制、三个主体的共同特征元素，可作为探索党建引领小区治理组织动员的四个方向。

社区治理方面。以探索补齐公共服务短板的有效行动策略为目标，分别从三个维度对社区公共服务补缺与社区组织动员进行了深度探索。一是分类型探索，依据成都市对分类治理的类型划分，结合温江区城市功能形态确定了①城市、②乡村、③产业三种社区类型，探索公共服务供给的异同元素。二是分领域探索，以打通政社梗阻为目标，明确三个领域的路径探索：①公共服务——补齐社区公共服务短板，全面优化社区公共服务动态承载能力；②组织提能——提升各级党组织的社会动员能力；③社会动员——开展县域形成标准化制度安排、行动域（街镇、社区、小区）可充分展现活力的社会动员。三是分层级探索，明确了①标准化规则制定的统筹层级——县域、②差异化活力展示的行动层级——街镇和社区的两个探索层级。最终探索出"补公共服务、组织力提升、居民总动员"三项可覆盖三个类型、三个领域、两个层级的共同特征元素，可作为探索党建引领社区治理组织动员的三个方向。

基层力量方面。基于破解基层治理力量薄弱问题，基于强化政社连接的角度强化基层力量的行动策略出发，分别从两个维度对基层力量建设路径进行了深度探索。一是明确分三支力量展开建设，①行政力量——通过建立机关干部力量下沉一线工作机制、第一书记机制、军转干下沉基层等方式，推动行政力量下沉社区；②社区骨干——通过优化"两委"干部、整合条线专干、明确社区干部职能分工等方式，推动社区干部队伍整合优化；③社会工作者——通过引入、孵化、培育等系列政策，大力培育基层治理中的社会工作者力量。二是建设两条人力链以连接政社互动，即在基层力量建设中，重点探索①纵向上，行政力量-社区干部-居民的互动连接；②横向上，行政力量-自治力量-社工力量的互动连接。最终明确了"夯实基层力量，形成政社连接"的基层力量建设目标，并将形成系统保障作为探索党建引领基层治理的努力方向。

温江的经验进一步表明，三条治理线索所挖掘的共性治理特征，均指向了"党建引领、组织动员"这一更宏观的层面，这也成为下一步温江治理路径探索的基本出发点。

3. 在不同空间中探寻治理路径

核心是分域分类探索党建引领组织动员的治理路径。

在明确三条治理线索的共性元素后，便需要尽快在分域探索形成工作体系，以促进共性元素全面铺设、基层治理基底夯实。温江的实践经验分别对应不同治理线索，表3贡献了四个具体的"党建引领、组织动员"示范行动。

表3　县域基层治理"两空间一力量"的行动-产出

治理线索	"党建引领、组织动员"示范行动	行动-产出
小区空间	"党建引领、四力叠加"小区治理组织动员体系	党建引领力:健全纵向体系+推进横向体系 居民自治力:业委会全覆盖+五方联席会议机制+系列自治空间机制 物业服务力:区物业指导中心(二级局)+物业服务企业诚信系列政策 资源保障力:小区发展治理专项基金+小区阵地建设
社区空间	基本公共服务三年攻坚行动	三大民生品牌:学到温江、健康到温江、舒适到温江
	党建引领"社八件"社区治理组织动员体系	内容:标准化设置8个事项 目标:组织提能+居民动员 策略:统筹层级设制度+行动层级展活力 　　　"三治"策略融合集成推进 激励:横向评比竞赛
基层力量	党建引领五大治理工作体系	组织体系、领导机制、制度体系、动员体系、保障体系

小区治理方面。围绕小区空间治理的四个共性元素,探索形成了"党建引领、四力叠加"的小区治理组织动员体系。党建引领力,分别硬核健全了纵向组织动员体系和推进了横向区域党建体系,建立了"区级、镇街、村社、小区、楼栋"五级党组织动员体系,全面推行"党支部建在小区",动员党员担任楼栋长进入业委会,组织1.96万名党员参与"双圈双创",党建引领小区治理作用不断凸显。居民自治力,推进居民小区业委会全覆盖,搭建小区五方联席会议平台,推动市民聊吧、社区会客厅等议事协商和市民服务平台等系列自治空间落地落实。物业服务力,创新成立了区级物业指导中心(二级局,事业单位),配套出台了物业服务企业诚信系列政策。资源保障力,专设5500万元小区发展治理专项基金,并将亲民化改造与基层阵地建设延展至小区,完善小区阵地建设。

社区治理方面。围绕社区治理的三个共性元素,探索形成了两项治理产出。一是强化了基本公共服务三年攻坚行动,在"学到温江""健康到温江""舒适到温江"三个方面形成"三大民生品牌"。二是以"组织提能"和"居民动员"为目标,探索形成党建引领"社八件"的社区治理组织动员体系。通过要求每个社区在党组织的引领下,同时推进标准化设置的8个事项,即每个社区拥有一套发展治理思路、创作一个LOGO标识、传唱一首社区之歌、决议一部社区居民公约、新推一批社贤人物、孵化一个功能型社会组织、建成一个楼居院示范点位、营造一处市民中心,形成县域统筹层级设定制度、社区行动层级展示活力、街镇横向竞赛百花争春的"三治"策略在全域社区融合、集成推进的社区大动员治理格局。

基层力量方面。围绕"夯实基层力量、形成政社连接"的目标,以基层力量建设为重要载体,探索形成了"党建引领五大治理工作体系"的县域基层治理保障机制。

4. 重构治理工作体系,为不同空间开展治理行动提供保障

其核心是探索形成党建引领五大治理工作体系。

温江经验表明,夯实基层治理的底部根基,还需要重构党建引领下的治理工作体系,以为基层治理元素基底的持续夯实提供有力保障。为此,温江区重构形成党建引领五大治理工作体系,分别为组织体系、领导机制、制度体系、动员体系、保障体系(见图1)。

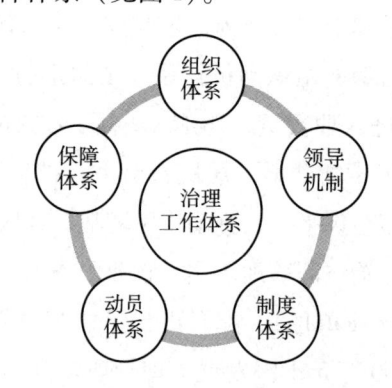

图1 党建引领五大治理工作体系框架

一是硬核强化组织体系。如前所述，纵向上，温江在城乡基层治理的开局时期，就推行"支部建在小区、党小组建在楼栋"，构建社区党委（总支）、小区党支部、楼栋党小组三级架构和党建联席会议，建立居民小区党组织372个，同步探索党支部标准化、规范化1322工作模式。横向上，启动党员"双圈双创"示范行动，并着力在"找党员"上创新突破，开发"寻找党员二维码"，全域开展组织找党员、党员找组织的"双找行动"，引入积分制等手段鼓励党员参与基层治理。二是硬核重构领导机制。响应成都市的创新举措，成立区委社治领导小组，选优配强区委社治委班子，设立区、镇、社区三级社区发展治理专门机构，明确要求镇街党委书记为第一责任人，党委副书记具体分管、组织员协助抓实，87个社区全部建立物业与环境治理委员会。三是硬核重构制度体系。出台"社治31条"指导性文件，配套社区工作者薪酬管理、社区营造等6个重点领域文件，以及物业服务管理、社会组织有序发展等N个实施计划和细则，重构"1+6+N"制度体系。建立并落实区社治领导小组一月一督导、两月一调度、一季一拉练重点工作推进机制，统筹整合资金、政策、人才等资源。四是硬核重构动员体系。形成了基层党组织动员体系、"党建引领、四力叠加"小区治理组织动员体系、党建引领"社八件"社区治理组织动员体系。五是重构保障体系。在人才保障、资金保障及科技保障三个方面重点着力，探索形成县域基层治理强有力的保障体系。

（二）阶段二：全面赋能，提升多元主体治理能力

1.以民生诉求响应处置机制，赋能"政社"体系内各主体

民生诉求响应处置机制的核心，在于在切实回应民生诉求的基础上，向政社连接体系中注入"能动"元素，加强政社之间的有机互动，向行政工作体系内的执行主体和普通基层群众两个治理主体同时赋能。

在温江的基层治理经验中，确定了民政诉求响应的"三呼三应"机制作为这一板块的治理工具（见表4）。"三呼三应"机制，即探索建立小区呼、社区应，社区呼、街道应，街道呼、部门应，有效提升基层统筹指

挥、资源调度、应急处置能力的民生诉求响应处置机制。围绕"三呼三应"机制，在工作体系上创设了"诉求研判-处置模式-评估考核"三个流程，并形成逻辑闭环。具体言之，在诉求研判方面，探索了线上线下"双线并行"的民生诉求办理工作流程。线上的民生诉求，由区社会诉求服务中心牵头执行，全面整合网络理政、数字城管、市民之声、大联动微治理等各类线上平台的民生诉求，同时全面收集市民通过各类网站以及微博、微信等自媒体平台反映的民生诉求，在此基础上系统开展诉求分析研判；线下的民生诉求，则由区委社治委牵头执行，需要充分利用上一阶段建立起的基层治理工作体系，通过充分发动第一阶段全面夯实的基层治理各主体单元、组织单元、力量单元的能动性，加强一线收集、分级办理，从源头上减少网上诉求增量。在处置模式方面，通过强化压实各部门各层级责任，形成居民诉求"小事不出社区"，社区无力解决的问题，及时呼叫镇街，街镇需要提请区级层面研究解决的问题，及时上报区委社治委，区委社治委对重大疑难问题及时报请区级分管领导专题研究，形成问题处置的部门分工方案，移交区社会诉求服务中心统一派单办理的"镇街吹哨、部门报到"机制。在考核评价方面，通过健全完善以诉求办结率、问题解决率、群众满意率为核心指标的考核评价机制，赋予牵头部门对协办部门的考核权限，建立镇街、社区对部门的反向评价机制，形成了有效的多方约束。

表4 "三呼三应"机制主体赋能策略

治理工具	行动策略		主体赋能（与左项非对应）
"三呼三应"机制	诉求研判	双线并行	条块部门赋能（职能部门赋能）
	处置模式	镇街吹哨、部门报到	层级赋能（街镇-社区-小区）
	评估考核	以诉求办结率、问题解决率、群众满意率为核心的考核评价机制	群众赋能（参与意识、行动意识、主体意识、工具运用）

在"三呼三应"民生诉求响应处置机制的推进过程中，同时培育了三个方面的主体权能。一是"条块部门赋能"，即该机制的运行过程，也是向各区级职能部门在响应群众诉求的能力提升上作出相应赋能的过程；二是"层级赋能"，即该机制研判层级组织的主责主业以及解决问题的过程，也是向街镇-社区-小区三个层级不断强化自身责权边界，不断提升解决问题的能力作出相应赋能的过程；三是"群众赋能"，即在该机制运行过程中，各级各类部门向群众的响应反馈，也不断强化着群众基层治理的参与意识、行动意识、主体（主人翁）意识以及线上线下诉求表达工具的运用意识，成为激发群众积极参与基层治理的相应赋能过程。在三方面主体权能的获得过程中，县域基层的政社互动关系不断强化，政社纵向一体的连接不断强化，条块部门的"共同体化"也在潜移默化中得以推进。

2. 以公共服务精准对接机制，全面赋能党委、政府治理主体

公共服务精准对接机制的核心，在于探索以公共服务精准对接为切入点，明确党委、政府在治理共同体中的治理权责，并进行全面赋能的有效路径。

在温江的基层治理经验中，确定了公共服务精准对接机制作为这一板块的治理工具（见表5）。为社会提供优质均衡的公共服务是政府履行基层治理责任的核心内容，将其作为破题切口，分别从三个方面探索了基层治理中党委、政府需要承担的治理权责与能力诉求。一是提升规划设计引领能力。这需要党委、政府形成科学研判未来城市能级规模、人口增长趋势和需求特征的视野，推动公共服务配套与城市发展阶段相适应、与市民现实需求相吻合。二是建立公共服务需求收集机制。探索形成了温江公共服务需求的"三单一表"工作机制。"三单"：镇街聚焦居民群众生产生活所需，以社区为基本单元开展诉求收集和公共服务短板摸底，研究提出镇街公共服务需求清单；园区管委会聚焦企业和人才所需，结合产业功能区规划，按照产城融合、职住平衡的原则，研究提出园区公共服务需求清单；区级协调部门（温江区社会诉求服务中心）系统分析市民群众通过网络理政平台反映的民生诉求，梳理形成网上公共服务需求清单。"一表"：区级协调部门（温江区委社治委）在收到"三张清单"后进行初步筛选，剔除重复项、合并同类项，最终形成全区公共服务需求汇总表。三是强化公共服务项目转化能力，主要从基础公共服务项目转化与购买公共服务项目体系建设两个方面着力。

表5 公共服务精准对接机制主体赋能策略

治理工具	行动策略		主体赋能
公共服务精准对接机制	规划设计引领能力	全面提升基层公共服务供给的空间承载能力	三大能力 1. 公共服务（治理事项）供给的"时空"承载总体把控能力 2. 公共服务（治理事项）的需求收集能力 3. 公共服务（治理事项）的项目转化及管理能力
	公共服务需求收集机制	"三单一表"	
	公共服务项目转化能力	基础公共服务项目 购买公共服务项目	

在公共服务精准对接机制的推进过程中，增强了党委、政府在基层治理体系中三个方面的主体权能。一是增强了党委、政府公共服务（治理事项）供给的"时空"承载总体把控能力，即既能对公共服务的空间承载能力作出宏观把握，又能对公共服务的时间变化诉求作出宏观预测与有效应对；二是增强了公共服务（治理事项）的需求收集能力，即形成了"三单一表"的部门协同工作机制；三是增强了公共服务（治理事项）的项目转化（含市场化项目包装）及管理能力，即形成购买公共服务的运行与管理体系。

3. 以企业参与城市运营机制，全面赋能市场领域治理主体

企业参与城市运营机制的核心，在于以企业参与城市运营为切入点，探索市场力量参与基层治理的责权边界与有效路径。

在温江的基层治理经验中，确定了企业参与城市运营机制作为这一板块的治理工具（见表6）。一方面，探索"政府主导、市场主体、商业化逻辑"的行动可及性，主要探索了三大举措：一是探索了市场主体引育的可及性，以满足公共服务产品需求与推动城市发展治理为先决条件，明确城市运营商的引育方向。将城市发展治理和公共服务产品供给作为重要的"调控

表6　企业参与城市运营机制主体赋能策略

治理工具	行动策略	主体赋能
企业参与城市运营机制	探索了"政府主导、市场主体、商业化逻辑"的三个行动可及性 1. 市场主体引育的可及性（城乡社区发展治理领域社会企业机制） 2. 公共服务项目的市场价值可及性 3. 市场主体的基层治理参与渠道	两项能力 1. 形成了市场主体参与基层治理可及性的识别能力 2. 形成了市场力量参与基层治理可及模式的初步把握能力
	探索了市场力量参与基层治理的三个可及模式 1. 公建配套模式 2. 国企盘活资源模式 3. 社会资本直接参与模式	

性"因素，确定"对外强招引、对内促转型"的思路，研究制定了《温江区城市运营商招引培育行动计划》，通过外引与内培，引育了一批能够参与片区综合开发、科创空间运营、未来社区打造、邻里中心建设等领域的平台企业、科技服务企业和城市综合开发企业等。二是探索了公共服务项目的市场价值可及性，以公共服务的市场化包装和政策激励为手段，加大对城市运营商的扶持力度。通过党委、政府不断增强的市场化包装能力及公共服务项目运营管理能力，在将公共服务项目转化为投资机会，以及提供激励政策两个方面开展行动探索。三是探索了市场主体（城市运营商）的基层治理参与渠道。主要探索投融资改革，合理确定商业模式，实现公共服务项目能建设、政府不负债、企业有收益。另外，探索市场力量参与基层治理的可及模式，主要推广了三种模式：一是公建配套模式。结合公共服务项目建设清单，在一级土地整理或出让地块时，附带公共服务项目和基础设施项目建设条件，实现土地开发与公共服务配套同时序、同建设。二是国企盘活资源模式。加大向区属国有企业划拨国有资产的力度，国有企业拿到国有资产后，科学选定自主开发或混改模式，进一步提高资产的开发运作、融资抵押等经营能力，通过融资或盈利资金来反哺公共服务项目建设，促进国有企业当好

城市运营商中的"领头羊"。三是社会资本直接参与模式。利用PPP、BOT、ABO等开发模式，吸引社会企业参与公共服务项目建设，公共服务项目最大限度实现市场化建设和运营。

针对市场参与基层治理这一全新领域，在企业参与城市运营机制的推进过程中，增强了党委、政府以及市场主体在基层治理体系中两个方面的主体权能。一是初步形成了市场主体参与基层治理可及性的识别能力；二是初步形成了市场力量参与基层治理可及模式的初步把握能力。

4.以社会组织引育扶持机制，全面赋能社会领域治理主体

社会组织引育扶持机制的核心，在于以社会组织引育扶持为切入点，探索社会力量参与基层治理的责权边界与有效路径。

在温江的基层治理经验中，确定了社会组织引育扶持机制作为这一板块的治理工具（见表7）。温江将社会力量区分为社会中的组织力量与群众力量，组织力量相较于群众力量的主体性与能动性更强，是探索社会力量参与基层治理更为核心的主体方。在这一阶段，温江主要立足加快构建政府与社会组织的新型合作关系，通过一系列真实落地的政策性治理举措，形成对社会组织的引育扶持，主要从三个方面探索了社会力量参与基层治理的有效政策工具。一是从引育的角度促进社会组织集聚发展方面，重点探索了组建社会组织发展支持中心和完善政府购买社会组织服务体系两项政策工具，以及"以社会组织来培育社会组织"的工作模式。二是从扶持的角度促进社会组织茁壮发展方面，重点探索了社会组织发展基金、社工人才激励政策、社区专职工作者管理体系等政策工具。三是从管理的角度促进社会组织有序发展方面，重点探索了社会组织党组织建设、社会组织管理办法、社会组织信用评价体系等政策工具，建立完善部门信息共享、联动监管的工作机制。

在社会组织引育扶持机制的推进过程中，增强了党委、政府和社会组织在基层治理体系中两个方面的主体权能。一是系统探索了社会力量在基层社会有序成长并有效参与基层治理的能力；二是从引育、扶持、管理三个方面，系统探索了社会力量发展过程中的政策制定与政策执行能力。

表7　社会组织引育扶持机制主体赋能策略

治理工具	社会力量参与基层治理的政策工具		主体赋能
社会组织引育扶持机制	引育	社会组织发展支持中心 完善政府购买服务体系	两项能力 社会力量有序成长和有效参与基层治理的能力 社会力量发展过程中的政策制定与执行能力
	扶持	社会组织发展基金 社工人才激励政策 社区专职工作者管理体系	
	管理	社会组织党组织建设 社会组织管理办法 社会组织信用评价体系	

三　对策建议

未来完整的县域治理体系由"生产供给-动态运行-监测评估-价值一体"四个环节组成，这也表示，县域共同体的治理体系建设将由这四个方面构成（见表8）。在前两个阶段，依据所面临的基层治理任务属性，治理目标分别确定为夯实县域基层治理底部根基与四梁八柱（第一阶段），以及全面主体赋能（第二阶段）。而这两个阶段的目标任务，主要指向了生产供给环节，即主要围绕如何有效地供给社区公共服务与基层治理资源，让基层治理有阵地、有主体、有任务、有能力。进入第三阶段，在确定以实现县域能动共同体为目标时，基层治理的体系化便十分重要了。至少需要达到两个方面的目标：一是以共担为底层逻辑的县域基层治理共同体，形成工作体系上的逻辑闭合，在这个意义上，只有供给环节是不够的，还需要增加运行和评估两个环节，才能令体系完整、自洽运行；二是需要建设一套全社会共同认同的价值体系，一方面这套价值体系将贯穿于供给-运行-评估三个环节，形成指引，并将作为帮助每个居民获得公共归属感与心安感的价值引领；另一方面这套价值体系将成为构建基层治理社会秩序的重要"底色"，从基层治理的长效来看，是能动的共同体建设过程中,令共同体不断"有机体化"、久久为功的文化根基与韧性保障。

表8 县域治理体系

治理功能领域	治理元素	"共担"内涵
供给体系	主体生产体系:①党政力量②市场力量③"五社联动" 资源供给体系:①行政资源②市场资源③社会资源 服务供给体系:①阵地供给②市场供给③居民自我供给 组织动员体系:①组织动员②社会动员③市场动员	多元供给
运行体系	条块部门的"共同体化"运行:五大工作体系+特殊领域 多元主体的"共同体化"运行:进一步探索多元主体参与基层治理的领域及策略并探索主体间的互动机制 润入基层的"共同体化"运行:幸福美好十大工程+机制撬动,如"社八件"2.0版、小区十项	持续运行
评估体系	分别对应供给体系与运行体系,建立相匹配的动态监测评估体系	评估保障
价值体系	建立"行动认同、主体认同、组织认同、制度认同、文化认同、观念认同"六大认同体系	价值认同

(一)供给体系

供给体系应重点把握"两个兼顾"。一是"生产"与"供给"兼顾,既要注重将各项治理资源、治理服务供给到最需要的地方,体现精细导向与效能导向,又要注重探索治理资源与治理服务的"生产"过程,"政府独大"的供给模式已不再适用,需要多元主体"共担"治理资源与治理服务的供给。二是"多元"与"一体"兼顾,既要不断激发多元主体对治理资源的供给,也要不断强化党组织与基层党建力量对多元主体的绝对引领,形成"一体化"和"强中心"的引领模式。具体而言,应包括"主体生产、资源供给、服务供给、组织动员"四个环节。

第一，主体生产体系。继续不断提升多元主体参与基层治理的能力，建强基层治理中的多元主体力量，让基层治理的多元主体格局更加健全与完善。具体包括三个方面：①党政力量，继续向党政主体的治理能力赋能，特别是在加强政社互动、增强基层党委政府的四个意识以及服务能力方面重点着力；②市场力量，继续向市场力量参与基层治理持续赋能，特别是在市场逻辑与治理逻辑相结合方面寻求创造性突破；③"五社联动"，建议在温江县域统筹的整体格局中，在建设能动共同体的整体格局中，探索符合温江区域特色的"五社联动"模式，为四川乃至西部地区"五社联动"贡献温江经验。

第二，资源供给体系。继续探索解决基层治理资源与社区服务资源的生产与供给来源问题，在资源供给层面探索治理与发展有效互动、良性互促的路径。具体包括三个方面：①行政资源，在继续完善行政治理资源在横向部门间的统合模式基础上，作出两个方面的拓展性探索。一是通过点状示范，在一定程度上探索行政资源在基层（社区、小区）的逐渐退出（或日渐弱化）机制，即探索行政资源逐渐退出（或日渐弱化）后，基层治理资源如何可持续生产的有序衔接机制；二是探索行政资源的生产性空间，在现有法理框架下，探索行政资源产出治理资源的可及空间。②市场资源，进一步探索市场资源参与基层治理的有效模式，具体可作出两个方面的探索。一是继续探索社区社会企业的操作模式；二是探索将市场链条引入治理领域的模式，比如北京劲松模式，即在坚持党建引领下，通过县域统筹，将社区治理中的资源供给纳入已经成熟的产业链条中，找寻坐标位置，在论证公共服务可被有效供给的前提下，在明确基层治理某个特定领域（如老旧小区更新）在市场链条中的位置后，将基层治理中的某些领域带入市场，探索实现"市场主体营利+公共服务供给"的双赢模式。③社会资源，继续通过多种方式，进一步探索社会资源参与基层治理的模式，如社区基金、更加多元化的社会组织等。

第三，服务供给体系。探索党建引领多元主体供给基层治理服务体系，这一体系中应当特别强化以党建为中心的供给网络。具体包括三个方面：①

阵地供给，即在前两阶段通过"空间治理"已经建立起的基层治理阵地基础上，探索基层阵地供给治理服务的效能最大化模式。同时，梳理阵地供给基层治理服务与购买基层公共服务两张清单。②市场供给，核心在于进一步厘清市场供给基层治理服务的边界与权责，形成市场力量供给基层治理服务的准入清单和内容清单，探索"区县-街道-社区"三级社区合伙人模式。③居民自我供给，即进一步探索居民通过自我供给基层治理服务，"共担"基层治理权责，提升治理主体性的工作模式，如"社八件"2.0版。

第四，组织动员体系。进一步探索新时期党建引领多元主体"共担"的组织动员体系，特别是强化党委、政府对多元主体的动员能力建设。具体包括三个方面：①组织动员，强化在纵向与横向两个维度，基层党组织在基层治理中的引领力与动员力。纵向上，强化"区县-街镇-社区-小区"四级党组织对基层治理的引领与带动能力；横向上，强化区域化党建在基层治理资源生产、服务供给方面能力。②社会动员，强化党委、政府对社会组织与普通居民的双重社会动员能力。一是要进一步明确社会组织在"共担"治理以及县域能动共同体建设中的重要功能并进行有效引导与规范化建设；二是要进一步探索对广大老百姓"共担"意识与"共担"行为的广泛动员。③市场动员，强化党委、政府对市场力量参与基层治理的动员、规范与监管，并探索相应的工作模式。

（二）运行体系

运行体系是将前两个阶段可持续性地向前推动，并有效应对新出现的各类治理问题的重要环节，应重点把握"共同体化"这个关键词。所谓"共同体化"，就是通过运行体系建设，将前两阶段中原本相对孤立和分头建设的各项治理体系、治理机制、治理元素，通过"共同体化"建设，加以整合化与体系化，进而成为基层治理系统运行的重要保障。具体而言，包括条块部门的"共同体化"运行、多元主体的"共同体化"运行、润入基层的"共同体化"运行三个方面。同时，还需要强调运行体系的动态性，即可以对随时出现的新的治理问题，实施及时的运行策略动态调整。

第一,条块部门的"共同体化"运行。如前所述,基层治理共同体是条块与层级部门间通力合作、资源统筹、集成推进、共担共享的行动共同体。具体包括两个方面:①进一步完善党建引领五大治理体系的工作格局。在基础保障方面,进一步完善县域统筹五大治理体系:组织体系、领导机制、制度体系、动员体系、保障体系。通过深化五大治理体系建设,形成与治理相关行政部门间共担治理权责、共创治理良性格局的"共同体化"过程。②进一步厘清"区县-街镇-社区-小区"四级治理单元的治理权责,形成四级治理单元分工协同的工作格局,同时,不断激发各个层级在基层治理领域的创造性活力,形成不同层级治理单元各司其职又创新涌现的"共同体化"过程。

第二,多元主体的"共同体化"运行。如前所述,基层治理共同体是多元主体之间权责对等、互嵌共担的共同体。多元主体的"共同体化",就是要在多元治理主体普遍具备参与基层治理的意识、动力、行动后,进一步探索和厘清多元主体参与基层治理的领域与行动策略,并探索其主体间的互动机制。即在县域探索党建引领下"政府-市场-社会"三大主体间的整套动员性、保障性机制,如需求响应机制、责任承担机制、赋能增能机制、机会供给机制等,促进多元主体责、权、利归位。

第三,融入基层的"共同体化"运行。如前所述,基层治理共同体是每一个位域内群众共享参与机会、共担参与责任的共同体。对于普通群众而言,这将是一个循序渐进的过程,就是通过基层社会治理,让群众间的社会关系从"社会化"转变为"共同体化",通过遵守规则、表达主张,构筑亲和友善、相互认同的生活状态和组织关系的过程。除了宣传倡导与公民教育外,更需要一系列行动举措,将县域治理体系所形成的各项秩序规则与治理指令,通过恰当的方式"进入基层-融入基层-嵌入基层-引领基层",而基层群众则在社会关系的互动当中"接受秩序-认同秩序-遵守秩序-承担责任-表达创造-形成共担"。

(三)评估体系

评估体系是第三阶段需要特别关注,甚至首先应当完善并探索出有效实施路径的重要环节，也是完善县域能动共同体工作体系、形成逻辑闭环的关键环节，更是充分体现"以人民为中心"、以百姓需求为本的县域基层治理体系的重要环节。在评估体系中，重点应把握"全面性"与"民本性"两个关键词。具体而言，需要重点突破三个方面。

第一，围绕政策评估展开设计。从本质上来说，对"共担"治理体系的监测与评估，是一项政策评估，需要遵循政策评估逻辑，而非项目评估或民意测验逻辑。因此，需要建立一套包括"政策目标-政策执行-政策成效"三个环节的动态监测与评估体系。对这一内容体系的关注，是目前在诸多领域已经较为成熟（如公共服务政策、公共卫生政策等），但是基层治理领域尚未有效开展的重要工作领域，值得通过县域统筹作出制度化探索，为全国基层治理探索作出示范。

第二，兼顾四个维度展开设计。在具体操作时，围绕"共担"理念与基层治理能动共同体建设目标，需要在监测评估中兼顾四个维度：①兼顾"个体"与"整体"的行为度量，一方面监测评估要能体现和测量居民个体"共担"的意识形成、行为表达，另一方面监测评估还需要反映以"共担"为底色的社会心态的形成状况。②兼顾对政策结构的综合建构度量，诚如前文所述，即需要同时反思政策制定、政策执行、政策成效、发展预测的整个过程。③兼顾个体利益与社会质量的度量，即评估要既反映是否满足人民群众不断增长的美好生活向往，也要兼顾县域整体基层社会发展与治理质量提升状况。④兼顾群体发展与社会发展的度量，评估要既包括县域整体基层社会发展与治理质量提升评价，还需要研判不同治理主体发展诉求的满足状况。

第三，分别对生产与运行体系进行评估。分别对应供给体系与运行体系，建立相匹配的动态监测评估体系。既可能是一整套综合的监测评估体系，也可能是一项具体工作的监测评估体系，如"小区四力"的标准化监测评估体系等。

（四）价值体系

价值体系是县域基层治理形成坚强且长效的基础性秩序的极为重要的保

障体系，同时，以共担共享为底层逻辑的价值体系，也是建设县域基层治理能动共同体一项极为重要的远景与愿景规划，需要系统谋划、久久为功。如前所述，在价值体系中重点应把握"多元"与"一体"两个关键词，形成"多元一体"的价值遵循，即这一价值体系既能兼顾"政府-市场-社会"三方治理主体的价值追求，也有利于"政-企-社"共担治理权责，还要构建起党建引领下的"价值一体"，并贯穿基层治理始终。

具体而言，就是要努力建立六大认同体系，分别为行动认同、主体认同、组织认同、制度认同、文化认同、观念认同等六大认同体系。①行动认同体系，是指通过一系列富含价值引导属性的政策推动（如"社八件"）与价值宣传，在广大老百姓中形成化于心、化于行的"共担"行动自觉。②主体认同体系，是指通过构建党建引领多元主体参与治理的良性机制，令多元主体（政-企-社）不仅满足各自利益诉求，还能适当让渡权益，形成"共担"责任，并被整合进具有约束力的多元主体互动秩序中，在这套由党建引领所构建的互动秩序里，如果有主体违反"共担"规则，则面临生存性淘汰。③组织认同体系，是指在基层治理共同体中，多元主体对党组织的核心作用与引领功能高度信任和高度认同，普遍形成了对组织权威的认同自觉。④制度认同体系，指多元主体对基层治理的体制机制、制度安排、价值观念等展现出高度的行动自觉、规范自觉、认同自觉与意识自觉。⑤文化认同体系，是指基层治理共同体中，多元主体对"共担共享"的文化价值与文化内涵均高度认同，在践行"共担"治理文化的基础上，还能不断创造性地生产与承扬"共担"治理文化。⑥观念认同体系，是指基层治理县域能动共同体具备高度的价值引领力，能将"价值一体"贯穿于基层治理体系中的方方面面，并发挥维系基层治理共同体的功能，基层治理体系兼具多元诉求的满足力与价值一体的构筑力。

B.4
街镇治理新探索：资源调度作用

——以绵阳市涪城区工区街道为例

曾胜利 杨 麒*

摘 要： 党的十九大以来，党中央和习近平总书记多次提到要"推动治理重心下移"。各地在响应党中央号召，探索服务下沉、资源下沉等方面取得了很大的成效。我国城市基层治理，基础在街道、根在社区，而掌握治理资源的主体，是由党组织、政府、企业商户、社会组织以及居民群众等组成的庞大体系。要有效推动各类主体的资源下沉基层一线，必须构建一个边界清晰、运行高效、互惠互利、共建共享的制度体系。然而在实际操作过程中，城市街道出于各种原因，人、财、物等各类资源得不到科学有效的配置，导致治理能效提升受到影响。绵阳市涪城区工区街道以街道管理体制改革为契机，创新"资源调度"工作模式，有效解决基层服务资源不足、治理主体参与度低、资源调度效率不高等问题，对推动城市基层治理资源有效下沉具有一定的理论和实践意义。

关键词： 基层治理 街镇治理 绵阳

随着我国社会进入转型期，尤其是在四川省"两项改革"的大背景下，城市人口密度不断增加、规模不断扩大，居民群众的民主自治意识越来

---

* 曾胜利，绵阳市涪城区委常委、组织部部长；杨麒，绵阳市涪城区委城乡基层治理办专职副主任。

强,各方面的需求不断增多,给城市的管理和服务带来了新的更大挑战,基层治理的重要性日渐凸显。习近平总书记2019年11月2日在上海考察时强调"城市治理是推进国家治理体系和治理能力现代化的重要内容……要推动城市治理的重心和配套资源向街道社区下沉,聚焦基层党建、城市管理、社区治理和公共服务等主责主业,整合审批、服务、执法等方面力量,面向区域内群众开展服务"。构建一套权责明晰、沟通顺畅、运行高效的资源调度配备体系,将人力、物力、财力、公共服务等物质性资源,以及党组织号召力、政府关注度、多元参与的集成度等抽象资源,精准下沉到基层一线,成为新时代基层治理新的起点。

一 工区街道资源调度实践的成长背景

工区街道作为中国科技城——绵阳市中心城区的街道,是20世纪五六十年代"三线建设"时期成立的"老牌"街道,辖基层党组织216个,党员6248名,有15个社区、321个居民小组,常住人口22万人。拥有万达、1958商业街和花园市场三大商圈,以及3700余家企业、1.33万家个体商户,市、区两级驻在单位279家。2021年完成工业投资0.3亿元,固定资产投资1.5亿元,建筑业总产值70亿元,是绵阳市第一大街道。经济快速发展带来的是利益格局和思想观念的深刻变化,纷繁复杂的历史遗留问题、层出不穷的矛盾纠纷、多元多样的群众需求,让传统行政命令式的治理思路显得捉襟见肘。

(一)治理主体的参与和主动意识不强

从资源的视角来看,治理主体大致有三:一是以党组织和基层政府为主的行政资源主体,二是以企业商户为主的市场资源主体,三是以社会组织和群众为主体的社会资源主体。受传统观念的影响,市场和社会资源主体对政府存在较大的依赖感,主动参与治理的意识不强。例如,工区街道迎宾社区紧邻火车货站,大型专业市场、综合市场多,有2015家商户和21家破产改制企业，职工家属占社区常住人口的80%。长期以来，由于老旧小区生活服务不到位，专业市场经营服务质量不高，加之社区党组织在提高各项服务质量方面人手不够、方法不多、成效不显，流入人口和原住居民对社区都缺乏归属感，呈现需求多样但又不信任社区的尴尬局面。这些资源主体参加社区活动的意愿不高，尤其是外来商户的参与程度更低，这一问题让大量市场资源和社会资源成为"闲散"资源。

（二）资源分布不均匀

改革开放以来，随着经济社会全面发展，不同区域的发展不平衡导致资源分布存在较大差距。经济发达、离城市商圈近、市区驻在单位多的区域，政府、企业、社会资源相对丰富，而地处城郊结合部或破产企业集中的区域则罕有资源可用。例如，位于城市发展"壮年期"的跃北社区，坐拥商户1020家、九州体育场、五一广场等大型户外健身休闲场所2处，区市场监管局等驻在单位5家、社会组织4家，双报到党员217名，辖区可联系的资源主体单位多达1500余家。与之形成鲜明对比的是处于城市发展"老年期"的朝阳社区，所辖5个小区均为原国营新华厂粮机厂、五交化厂等破产改制企业小区，商户仅有新华商贸、川西优选超市等5家企业，社区能调动的资源主体寥寥可数。

（三）治理资源的需求多样性高

作为绵阳城区最早建立的街道之一，工区街道既享受了城市发展的成果，又承载了国有企业破产改制、社会结构变化、利益结构重铸带来的阵痛。一是老旧小区多，工区街道共有老旧小区222个，其中102个没有物业公司，小区脏乱差、居民"投诉无门"等问题较为严重；二是物业纠纷频繁，辖区162个商住小区，16个存在由物业服务质量差和不交物业费矛盾引发的各类纠纷，居民生活获得感不强；三是服务需求杂，辖区2021年接收长虹厂等34家大型国企退休党员2000余名，加之辖区网络主播、外卖小哥等新兴行业群体众多，居民在文化活动、医疗养老、精神生活等各个方面对街道和社区治理提出了新的更多更高要求;四是遗留问题多,作为见证了绵阳城市从兴起到壮大的"老牌"街道,存在房屋建设、非法集资、小区物业纠纷等诸多遗留问题。这些问题的解决,直接操盘手是街道,但业务主管却在市、区一级部门,虽然各种职能职责下沉至街道,但人、财、物、权等资源没有同步下沉,导致街道无权、无钱、无人解决很多问题。

(四)治理资源的调度和配备运行机制欠缺

区、街道、社区缺乏统一的指挥调度机制,导致各治理资源主体之间配合协调不到位,治理资源与基层需求对接不精准。一是对区级部门的资源"可望而不可及"。由于长期以来的属地管理模式,区级部门将大量工作事项下沉到街道。例如,疫情防控工作,卫健系统要求社区按照30户/人的标准配备网格员,提出了"网格员包人到户、确保不漏一户一人"的工作要求,但是并没有任何工作费用下沉。工区街道作为一个有8万余户居民的街道,要满足这一工作要求需要动员2700名党员干部群众担任网格员,即使每人每月补助50元,街道也面临大额支出负担,不得不转而向区级部门"化缘"。类似的问题,让很多工作由街道"牵头"变成了街道"磕头"。二是街道各部门的资源"散而不聚"。在参与基层治理的过程中,街道各部门对上受行业规范限制,囿于各自的职责范围,过多考虑部门利益,不愿将资源和信息共享。加之街道缺乏专门负责相关工作的中层部门,以及有效的资源调度协调机制,导致街道基层治理资源难以有效汇聚成势。三是社区的资源"单打独斗"。在创新基层治理的过程中,各个社区充分利用辖区的各类资源,创造性地开展了围绕资源调度的探索和创新。例如,迎宾社区的资源调度"五步法",被中组部选中在全国推广。但是社区与社区之间的历史沿革、所处区域等不同造成资源分布不均衡,加之缺乏以街道为中心的调度体系,导致大多数社区都以各自辖区为单元"单打独斗",存在"贫富不均"的问题。

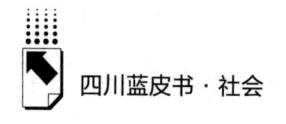

二 资源整合调度和基层治理创新的实践

近年来，工区街道针对基层治理中存在的上述问题，以健全党组织体系为切入点、以完善一体化运作机制为抓手、以构建多元化服务体系为落脚点，将街道打造成为治理资源"集散中心"，充分发掘和调动区、街道、社区三级资源共同下沉基层一线，有效解决基层服务资源不足、治理主体参与度低等问题，群众获得感、幸福感、安全感明显提升，对推动城市社区共建共治共享新格局持续构建具有一定的理论和实践意义。

（一）抓党建引领，建强资源调度龙头

从优化党组织设置入手，建立以街道党工委为龙头，社区党组织为主体，网格、单元党小组、功能党组织为触角的组织体系，织密党在城市社区的"组织大网"。

1. 强化街道党工委的统筹功能

全面推行街道"大工委"、社区"大党委"制，通过组织结对共建、干部交叉任职、活动开放互联等方式，实现驻区单位与街道、社区党建相融互助。街道建立大工委1个、社区大党委3个，统筹建立天籁一品小区党支部等小区、楼栋党支部148个。构建街道大工委、社区大党委、楼院党支部、楼栋党小组、党员中心户五级纵向组织体系，将党组织的触角向最基层延伸。

2. 强化行业党组织的吸附功能

在企事业单位、"两新"组织和流动党员比较集中的社区、商务楼宇、专业市场等地域，根据单位性质和特点，重点培育万达、1958商业街等党建联盟2个。按照志趣相投、行业相近、工作相关的原则，以行业系统党员为骨干，以"地缘+业缘+趣缘"为纽带，将280余家行业单位有效嵌入区域治理架构，推动行业资源融入区域。

3. 强化小区楼栋支部的引领功能

深入开展以社区为单位的党员找组织、组织找党员"双找"行动，精准掌握每个小区党员基本情况，建实工作台账。在具备党组织组建条件的小区及时成立党支部；对暂不具备组建条件的，在离退休党员、在职党员、流动党员较多的小区成立功能型党支部，以楼栋为单位组建党小组。目前，街道共组建小区党支部148个，组建率达到57.2%，基本搭建起"街道党工委—社区党委—小区党支部—楼栋党小组"的组织体系。为保障小区党组织充分发挥作用，街道还选派了31名责任心强、熟悉党务工作的社区专职工作人员担任支部委员；推行交叉任职，挑选具有党员身份的优秀业主委员会、物业公司负责人担任小区党支部兼职委员，推进党支部与业委会、物业公司深度融合，凝聚治理资源。目前，在党组织的领导和广大党员的参与下，街道成立了162个业委会、201个小区自治委员会等自治组织，极大限度地解决了老旧小区"投诉无门"等问题。

（二）抓平台建设，健全资源调度机制

1. 联席会议制度聚集资源

针对社区与驻区单位党组织互不隶属、行政上互不关联、管理上条块分割的实际情况，涪城区委创新建立了区、街道、社区三级党建引领基层治理联席会议制度。区级联席会议由区委城乡基层治理办召集，区委政法委、区民政局、区住建局等基层治理委员会成员单位，以及乡镇（街道）分管负责人参加。每季度召开会议，街道与部门之间面对面提需求、点对点要资源。街道联席会议由街道党工委召集，驻街道部门单位、中国电信绵阳分公司等大工委成员单位参加，每月召开会议。街道包装项目发布需求，各驻在单位认领项目对接资源。社区联席会议由街道联系社区领导指导，社区党组织召集，社区大党委成员单位参加，每月召开会议，遇有重大问题随时召开会议。2021年以来，工区街道共参与区级层面会议4次，召开街道联席会议30余次，指导社区召开会议130余场次，研究解决社区疫情防控、老旧小区治理、红色物业等突出问题490多个，有效聚集300余个治理主体参与基层治理（见表1）。

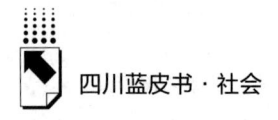

表 1　工区街道治理主体及资源要素

治理主体	资源要素
党组织 包含区委、街道党工委,以及党工委下设 15 个社区党委和 148 个居民小组党支部、34 个"两新"组织党组织	政治资源 充分利用组织资源和政治资源,提供思想、人力资源和组织保障
政府部门 包含区政府、区级各部门、街道办事处及其 7 个内设机构和 3 家事业单位	公共产品和公共服务资源 充分运用制度、资金、政策等推动市民群众服务事项落地
企业商户 包含国有企业 41 家、非公企业 3017 家及个体经营户 15124 家	财力、物力、人力资源 以财力、物力、人力等物质性资源的投入,积极参与到基层治理各事项中
社会组织 包含 119 家社会组织、15 个居委会、162 个业委会	专业能力资源 社会组织利用专业人员、行业特长等资源向特定群体或社会成员提供专业化社会服务
市民群众和自治组织 包含 8.5 万户籍居民、3.1 万非户籍居民、201 个小区自治委员会等	群众资源 自治组织处理内部成员矛盾纠纷,实现自我管理、自我服务,提高自主管理、自主参与的意识和能力,积极参与公共事务,助力基层治理

2. 一体化运作调度资源

以街道党工委为"龙头",统筹中层部门职责,整合多元队伍执法,实行捆绑作业、一体化运行,将各类资源在相关部门聚集后高效分散至各社区,有效实现需求和资源的精准对接。一是整合部门一体调度。涪城区在街道管理体制改革中,创新采取"3+1+X"模式统筹设置行政综合办事机构,将"X"这个部门的自主权交给了街道。工区街道针对治理体系中存在的各类问题,整合原党建、民政、城建等部门职能职责,设立了基层创新改革办公室、网格治理中心两个部门,牵头负责社区发展、服务等基层治理相关工作,实现了绝大多数治理资源一体运作,有效解决各类资源缺乏统筹的问题。二是整合队伍一体执法。涪城区按照"一支队伍管执法、一张清单管权责、一套制度管运行"的改革目标,全面加强街道综合行政执法体系建设。将综合执法（城管领域）、交通运输、市场监管等领域的中队全部下沉街道，在工区街道设置了综合执法办公室，对执法力量进行统一调度，实现了主城区基层综合执法中队全覆盖。同时实行考核制度改革，赋予街道对区域内有关职能部门派出机构人员的提拔使用征得同意权和50%的目标绩效考核权，确保了街道对下沉队伍"喊得动、管得住"，有效解决"看得到、管不到"的问题。三是整合事权一体作业。为推进街道赋权扩能，涪城区还将市场监管、国土城建等和基层密切相关的36项行政权力，下放给工区街道等9个乡镇（街道）。同时，还探索启用行政审批服务专用章，推行分章制和电子印章，实现"一枚"印章管审批服务，既解决了街道"有责无权"的问题，又解决了区级行政资源"可望而不可及"的问题。

3. 健全网格队伍用好资源

全面推行"全科网格"服务管理行动，在街道成立全科网格服务管理中心，设立了网格治理中心，在15个社区建立13名网格长、100名专职网格员、968名辅助网格员的三级网络架构，有效发动1200余名党员群众参与网格工作，实现了社会治安综合治理、市场监管、综合执法、环境保护等各类网格整合一体运转、多网合一。为加强党对网格工作的领导，街道按照"一个网格一个党组织"的要求，采取单建和联建相结合的形式成立网格党支部87个，使党组织成为社会网格治理的核心领导力量。同步建立网格员实时收集信息、初步登记受理、调度资源处置、核查成效结单"五步闭环"工作法，对街道范围内的问题实行全过程跟踪、督办、评价，实现了群众需求在网格发现、各类资源在网格下沉、问题在网格解决。

（三）抓有感服务，用好资源调度成果

全面提升1个街道党群服务中心、完成15个社区党群服务中心亲民化改造、打造N个党群服务站，着力构建"1+15+N"的党群服务"阵地群"，用"一窗式""保姆式"服务温暖人心，着力将街道打造成为激活资源的集散地。

1.1个街道便民服务中心集中共享

工区街道利用街道管理体制改革契机，积极推动市场监管所、司法所等部门基层站所中的服务群众事项统一进驻街道便民服务中心，增设党群人才服务等7个服务窗口，整合社保、民政等服务事项146项，新增服务事项60项，实行"一窗受理、集成服务"。目前，街道便民服务中心可办事项已达127项，实现了群众办事从"满楼跑，多头跑"向"进一扇门，办所有事"转变，有效解决了街道各部门之间资源"散而不聚"的问题。

2.15个党群服务中心精确共享

一是集成开展便民服务。探索居站分设和便民服务垂直管理机制，将街道权限范围内的政务服务、便民服务事项下沉到社区，由社区干部轮值或通过协调公益性岗位、动员社会力量和招募志愿者负责驿站便民服务工作。二是差异投放个性服务。分类摸排辖区企业、居民小区、学校医院等领域群体需求，建立问题需求清单1000余项。根据群众需求清单，对每个服务中心的辐射范围、服务需求、服务类别、服务人员进行精准研判，差异划分各社区党群服务中心承载服务功能，实现服务项目与辖区群众需求的精准对接。目前，承载服务项目最多的飞来石社区可对接、解决群众需求120余项。三是提供特色暖心服务。依托党员志愿服务平台、"孝老爱心理发联盟"和"健康守护服务团队"等112家"红细胞"组织和社会力量，根据不同区域群众特点，提供老人儿童临时看护、爱心义诊、爱心理发、法律援助等特色暖心服务，将驿站功能拓展到特殊群体关爱、社会治理等领域。

3.N个主体互动服务暖心共享

一是暖心驿站共享阵地资源。为解决服务阵地资源不足问题，工区街道借力辖区银行、企业等服务阵地资源，整合辖区商业银行、邮储银行等有服务窗口的单位7家，创新打造80至900平方米不等的"金融管家"等党群暖心驿站7个。充分利用银行网点交通便利、工作人员专业等优点，实现了跨区域、就近为群众提供"冷可取暖、热可纳凉、渴可喝水、急可如厕、累可歇脚、伤可用药"等便捷贴心服务，实现服务精准到位"零距离"，有效解决街道内部服务资源分布不均问题。二是红心为民服务站共享服务资源。为充分发动和调动个体经营户积极性，工区街道在党建引领基层治理联席会议制度框架下，与辖区187家个体经营户常态化开展互动，动员辖区高端理发店等50余家商户认领"红心服务站"惠民事项确认书，挂牌成立"红心为民服务站"43个。同时，以这些服务站点为基础，全面推广和运用迎宾社区资源调度"五步法"，通过用甲的资源满足乙的需求，用乙的资源解决丙的问题，再用丙的资源帮助甲的困难，构建起一张链接辖区服务资源的大网。目前，已链接驻在单位、个体商户、社会组织等治理资源主体262个，资源换资源的共享服务体系日趋完善。三是党群呼叫共享商圈资源。为充分激发商户等资源主体参与治理的热情，工区街道充分发挥涪城万达、1958商业街等5个商圈党组织，以社区党组织为中心，探索建立"商家有呼叫、商圈党委来报到，商圈党委有呼叫、共建部门来报到，居民有呼叫、商圈党委来报到"的"呼叫报到"商圈资源共享工作模式。通过社区党组织的调度，实现了辖区群众、商户的服务需求优势互补，有效引导社区治理各方力量在享受暖心服务的同时更多地参与到基层治理中，将商圈党组织打造成商圈资源共享的发酵池。

三 经验启示

（一）资源有效下沉，必须发挥好街道的"承上启下"作用

"街道吹哨、部门报到"，这是对街道统筹协调各方治理主体参与基层治理的真实写照。作为城市治理资源的"集散地"，街道对上对接了区委、区政府几十家部门，横向链接了企业、商户、驻在单位等成百上千个治理主体，对下也掌握社区的各类资源。在区、街道、社区三级资源体系中，街道刚好处在一个承启上下、连横左右的位置。涪城区利用"两项改革"契机，通盘考虑上面的资源接不接得住、周边的资源统不统得起、下沉的资源用不用得好等问题，建立健全了党建引领基层治理三级联席会议制度，赋予了考核评议区级部门及人事建议权，下沉了综合执法力量，给予了"X"中层部

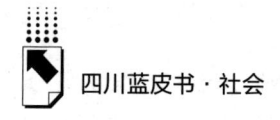

门自主权,有效提升了街道承上启下的资源调度能力,巩固了街道在城市治理中的中枢地位。

(二)资源有效下沉,必须健全一体联动的街道运行机制

无论是资源的配备还是使用,上下联动、互为一体的运行机制是关键。一方面,区级部门和街道各相关部门如果没有有效的衔接,很多区级资源在基层就得不到很好的承接,在资源未能很好发挥作用的情况下,相应的资源供给就会减少。另一方面,如果街道在承接区级各部门的资源后,各自为政、各行其是,而没有一个统一的指挥调度,就很容易造成资源的浪费和无效下沉。工区街道利用"两项改革"契机,通过设立基层创新改革办公室、网格治理中心,健全党群服务中心服务事项,建立综合执法队伍、全科网格队伍等举措,有效实现了街道社区工作机构一体运行,街道社区业务一体作业,区、街道、社区三级资源一体下沉。

(三)资源有效下沉,必须打造多元共享的街道利益链

长期以来,区级财力有限、社会力量参与积极性不高等问题,一直是困扰街道的难题。如何通过党建引领,把街道、社区、商户、驻在单位等多元主体纳入有机的利益衔接圈,充分发挥各自的资源优势是一个难题。工区街道创新推广的资源调度工作方法,通过组织联系组织"聚合"资源、需求链接需求"配置"资源、服务换取服务"增值"资源、群众带动群众"拓展"资源、人心温暖人心"共享"资源。以资源整合利用为抓手,以"1+15+N"的党群服务"阵地群"为平台,链接辖区4000余个治理主体,在享受各类资源的同时为他人提供资源,有效解决基层服务资源不足、各类治理主体参与度低等问题,为构建城市社区共建共治共享新格局提供了很好的参考和借鉴。

B.5
社区治理新探索：社区社会组织参与社区治理的政策与路径研究
——以成都实践为案例*

张雪梅　王磊**

摘　要： 在社会治理重心持续向基层社区下移的过程中，社区社会组织作为一类新型基层社会组织，其作用得到民政部门自上而下的重视。成都市的政策演进和实践路径展示了地方政府在发挥社会组织作用、激发社会活力上的持续探索。近15年来的政策回顾表明，社区治理的政策侧重在三个方面：社区治理体系建设、社区人才队伍建设、社区公共服务体系建设。其中，社区治理体系建设经过了村级治理和基层组织体系建设、城乡社区治理机制建立健全、社区发展治理改革三个阶段。社区公共服务体系建设经过了社区组织活动阵地设施建设、从"三社互动"到"社区总体营造"的多元服务体系建设、社区公共服务多元投入保障机制建设三个阶段。作为社区治理中的重要参与者，伴随社区治理政策的演进，社区社会组织参与社区治理的政策则经历了三个阶段：引导社会组织开展社区服务、引导社会组织培育社区社会组织、引导社区社会组织和社会组织错位发展。同时，对典型社区社会组织的分析表明，社区社会组织从生长、发展到比较成熟地参与社区治理的发展路径经历了四个环节：社会组织服务介

---

* 本文为国家社科基金课题"社区自治中的政府与社会良性互动的路径研究"阶段性成果，四川省社会组织孵化园立项课题阶段性成果之一。
** 张雪梅，四川省社会科学院副研究员，博士；王磊，四川省社会科学院社会学专业研究生。

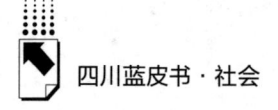

入——自组织因事而生——社会组织专业陪伴——自组织项目化发展。从政策和路径的演进来看，当前社区社会组织对社区治理的参与，主要是通过社会服务和社区价值观重构，将原本"原子化"的个体联系在一起，构建起他们的社团生活，促进社区整合，实现社会和谐。社区社会组织参与社区治理的更多路径，还有待持续探索和丰富。

关键词： 社区治理　社区社会组织　社区参与

　　新中国诞生起出现的"单位制"和"街居制"是政府或国有企业主导，由政府统一包揽所有管理事务，具有强权威性的基层治理方式。改革开放以后，随着政府职能的不断转变和社会主义市场经济的发展，基层社会生活从"单位制"逐渐过渡到"社区制"，政府开展社会管理的重心持续下沉，推动基层自治与社区管理相结合，形成社区治理的新机制。新时代以来，社区治理作为推进国家治理体系和治理能力现代化建设的一部分发挥着重要作用。伴随城市化的加快推进，社会结构日益多元、利益诉求更趋复杂，基层社会公共资源配置不均衡、社区建设能力和资源不足等问题，使基层社区治理难度持续加大。党的十九大报告提出要加强社区治理体系建设，推动社会治理重心向基层下移，发挥社会组织作用，实现政府治理和社会调节、居民自治良性互动，为新时代社会组织加快发展提供了政策支持。另外，伴随社会建设的持续开展、政府职能的持续转变和"放管服"改革的不断深化，基层社会也不断充权增能、发育成长，志愿精神、公益精神逐渐强化。社会组织在这一背景下快速发展，形成基层社区治理的一支重要力量。最近几年来，社区社会组织在基层社区治理中的发展更进一步引起从中央到地方的关注。从社会组织到社区社会组织的发展，经历了怎样的阶段和需求？政策如何引导社会组织发展适应基层社区治理不同发展阶段的需求？成都市的地方实践为我们提供了一个很好的观察样本。

社区治理新探索：社区社会组织参与社区治理的政策与路径研究

截至2020年末，成都市登记注册社会组织12170家，其中社会团体3636家、民办非企业8534家，直接登记社会组织2700多家；另有在街道（乡镇）备案的社区社会组织2200多家。社会组织每万人拥有数为7家，发展水平高于全国平均水平。作为西部特大的国家中心城市之一，成都市的社区治理连年创新，成效显著，走在全国前列。

笔者对"十一五"以来横跨15年时间的成都市社区治理和社会组织发展的相关政策文件进行了收集整理，采用内容分析法对各个时期关键政策文件进行分析梳理，尝试从政策演进角度发现社区治理的发展逻辑和社会组织参与社区治理的发展逻辑。同时，选取近年来成都市社区治理的典型项目作为样本，分析其中社区社会组织参与社区治理的路径，并结合政策演进的逻辑，检视这一路径未来的可持续性。

一 社区社会组织参与社区治理的政策演进

从政策文本分析来看，社区治理的政策可以归为三个方面的内容：社区治理体系建设、社区人才队伍建设、社区公共服务体系建设。每一方面内容在15年间又经历了各自的发展阶段。相应地，社区社会组织参与社区治理的政策，则经历了引导社会组织开展社区服务、引导社会组织培育社区社会组织、引导社区社会组织和社会组织错位发展三个阶段。

（一）社区治理的政策演进

1. 社区治理体系建设

第一阶段是村级治理和基层组织体系建设阶段。这一阶段可以追溯到"十一五"期间的村级治理。2008年成都市委、市政府出台了《关于进一步加强农村基层基础工作的意见》（成委发〔2008〕36号），确定了新型村级治理机制的框架，并先后制定了《关于构建新型村级治理机制的指导意见》《成都市村民议事会组织规则》《关于建立村务监督委员会的指导意见》等配套制度，在加强和改进村（社区）党组织的同时，明确了村委会不再承

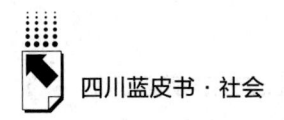

担村级集体经济组织管理职能,引入了村民议事会、村务监督委员会等新型治理主体,初步形成了"十一五"期间村级治理机制的架构。

其中,2008年出台的《关于深化城乡统筹进一步提高村级公共服务和社会管理水平的意见(试行)》,第一次明确界定了村级公共服务和社会管理的责任,第一次将村级基本公共服务和社会管理经费纳入各级财政预算,第一次提出要让农民进行民主评议、民主决策、民主监督等,这些大胆的创新与探索,被专家学者们归纳为"六个第一"。[①] 这一政策制定的纳入财政预算的村级基本公共服务和社会管理经费,也是今天社区治理领域为人熟知的成都市社区治理的重要抓手之一——社区保障激励资金(原社区公共服务资金)的由来。

第二阶段是城乡社区治理机制建立健全阶段。在村级治理机制改革创新的经验基础上,伴随城乡统筹推进社会建设的过程,"十二五"期间城乡社区治理框架和机制逐步建立健全。2011年,成都市委、市政府下发《关于深化社会体制改革加快推进城乡社会建设的意见》(成委发〔2011〕1号),将健全城乡社区治理机制作为成都市社会建设五大重点工作之一,并在《成都市深化社会体制改革加快推进城乡社会建设五大实施纲要(2011-2015年)》中进一步明确了建设城乡社区治理机制未来5年的总体目标和主要措施。同年9月,成都市民政局提出了《构建新型社区治理机制、加强城乡社区建设的实施方案》,陆续出台了《关于加强社区居民院落自治的指导意见》(成民发〔2012〕62号)、《成都市城市社区居民议事会组织规则(试行)》(成组通〔2012〕76号)等政策措施,这一系列政策文件的核心是"构建新型社区治理机制",完善居民自治组织体系,在社区建立社区党组织领导下社区议事决策与执行相分离的组织体系,并通过社区公共服务和社会管理经费的财政支持为居民自治提供保障,从而形成了成都市社区治理机制改革创新的基本政策。在这一系列政策支持下,2013年成都市654

---

① 成都市社会科学院信息中心:《成都市统筹城乡综合配套改革试验区建设动态》(总第2期),2009年10月8日。

个城市社区全部建立了由居民会议、居民议事会、社区居委会、居务监督委员会构成的居民自治组织体系。并根据成都市的城市空间和历史文化特点，逐步推动基层治理向小区、院落延伸下沉，在全市1万多个居民院落普遍建立了院委会、住委会、家委会、院落议事会等院落居民自治组织，形成了具有成都特色的居民议事会+院落自治体系。

第三阶段是社区发展治理改革阶段。在"十二五"期间全面建设新型社区治理体系的基础上，"十三五"期间成都市社区治理体系建设又有了新的发展。2017年成都市制定出台以《关于深入推进城乡社区发展治理建设高品质和谐宜居生活社区的意见》为引领的"1+6+N"系列文件①，从行政区划、街道（乡镇）职能优化调整、社区发展规划、社区工作者队伍建设、社会组织和社会企业发展、社工服务、物业管理等多方面制定行动计划和实施方案，形成了全市推进社区治理的整体方案。2019年，成都市在全国首创城乡社区发展治理委员会（以下简称"社治委"），统筹推进城乡社区发展治理改革工作，探索特大城市治理体系和治理能力现代化，开启了社区治理体制机制建设的一个新阶段。

2. 社区人才队伍建设

从2013年开始，基层治理人才队伍建设进入工作日程。配合城乡社会建设五大实施纲要，成都市出台了《关于增加村（社区）干部基本报酬、办公经费补助标准及党员教育培训经费的通知》，大幅提高了村（社区）干部基本报酬，在全国率先建立了村（社区）专职工作者社会工作职业水平

---

① "1"：《关于深入推进城乡社区发展治理建设高品质和谐宜居生活社区的意见》。"6"：《关于转变街道（乡镇）职能促进城乡社区发展治理的实施意见》《关于优化调整我市乡镇（街道）行政区划的意见》《关于印发〈成都市社区专职工作者管理办法〉的通知》《关于进一步深入开展城乡社区可持续总体营造行动的实施意见》《成都市城乡社区发展治理总体规划（2018—2035年）》《成都市高品质和谐宜居生活社区标准体系》。"N"：《成都市社区发展治理五大行动"三年计划"》《构建以党组织为核心的新型城乡社区发展治理体系三年行动计划》《成都市深化社区志愿服务的实施方案》《关于优化政府购买社会组织服务的意见》《关于全面提升物业服务管理水平建设高品质和谐宜居生活社区的实施意见》《关于改革社会组织管理制度促进社会组织健康有序发展的实施意见》《关于培育社会企业促进社区发展治理的意见》《关于全市社区专职工作者职业化岗位薪酬体系的指导意见》《关于创新城乡社区发展治理经费保障激励机制的意见》。

补贴制度，并确定了定期增长机制，通过提高待遇、加强经费保障来推进社区工作者队伍素质提升，促进居委会队伍建设。

同时，为了进一步提高社区自治能力，回归居民服务和自治，落实"还权、赋能、归位"的成都社区治理核心理念，成都市自2013年起逐步推行村（社区）事务准入制，推进城乡社区减负。2017年又出台减轻城乡社区负担十条措施，推行社区事务准入制，建立社区自治事项、依法协助事项等四个清单，出台了《成都市村（社区）证明事项保留清单》，大幅精简了需要村、社区开具的证明，砍掉298项基层证明事项，除15项必要事项外，95%以上的证明都被取消。这一工作得到李克强总理专门批示："好的做法可及时推开"。民政部以民政参阅方式，将成都市这项政策全文印发送全国各省市参阅。

3. 社区公共服务体系建设

配合社区发展治理改革和社区工作者队伍建设，社区公共服务体系建设不断推进。首先是社区组织活动阵地设施建设。2014年成都市印发了《关于2015—2017年全市村（社区）组织活动场所"提档升级"建设的通知》（成委办发〔2014〕48号），由市级财政安排6.4亿元，开展村（社区）组织活动场所"提档升级"，着力解决村、社区组织无固定活动场所或不达标问题。配合这项工作又研制出台了全国首个关于社区办公活动用房的地方标准《成都市社区用房建设规范》，对全市社区用房的规划、建设、维修维护、功能布局、标识标牌设置进行了规定。2017年又印发《关于下达成都市村（社区）组织活动场所提档升级工作市级补助资金的通知》（成财预〔2017〕11号），完成1217个社区用房"提档升级"和配套的"提档升级信息档案管理系统"建设并投入使用。2018年出台《关于优化提升社区党群服务中心的指导意见》，持续推进社区党群服务中心"三去一改"①，打造居民"易进入、可参与、能共享"的社区家园。

其次是从"三社互动"到"社区总体营造"的多元服务体系建设。

---

① 即要求社区党群服务中心去行政化、去形式化、去办公化和改进服务。

2013年成都市启动"三社互动"试点工作，以社区为平台、社会组织为载体、社工人才为支撑，通过三者的紧密联系和良性互动，推动和完善社区治理机制改革，满足社区居民多元化需求，增强社会自我服务和自我调节功能。2013~2015年"三社互动"持续开展，逐步推动形成政府、社区居委会、社会组织、社区居民等多元主体共治的基层治理格局，推动了政府公共服务、社区互助服务、志愿服务、社会化服务相结合的城乡综合社区服务体系的建立。

在"三社互动"基础上，2016年成都市印发《关于深化完善城市社区治理机制的意见》（成委发〔2016〕6号），提出进一步深化"三社联动"，统筹发挥基层政府、社会力量、居民群众主体作用，提升基层社会治理水平，将城乡社区发展为具有共同情感联结、共同社区意识、共同文化凝聚的社会生活共同体。同年，成都市出台印发《关于开展城乡社区可持续总体营造行动的通知》（成民发〔2016〕33号）、《2016年城乡社区可持续总体营造行动工作方案的通知》（成民办〔2016〕30号）、《成都市城乡社区可持续总体营造行动管理办法》（成民发〔2016〕47号）、《成都市城乡社区可持续总体营造行动资金使用管理细则》（成民发〔2016〕48号）等系列文件和管理办法，率先在全国首创实施社区营造行动试点。2018年又印发《关于进一步深入开展城乡社区可持续总体营造行动的实施意见》（成民发〔2018〕8号），进一步将社区总体营造在全市推开。通过社区总体营造的持续推进，推动社区骨干、居民自治组织、社会组织、社工参与带动居民能力提升，组织化参与社区公共事务，强化社区公共精神，推动共建共治共享和谐宜居生活社区。

最后是社区公共服务多元投入保障机制建设。2016年成都市将社区公共服务资金（现为社区保障激励资金）标准提高到每百户不低于4000元，市、县两级投入资金逐年上涨，先后投入17亿元社区保障激励资金用于发展社区自治服务和公共服务；推动建立社区基金（会）制度，引导、支持、规范社会资金投向城乡社区治理和公共服务领域，先后成立8个社区基金会、700余只社区基金，整合基层资源，链接群众需求。目前

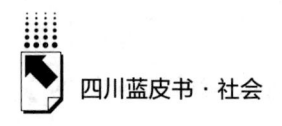

初步形成以政府公共财政主导、社会资金支持为主的公共服务多元投入保障机制。

(二)社区社会组织参与社区治理的政策演进

1. 引导社会组织开展社区服务阶段

这一阶段在2008~2016年。特别是2013~2014年，社区治理由"三社互动"向"三社联动"不断深化，社区公共服务体系建设进入关键时期，对多元主体的服务供给需求也不断增大。正是在这一需求下，社会组织提供的社区服务和服务类社会组织的发展成为政策的关注点。

回溯政策的出发点，2008年汶川特大地震是成都市社会组织发展历程中的一个标志性事件[①]。通过积极参与地震紧急救援、灾后重建服务，志愿者、志愿组织、民间公益组织开始进入公众视野。在灾后重建过程中，社会组织进入板房区、安置社区、重建小区开展心理抚慰、儿童陪伴、社区生计发展、生态种养等各类社会服务，社会工作成为社会组织进入社区服务领域的重要节点。

灾后志愿服务和社会组织服务快速增长是一个契机。从政策上看，从中央到地方各级政府对社会组织在社会建设中作用的认识也在不断深化。2009年成都市印发《关于建立政府购买社会组织服务制度的意见》（成府发〔2009〕54号），2010年印发《关于开展社会组织登记管理体制改革试点工作的意见》，开启了成都市社会组织发展的新阶段。2011年成都市出台《关于加快培育发展社会组织的实施方案》（成委办〔2011〕35号），指出"社会组织（指社会团体、民办非企业单位和基金会）是推进社会建设的重要力量"，提出建立门类齐全、结构优化、布局合理、管理规范的社会组织体系。重点培育和优先发展行业协会商会类、科技类、公益慈善类、城乡社区服务类社会组织，开始实施公益慈善和工商经济类社会组织直接登记制度。

[①] 2008年末，成都市登记注册5081家社会组织，其中社会团体1975家、民办非企业单位3106家。

2013年，进一步将申请直接登记范围扩展到四大类社会组织。2014年，根据社会组织直接登记中的问题和经验，推进直接登记和双重管理相结合的混合登记制度。这一时期社会组织经历了一个快速增长的过程。

2014年，"三社互动"工作在成都市全面推进，通过社区公益创投的方式，建立了资助公益性社会组织开展社会服务的新机制。2015年，成都市举办首届"三社互动"公益洽谈汇，为社会组织、企业、公益资本参与社区治理搭建平台，先后签约"三社互动"项目1.1亿元，支持各类公益性社会组织和社工服务机构落地社区，依托社区持续开展帮困助老助残、青少年服务、居民融合、专业社工服务等活动。

伴随"三社互动"向"三社联动"深化，成都市对社会组织的扶持力度不断加大。通过建立社会组织孵化园和设立社会组织培育发展专项资金、社区公益创投项目、社会工作示范项目等方式，引导社会组织与社区对接，以社区多元化需求为导向参与各类服务活动，如公共服务、公益服务、社会福利、慈善服务、小区便民服务、社会治理服务和决策咨询服务等，扶持并资助了一批有引领作用、有示范效应、有社会效益、有发展能力的服务型社会组织，促进了社会组织在社区服务方面蓬勃发展。

同时，政府购买社会组织服务力度也持续加大。2015年，成都市制定出台《成都市政府购买服务暂行办法》（成办发〔2015〕21号），编印了具备承接政府购买服务资质的社会组织名录；2017年制定《成都市政府向社会组织购买服务实施意见》（成财采〔2017〕205号），持续推进政府向社会组织购买服务，引导社会组织专业化发展，在民生保障、社会治理、公益慈善、行业管理等领域持续提升服务能力。

2. 引导社会组织培育社区社会组织阶段

这一阶段始于2016年，伴随着成都市社区治理进入城乡社区总体营造阶段，通过社区总体营造项目催生培育社区社会组织，是这一阶段社会组织参与社区治理的政策导向特点。

成都市社区社会组织的发展早在2009年即已列入日程。民政部在这一年印发了《关于进一步推进和谐社区建设工作的意见》（民发〔2009〕165

号），指出"社区日益成为各种利益关系的交会点、各种社会矛盾的集聚点、社会建设的着力点和党在基层执政的支撑点""加强社会管理的重心在社区，改善民生的依托在社区，维护稳定的根基在社区"。依托这一文件精神，2009年成都市出台《成都市社区社会组织备案管理暂行办法》（成民发〔2009〕136号），以推动社区社会组织管理，发挥其在统筹城乡发展中的积极作用。其规定社区社会组织是指"以街道或乡镇辖区为活动范围，不以营利为目的，开展公益服务性、文体娱乐性活动，暂不具备登记条件，具有社会团体或民办非企业单位性质的组织"。尽管社区社会组织的管理暂行办法出台较早，但是由于社区发展治理的阶段性特征，社区资源、社区骨干、培育平台等条件尚不成熟，社区社会组织在很长一段时间中并非发展重点。

有了"三社联动"的基础和社会组织快速发展的前期成果，从2016年的城乡社区可持续总体营造行动开始，社区社会组织的培育才真正进入轨道。社区可持续总体营造行动以项目化的方式进行，通过引入社会组织与社区合作实施营造项目，并鼓励自组织利用社区公共服务资金、社区基金会等资源共同参与社区公共事务和公益事业。其核心是通过项目实施，提供社区公共产品，解决社区冲突与问题，挖掘社区的社会资本，构建社区主体性。因此，培育居民骨干、培育社区自组织，引导居民组织化参与公共事务成为社区营造项目的一个主要任务。社会组织在开展社区营造项目时，不再局限于提供特定的社区服务，而是要发挥自身专业化优势，发掘培养社区居民骨干，激发居民文娱互助性自组织成长，通过能力建设推动其成长转化为公益性自组织。自组织的数量、种类、功能、运行机制、可持续发展能力成为评估社区营造项目的重要指标。对于社会组织催生的居民自组织，条件成熟的则鼓励其发展成为在街道（乡镇）备案的社区社会组织。

通过社区总体营造项目的催生，这一阶段社区社会组织有了快速发展。从数据上可以看到，2009年成都市备案社区社会组织仅为460家，到2015年增长到2200家，六年间增长3.8倍。到了2017年，备案社区社会组织达到9600多家，两年间即增加了3.4倍。其中社区总体营造行动和社会组织的培育功不可没。

2017年底，民政部出台《关于大力培育发展社区社会组织的意见》（民发〔2017〕191号），指出"培育发展社区社会组织，对加强社区治理体系建设、推动社会治理重心向基层下移、打造共建共治共享的社会治理格局，具有重要作用"。从而在国家层面开启了社区社会组织的培育发展。这个意见可以说是自上而下对以成都市为代表之一的地方基层实践的一个回应。一方面，在前期社会组织培育发展的过程中，社会组织参与基层社会治理、提供社区公共服务的作用日渐凸显。另一方面，基层社区多元化的治理和服务需求也日渐凸显，落地到社区的外来社会组织受到自身专业条件、规模和现阶段项目制的一些局限，深入扎根社区回应社区治理需求的能力普遍还不足。而社区社会组织在社区内部成长，与社会组织相比，在深入了解社区需求和长期扎根社区方面具有天然优势，社区治理的主体性地位更加明确。因此，社区社会组织的发展具有现实的需求，也是实践的推动。

3. 引导社区社会组织和社会组织错位发展阶段

这一阶段始于2018年，也可以视为上一阶段通过社区营造引导社会组织培育社区社会组织的自然延续，同时社会组织和社区社会组织差异化发展的思路更加明确。

2018年以来，成都市将社区总体营造在全市推开。对近几年社区总体营造项目招标公告的内容分析可以看到，项目要求逐渐从简单地培育社区自组织、强调自组织数量，提升到强调自组织能力提升，特别是民主协商议事能力的提升。这一项目要求的变化，显现的是对社会组织定位的政策导向也有了变化，进一步强调了社会组织与社区社会组织的差异化定位。社区社会组织——也是正在成长成熟过程中的社区自组织，定位于在城乡社区开展为民服务、养老服务、公益慈善、促进和谐、文体娱乐和农村生产技术服务等活动，以实施普惠性、常规性的具体社区服务事项为主，协助社区开展基层社区治理服务。而社会组织特别是社会服务机构，以打造标准、规范、可复制、可推广的优秀示范项目为重点，更多地起到指导、引领或枢纽平台的作用。

同时，成都市加大了对社会组织孵化平台建设和枢纽型社会组织发展的扶持力度。2017年出台了依托社会组织服务平台孵化培育社会组织的规划，推动建立市、区（市、县）、乡镇（街道）、村（社区）四级社会组织服务平台，通过平台提供分层分类孵化培育支持服务，一方面大力培育品牌性、枢纽型社会组织，推动社会组织发展由数量规模型向质量效能型转变；另一方面依托社会组织服务平台，通过建立社区社会组织联合会等方式，加强培育社区社会组织，探索"社会组织+社区+社区社会组织"项目合作机制。目前，市、区级社会组织服务平台已实现全覆盖，乡镇级服务平台覆盖率达到63%。2019年，又出台《关于社会组织参与推动区域协同助力产业发展的实施意见》，引导社会组织积极参与区域性产业联盟、乡村振兴建设、农村脱贫攻坚计划和送文化、医疗下乡等活动。重点支持成立了成都市城乡社区发展治理促进会、成都市锦城城乡社区发展治理培训学院、成都供应链协会、成都智能制造协会等枢纽型社会组织近40家。上述诸种举措，皆旨在引导社会组织和社区社会组织形成差异化错位发展趋势。

2020年，民政部印发《培育发展社区社会组织专项行动方案（2021-2023年）》（民发〔2020〕33号），提出从2021年起用3年时间开展培育发展社区社会组织专项行动，通过实施一批项目计划和开展系列主题活动，进一步提升质量、优化结构、健全制度，推动社区社会组织在建设人人有责、人人尽责、人人享有的社会治理共同体中更好地发挥作用。目前这项工作正在全国落实推进，成都市的社区社会组织发展专项规划也在制定出台过程中。可以预期，通过政策持续引导社会组织和社区社会组织错位发展，社区社会组织参与社区治理将会重点落在社区居民的自我服务、自我管理上，从而进一步激发居民参与公共事务的主体性，撬动更多资源，形成良性循环。

二 社区社会组织参与社区治理的路径发展

从社区社会组织参与社区治理的政策演进可以看到，成都市社区社会组织的培育发展离不开社会组织的发展。正是社会组织领先一步发展，先有了较为成熟、专业化的社会组织，叠加政府资源的引导支持，才催生出更多的社区社会组织。社区社会组织参与社区治理的路径，经历了一个在社区支持和社会组织专业陪伴下，居民组织化、组织公益化、公益项目化的过程。下面以A、B两个典型项目为例来分析这一路径，为行文方便对相关内容作了匿名处理。

（一）典型案例分析

案例一：A项目2016年在G社区实施，为期一年。项目由T社工机构实施，内容比较简单，主要内容是发动小区居民关注环境，通过建立一支自组织，推动院落环境改善。下面节选引用A项目报告。

1. 背景介绍

G社区位于成都市金牛区，现有住户5266户，总人口数12022人，辖区老旧院落居多，其中6号院落以老年群体及外来租户为主，共计74户200多人，商户较多，有民宿、设计公司，外来人口较多，管理起来较复杂，居民对商户存在不满，邻里关系较为疏离。同时由于二楼公共区域部分住户种植蔬菜、瓜果，占用公共空间，整体来看较杂乱，植物多，夏天蚊虫较多，居民不胜其烦。但由于是公共区域，居民对社区公共事务漠不关心，院落业委会管理难度较大，居民之间也经常因此发生争执，矛盾突出……

2. 评估分析

院落已建立院落委员会作为院落治理的自组织，虽然自组织能力较弱，但也有了最基本的社区参与基础。院落二楼有一定的公共空间可以开发利用，有社区居民种花草、蔬菜等，只是比较杂乱，可以通过自组织的培育，通过公共空间的营造改善和活动的组织，带动社区居民有效参与院落事务，增进居民的相互了解，让社区居民有序参与社区公共空间、环境的改善，造福自己、造福社区，营造有温度的社区。

前期走访过程中发现，从社区资源上看，社区中有设计公司，有民宿，它们对设计、对环境改善有一定意愿，也愿意参与楼顶阳台改造。社区业委会、居民骨干也对小区日益突出的矛盾比较焦虑，急于寻找解决途径，改变意愿较为强烈；同时他们对社区本身情况比较了解。此外，该院落还有部分商家，可以投入部分物资。综合起来，社区有一定的资源积累，但需要一个切入点，撬动这些资源。

……因此我们希望以小花园的改造为切入点，调动辖区企业、居民骨干、志愿者的积极性，关注自己的生活社区，为社区美化贡献一份力量。

3. 营造计划

营造策略：

第一步，走访社区，运用参与式会谈技术组织社区居民自管组、骨干、楼栋长、自组织成员等，引导社区居民提出目前可打造的微空间，然后进行社区规划师招募，开展社区访谈、社区坝坝会等，寻找社区骨干，征集社区居民意见及环境改善意愿，邀请其参与项目。

第二步，自组织的成立及行动。社区花园志愿者队伍招募及培训，培训内容包括：第一节，协助自组织完成制度建设，如志愿者定位和角色、队伍成立的目的、队伍宗旨、队伍名称等。第二节，社区门口花园打造设想，可利用的资源，效果呈现，组员分工，分为物料组、宣传组、改造指导组。第三节，物料改造、花园清理行动。第四节，指导自组织开展城市篱园花园改造呈现行动。

第三步，引导自组织回顾花园改造的过程，为其颁奖，肯定其参与的过程及付出，探讨后续花园的维护及更新，邀请更多社区居民参观花园，扩大其影响力、壮大队伍，搭建邻里互助支持平台，让更多社区居民走出家门参与社区微景观改造和公共空间共建共享。

案例二：B项目为期三年，2016~2019年在Y社区实施。与A项目不同的是，B项目不是完全交由社会组织实施，而是由社区居委会和社区组织合作，共同实施完成。以下节选引用B项目计划书。

1. 社区基本情况

Y社区有常住居民6000多户11027人，流动人口5000人左右，居民院落43个，物管小区4个，驻区单位7家。区域内有体育馆、专科学院、中学等大型活动场馆。社区居民活动中心有社会组织服务中心（孵化）、图书阅览室、计算机室、心理辅导中心、12355青情家园服务中心、多功能教室、舞蹈教室、睦邻开放空间、休闲园等，社会组织服务中心有注册类社会组织8家，备案类社会组织10家……

2. 评估分析

（1）社区文化：有社区庙会、社区夜话、院落坝坝筵等，但是需要一个整体思考和整合。

（2）社区居委会：社区"两委"班子团结、执行力强……但是仍然遇到自治工作的瓶颈，希望通过社区营造来实现突破。

（3）社区领袖：现有的自组织领袖年龄偏高，中青年参与较少……在独立组织开展社区公共事务方面能力不足、缺少团队配合，且得不到社区居民充分理解和支持……

（4）社区基金：社区于2014年在成都市慈善总会设立社区基金，用于社区各类慈善公益项目活动。基金先后募集了8万余元，基金余额近6万元。

3. 项目目标

第一年：建立社区立体化宣传平台，完善社区基金，促进社区居民有序参与，引导其自发形成组织，开展邻里守望服务，让社区居民动起来。

第二年：强化居民公民责任意识，构建社区主体性，增加社区社会资本。

第三年：通过社区自组织转化为社区提供公共服务产品，解决社区的各类问题，提高社区居民的生活品质和幸福指数。

4. 阶段任务

（1）第一阶段（2016~2017年）目标：促进参与。

①立体化宣传平台建设。完善社区及院落QQ群、微信群、微信公众号

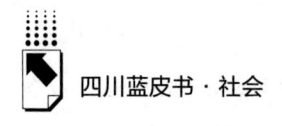

等互联网新媒体宣传平台……扩大社区营造影响力和知晓度，吸引社区居民参与。

②社区公益基金培育和发展……通过单位冠名、家庭冠名、个人冠名等方式整合和联结社区内外资源支持社区公益基金的发展。

③通过社区基金促进自组织培育发展，自主开展邻里守望互助服务。

④营造院落公共空间，促进社区居民参与。

(2) 第二阶段（2017~2018年）目标：改变转化。

①培育社区居民公共意识。通过社区基金开展"我的院落我做主"主题系列活动，培养院落居民自治意识、责权意识、责任意识、契约精神等多种公共意识。

②促进社区自组织转化。通过社区基金支持提案大赛，内容涉及社区文化、娱乐、安全、为老助残、儿童青少年等多个方面，努力实现自组织"自我服务""互助服务""为他服务"，促进社区自组织由私到公的转化。

③实现社区基金自我筹集、自我管理、自我使用。

(3) 第三阶段（2018~2019年）目标：可持续自治。

①有效自治。通过社区基金与公共服务资金的结合，开展"院落的事情不出院落"主题活动，学习如何利用资源、如何依靠身边邻里和社区组织的资源来解决自身问题。

②可持续自治。完善社区居民组织参与社区服务各项制度和机制，创新社区邻里互助服务项目开展，建立慈善爱心超市，发展社区基金，为社区需求提供可持续资金来源。

从以上两个案例来看，A项目落地在一个老旧院落小区实施，针对的是环境改造的问题；B项目在一个社区范围内实施，针对的是居民参与度不高、能力不足的问题。两个项目拥有的资源和优势也各不相同。看起来两个项目是不一样的，但是当我们对其关键信息进行提取比较，就会发现二者的结构是相似的，尤其是项目实施中的介入策略（见表1）。

表1 两个社区营造项目的结构比较

项目	实施地点	存在问题	资源和优势	介入策略	实施主体
A	院落小区	公共空间环境差,引发矛盾多;居民对公共环境不关心	有院委会;有可用空间;居民有改变意愿,愿意投入	发动居民骨干,建立一支自组织;培育自组织开展环境改造;带动更多居民参与	T社工机构 小区院委会
B	整个社区	自组织能力不足;居民参与度不高;居委会自治遇瓶颈	居委会团结;有多个自组织;有社区基金;有活动空间和活动基础	加强宣传;壮大和利用社区基金;培育引导自组织开展公益服务,带动居民参与	Y社区居委会 X社工机构

从社区存在的问题上看,不论外在表现形式如何,根本的内在原因都是居民对公共事务的关注不足、参与不够、能力薄弱。这是社区治理当前面临的最大挑战。社区治理经过多年的政策推进,从组织体系、人才队伍到公共服务的治理体系已经比较完善,但是人的改变、社区居民的意识和能力的改变绝非朝夕。社区中绝大多数问题,都与居民主体性发挥不足有关。这是社区治理面临的基础性条件,也是要着力解决的问题。

从社区的资源和优势上看,成都市经过十几年的社会建设和基层发展治理,社区"两委"的能力建设富有成效,院委会等自组织建设在社区已经形成了良好的群众基础,与社会组织的合作已成常态。案例中两个项目都是由社工机构和居委会或院委会合作开展的。社区活动阵地建设和公共空间打造都有了一定的基础。

从介入策略上看,首先,都从公共空间/公共领域的建设进入。A项目打造小区花园,是物理性的公共空间建设。B项目建设宣传平台,如微信群、公众号,其实质是非物理性的公共领域建设。其次,都将培育社区自组织——社区社会组织作为核心工作,因为这不仅是社区营造项目的要求,也是动员社区居民参与现实可行的途径。因为社区的公共议题、公共事务的解决,组织化推进的效率最高,而原子化的个人是无法进行的。最后,都是利用已有资源，依托公共议题（一个或多个）撬动更多资源和居民参与。A项目中，居民有愿意出钱的，有愿意出材料的，依托打造小花园这一院落公共事务，把各种资源整合到一起，也把愿意做这件事的人聚合到一起。B项目中，前期已经有了社区基金，但是居民知晓度不高，使用意愿和能力也不高。通过整合利用社区基金发布微公益项目，催生了（多个）公共议题，以及对某个公共议题有共同兴趣的一个个微公益团队。

（二）案例展现的路径

A、B两个项目是成都市近年来几百个社区营造项目的缩影。从社区营造项目来看，社区社会组织参与社会治理的内容包罗万象，从为老年人、青少年、残障人士、妇女、困难家庭等特殊群体服务，到环境创设、空间更新、业主自治等特殊议题的推动。但是其中的关键性结构是相似的。结合政策演进可以看到，社区社会组织从产生、发展到比较成熟地参与社区治理的过程经历了四个环节：社会组织服务介入—自组织因事而生—社会组织专业陪伴—自组织项目化发展。

社会组织服务介入：指社会组织在社区公共服务体系中，通过服务进入社区，与社区"两委"、居民形成良好互动。从而为在社区中发动骨干、催生自组织、发展社区社会组织奠定基础。

自组织因事而生：即居民组织化，指社区自组织的产生，需要依托特定的公共事务、公共议题、公共空间或公共资源。有了这些公共的"事"，有共同兴趣或诉求的居民，就会朝着这些"事"聚合，形成一簇一簇的"群"，居民组织化程度不断提高。

社会组织专业陪伴：指社会组织、社工服务机构运用专业工作方式，催化"因事而生"的比较松散的"群"形成组织化的居民自组织。通过公共事务的讨论，引导居民自组织逐步学会民主决策、民主监督，强化公益理念和公益精神。陪伴居民自组织持续成长，发展成为成熟的社区社会组织，这是政策引导下社会组织和社区社会组织差异化发展的结果，也是居民自组织在专业陪伴下公益能力不断提升的过程，即组织公益化。

自组织项目化发展：指居民自组织从关注自身利益相关的事务出发，公益理念不断增强，协助解决社区问题的公益能力不断提高，以项目化的方式承接基层社区治理中的居民服务，形成可持续的社区社会组织形态，即公益项目化。

三　结语和思考

成都市的政策演进和实践路径展示了地方政府在发挥社会组织作用、激发社会活力上的持续探索。经过多年的社区治理经验和成果累积，现代化基层治理体系的框架和形态已经基本确立，而精准化、精细化、现代化的基层治理能力还有待持续提升，特别是高品质、多元化的社区公共服务供给成为新时期人民群众的新期盼。政府政策从引导社会组织开展社区服务，到引导社会组织培育社区社会组织、引导二者差异化发展的演进过程，反映的正是人民群众这一新期盼。以社区总体营造为代表的实践，展现了"社会组织服务介入—自组织因事而生—社会组织专业陪伴—自组织项目化发展"的社区社会组织参与社区治理的路径，推动了社会组织、专业社工在社区能力建设中的落地和本土化，培养了居民自发、组织化解决社区公共议题的能力，营造了更具温度和归属感的城乡居民共同体。这一实践案例中，政府主导的政策推进和资金保障至关重要，同时政府、社区和社会组织之间相互磨合、容纳试错的过程也很关键。作为进行时态中的实践案例，它也为我们揭示了这样一种未来趋势，社区治理通过社会服务和社区价值观重构，将原本"原子化"的个体联系在一起，构建起他们的社团生活，促进社区整合，实现社会和谐。同时，这一案例展现的社区社会组织发展和参与社区治理的路径，未来还有待引入更多、更丰富的内容。

B.6 小区治理新探索：信托制物业的武侯经验

田昭 杨元[*]

摘　要： 随着城镇化进程的加快，小区成为日常生活的最主要场景之一，是人口高密度聚居地、社会矛盾高发地和服务多元化需求聚合地。小区物业服务是实现小区功能、展现小区品质、实现小区治理的基本保障，物业服务品质直接影响人民群众的获得感、幸福感和安全感。为了提升小区物业服务水平，成都市率先在武侯区试点探索了以信托制物业推动小区信义治理的新模式。本文以武侯区基层信义治理为例，分析了以信托制物业服务为破题点的信义治理，在总结重点工作与做法之后，提炼经验与启示，并对未来工作提出建议。

关键词： 信托制物业服务　信义治理　基层治理

习近平总书记指出："党的工作最坚实的力量支撑在基层，经济社会发展和民生最突出的矛盾和问题也在基层，必须把抓基层打基础作为长远之计和固本之策，丝毫不能放松。"小区是基层治理的"微细胞"，具有社会利益的发生源、社会矛盾的聚合源、社会秩序的基础源、社会价值的共生源等特质，是基层治理的出发点和着力点。

近年来，小区业主与物业之间矛盾频发，已经成为影响社会稳定，降低人民群众获得感、幸福感和安全感的典型要素，物业服务及其引发的矛盾更

---

[*] 田昭，四川大学城乡基层社会治理研究院研究员，四川大学全国干部教育培训基地教学管理部主任；杨元，中共成都市武侯区委社区发展治理委员会社区治理科科长。

成为居民投诉的热点。经分析研究，小区物业矛盾纠纷高发主要有三个方面原因：一是两大主体关系错位。本应作为全体业主"管家"的物业企业，因业主个人无力和业主大会失能而变得"强势"，打破了双方民事主体平等的服务购买关系。二是监督制衡机制缺乏。业主委员会成立率较低，物业企业运行服务外部监督乏力。一些业主委员会要么一味与物业企业"对着干"，导致小事放大、矛盾激化；要么被物业企业控制利用，从业主"代言人"变成"对立面"。三是小区资金"暗箱操作"。物业费收支不透明、公共收益被滥用以及维修基金游离于业主管理之外，导致小区"钱袋子"成为业主管不着的"灰色地带"。针对这一问题，成都市从2009年开始，以党建为引领，以治理为逻辑，聚焦小区物业服务问题，探索以信托制物业推动小区信义治理的新模式，目前已经在全市100多个小区落地实行，200多个小区正在有序推进。本文以武侯区为例，阐述了如何实践小区的信托制物业，总结其经验做法。武侯区的信托制物业实践在2020年获评"全国落实'六保'任务创新案例""全国市域社会治理创新优秀案例"和"第二届'中国城市治理创新优秀案例奖'优胜奖"，达到了物业矛盾纠纷同比减少90%以上、物业缴费率和群众满意度普遍提升到90%以上的良好效果。

一 武侯区基层社区信义治理实践

小区治理千头万绪、纷繁复杂，而治理的过程就是直面矛盾、解决问题的过程。信托制物业紧紧抓住了物业矛盾纠纷高发这一问题，通过制度重构、机制创新，形成开放互惠的"信义关系"，促进了小区内部横向良性循环，解决了"信任缺失"的物业通病。成都市信托制物业的导入与实践是"一核一基础三做法"，即以党建引领为核心，以用治理逻辑构建信义关系为基础，采取合理授权赋能多元主体、持续开展公开透明、因地制宜进行分类治理等做法促使信义治理延伸到小区治理的各个方面，继而逐步实现小区善治。

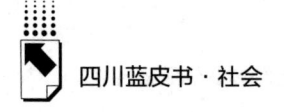

（一）党建引领确保信托制物业开展有方向、有力度

信托制物业导入实施是以党建引领为核心，通过基层党建集成治理力量、凝聚治理共识、规范治理过程，从而保障治理效果。

党建引领建平台。由党组织牵头，搭建党组织、业主委员会、物业服务机构、居民代表等治理主体有效参与的议事平台，推动小区组织化和小区民主协商工作，共同决定信托制物业的开展。

党员引领促参与。以党员带动社员，通过摆龙门阵、开展小区营造、上门走访、微信群发声等方式，发掘居民骨干，做好小区居民的宣传发动工作，让居民充分了解信托制物业模式。

党组织引领强管理。以党组织监管推动全周期管理，在小区居民自决基础上，党组织全程介入选聘物业、拟制合同、商讨物业管理和收费标准、确定公开形式和监督方法等关键环节，确保信托制治理模式规范有序。

成都市武侯区果堰社区的兴元嘉园在小区内广泛开展"建立小区党组织，让党员回归社区组织生活"活动，共查找出36名业主党员，成立了小区党支部，向党员广泛宣传信托制物业模式，并以党员带动社区居民推动了信托制物业的落地与实践。

（二）信义构建促使信托制物业实践有依托、有韧性

信义关系是基于信义义务而形成的治理关系，特指一方有权期待另一方会为其利益行事的双方关系，信义关系的关键在于信义义务，包括忠实义务（体现为要求受托人忠于受托目的和受益人的利益）和注意义务（强调受托人为实现受托目的和提升受益人利益的能力与努力）。在小区中以治理逻辑构建信义关系是一切工作的基石，因此有必要重塑小区业主、业委会和物业公司的信义关系结构，即让全体业主做回"小区主人"，物业企业归位于"忠诚管家"，保障全体业主和小区公共利益最大化。

重建小区信义关系。将物业服务由原来的业主大会与物业公司间的服务购买关系，转变成业主大会为委托人、物业企业为受托人、全体业主为受益

人的信任托付关系。

完善相关监察机制。将社区（小区）党组织、居委会、律师、会计师等第三方设为小区物业监察人，赋予其与业主同等的监督评议权，拓展党组织和社会主体参与小区治理的制度化渠道，使小区物业得到更为完善的监管。

促进物业企业回归本位。通过《信托制物业服务合同》将物业费、公共收益等设立为信托基金，归全体业主所有，物业企业除提取一定比例（8%~15%）作为酬金外，其余费用全部用于物业服务，构筑起业主共有基金与物业企业合理利润的"隔离墙"。

在党和政府的引导下，成都市龙凤呈祥物业从进入颐和雅居之初便较为注重对"信义"的理解，摆正自身定位，坚持公共收支透明，使用流程有迹可循，与业主们建立起一定的信任关系，变"对立"为"合作"，最终形成了以小区为单位的"物业管理统一战线"，共同为小区建设添砖加瓦。

（三）授权赋能推动信托制物业有活力、有支撑

信托制物业属于由下而上的治理实践的范畴，其核心在于激发治理活力，凝聚治理资源，故而在实施过程中，工作重点之一应当是向多方主体合理地授权赋能。

厘清各方权责。重新定位基层政府职能，通过精简社区创建达标、规范考核评议、清理证明事项等，使社区自治组织将主要精力放到引导居民参与社区公共事务、推进居民自治上来，实现政府与社区各归其位。

赋能居民自治。引导居民积极参与到小区日常治理中来，将修订小区规约、制定议事规则、招募物业企业、谈判物业合同、编制小区预算、确定质量标准等重要事项，全面向业主开放，全程让业主参加，并通过开展业主投票和召开业主大会的方式，充分调动社区居民的积极性、提高参与度，不断提高居民自治能力。

赋能物业企业。充分调动物业企业参与社区治理的积极性和融入性，提高物业企业的利润稳定度；开发信托制物业保险项目，提高企业抗风险能

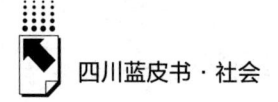

力；引导物业企业向社会企业转型，实现可持续发展。

在信托制物业引入过程中，武侯区锦里社区坚持"居民是社区治理的内生力"的理念，通过选举院落代表、组成院落委员会、组织党员对院落代表进行培训和引导，瞄准赋权予民、权责一致的目标，较为充分地激发了居民自治活力，形成了有序的基层协商氛围。

（四）公开透明助力信托制物业实践有持续、有保障

公开透明是现代治理的基本要件，也是确保治理有效延续的基本保障。武侯区的信托制物业坚持公开透明原则，持续落实公开透明事务。

共定预算保障业主决策权。由全体业主、业委会和物业企业共同全程参与收支预算编制，包括但不限于物业费、预计公共收益等小区共有资金，共同制定使用计划，业委会组织业主、专家等研究讨论后公布实施，尽量减少因信息不对称而产生的猜忌和不信任。

共商标准保障业主管理自主权。在年度财务预算框架内量入为出，由全体业主、业委会和物业企业共同确定物业服务等级标准和质量管理体系，让业主清楚"有多少钱、做多少事"。同时，物业企业照章履职、对单办事，如实记录每项物业服务实施过程、技术标准等，力争过程可见、质量可证。

共管账户保障业主财务知情权。创新研发信托制物业服务信息公开平台，建立业主大会名下共有基金"双密码"账户，每位业主可以随时查阅、抄录、复制小区物业服务财务收支情况，确保资金使用合规高效、有径可循，对业主提出的财务收支质疑，物业企业有义务自我举证。

（五）分类治理推进信托制物业实施有针对、有效力

为有效推进信托制物业实践，成都市专门组建了由小区治理、物业管理、法律、信托等领域专家和社会组织成员等组成的专业团队，深入研究信托制物业模式的法理依据和实施路径，编制《信托制物业服务指南》，形成"技术说明书""建筑施工图"。在指南的基础上，武侯区通过甄别小区性质，按照小区类型实施精准分类治理，针对商品房小区、单位福利房小区、

老旧院落、小产权房小区等不同情况,以小区持久和谐稳定为目标,以解决小区矛盾为抓手,选择有针对性的宣导、进驻和服务方式,确保信托制物业的针对性和有效性。

二 武侯区基层社区信义治理实践的重点工作与成效

基于当前城市治理问题和矛盾,信托制物业是大势所趋的制度选择。作为一种物业模式,信托制物业强调业主、业委会和物业公司的关系转型;作为一种治理模式,它则是自下而上推动,以组织化实现现代治理的过程。成都市武侯区在实践信托制物业一段时间以后取得了一定成效,在试点小区达到物业服务水平、物业费收缴率、居民满意度和物业矛盾纠纷"三提一降"的治理目标,一定程度上破解了基层治理活力不足的难题,使得居民获得感、幸福感、安全感大幅提升。对于小区治理而言,信托制物业带来的不仅是物业管理的改变,更是小区治理体系与治理能力的系统提升。

(一)武侯区基层社区信义治理实践的重点工作

1. 加强信托制物业服务的宣传

信托制物业虽然在成都市一些小区导入、运营并取得良好效果,但是社会对信托制物业的认知仍然不足,信托制物业的普及程度仍有很大的提升空间,需要加大宣传力度、拓宽宣传渠道。首先,社区居民对信托制物业认知不够,大量社区仍然缺乏信托制物业系统宣传的资料,居民因为"不知晓"而失去了信托制物业模式的选择权利;其次,部分社区干部对于信托制物业认识仍不深刻,存在惯性依赖而不愿意改变,对信托制物业前景与信托制物业对小区治理的价值也没有具体认识,导致工作的动力不足;最后,物业企业对信托制物业模式下的自身转型还存在疑惑,当前物业企业将自身定义为自负盈亏的市场主体,是承接业主委托的服务供给方,是典型的商业行为而不仅仅是以信义关系而形成的"管家"身份,同时物业企业认为当前其参与小区公共治理的成本无法纳入政府的治理预算而需要物业企业自行承担,这挤压了物业企业的利润空间并给物业企业带来了巨大的责任压力。

武侯区为加强宣传采用了三点做法，一是以线上开通信托制专栏，线下设计信托制物业服务漫画、短视频、宣传册等方式下沉小区开展宣传引导；二是与街道社区相关负责同志理性探讨，到已导入信托制物业服务的小区实地调研学习，并邀请专家等进行答疑解惑；三是鼓励、引导物业企业转型为物业型社会企业，目前已有3家物业企业成功转型。

2. 持续健全信托制物业发展的保障体系

信托制物业作为一个新生事物，其发展过程同时是自身制度规范、行为规范、过程保障和结果保障不断完善的过程。当前，成都市信托制物业采用了治理逻辑中"自下而上"的推进模式，不仅验证了信托制物业的可行性、合理性、有效性，更证实进一步的治理急需更强的制度保障和支撑。

目前，信托制物业的推进主要存在以下制度缺陷：首先，党政系统的职能职责尚未达到理想的清晰整合状态，信托制物业的管理、规范、保障权限散落在组织系统、社会系统、民政系统和住建系统等多元主体的领域里，而由于科层运行规则，这种分散最终导致了部分治理问题的碎片化，各个系统之间不仅难以形成治理的合力，更使得信托制物业在实践中可能存在"制度冲突"问题。其次，信托制物业的法制化保障也亟须加强，与信托制物业相关的法律支撑分散在各个法律体系之中，但直接支撑信托制物业的法律法规和条例形式尚无，这导致实践中存在一些行业规定的阻力与障碍，迫切需要法律和制度层面的支撑和保障。最后，信托制物业的推进需要资源的支持，作为新生事物，信托制物业开展需要比较体系化的人力资源和物质资源支撑，而当前信托制物业因为处于萌芽阶段，人员专业性欠缺、导入过程中资金支持不足等问题都制约了信托制物业的发展，部分信托制物业企业在发展进程中仍出现反复等情况。

为使信托制物业持续稳步落地，武侯区一方面组建由小区治理、物业管理、法律、信托等领域专家和社会组织等组成的专业团队力争解决相关问题；另一方面组建社治、政法、民政、住建等多部门的社区治理领导小组，整合资源集中发力。

3. 保障信托制物业发展过程中的动力

信托制物业开展是社区、业主、物业公司多方共治共赢的过程，需要多方持续有力的支持才能克服困难。从当前的实践来看，信托制物业在实践过程中，部分街道、社区、小区面临着动力不足的问题。究其原因有二：首先，信托制是作为地方创新工作来执行的，而非作为一项行政工作，于是信托制物业更多地被当作解决特殊小区物业问题才会启动的"被动性工作"。其次，街道、社区缺乏权威、系统的知识体系和操作指南，在治理中"安于现状""不愿创新"，因此需要党委、政府完善相应的制度设计对创新工作予以激励。

目前，武侯区委社治委设立小区治理专项基金500万元，通过小区治理公益创投等方式，以优质的社会组织资源助力信托制物业发展。同时，武侯区浆洗街街道也印发了《浆洗小区院落治理优秀项目及个人评选活动方案》等文件，对实行信托制物业服务模式的小区、自治组织、物业服务人员等进行评选，以奖代补，促进信托制物业服务模式良序发展。

（二）武侯区基层社区信义治理的实践成效

成都市武侯区于2018年10月启动研究，2019年3月组织专家进行可行性论证，2019年5月在区内立项信托制物业试点，2020年6开始在全市推广。目前，武侯区共导入29个小区，其中商品房小区10个（34%）、拆迁安置小区9个（31%）、老旧小区8个（28%）、小产权房小区2个（7%）（见图1）。

在导入时间上，武侯区2019年导入6个小区，2020年受疫情影响仅导入3个小区，2021年导入20个小区。

持续跟踪已导入信托制物业的小区，有以下几方面显著改变。一是在公开透明方面，小区均按照公开透明的方式落实年度预算和服务质量管理体系，在征求居民意愿的前提下，其中24个小区选择在成都信托制物业服务信息公开平台公示年度预算、小区缴费名单及账户余额等。

二是在缴费情况方面，以导入1年及以上的14个小区为例（以下

四川蓝皮书·社会

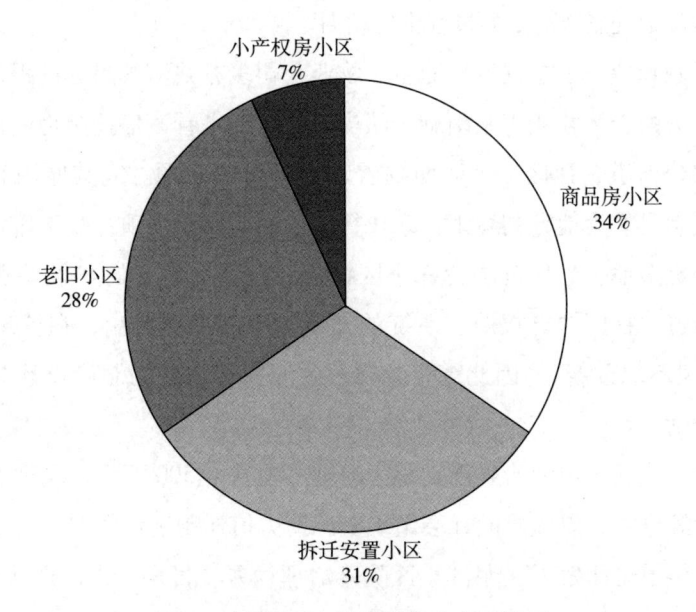

图1 武侯区导入信托制物业小区情况

均是以此为样本），平均缴费率达90%以上，均有不同程度的提升，其中武侯祠东街2号院等两个小区突破零缴费率的情况（见表1）。

表1 导入1年及以上的小区缴费率变化情况

单位：%

小区	导入前缴费率	导入后缴费率（截至2022年1月）
百草苑	80	93
卫雅苑	50	93
燃灯寺北街63号	40	99
燃灯寺北街42号	40	97
燃灯寺西北街3号	40	90
武侯祠东街2号院	0	95
武侯祠东街4号院	0	90
风华苑	40	90

续表

小区	导入前缴费率	导入后缴费率（截至2022年1月）
锦绣花园	50	90
玉园	50	85
美领居	60	98
映月花园	45	98
顺江新苑A区	48	90
兴元嘉园	68	90

三是在居民满意度和矛盾纠纷件数方面，按照不同小区类型进行分类，商品房小区、拆迁安置小区、老旧小区和小产权房小区的平均居民满意度大幅提高，从原来的55.75%、60.00%、35.00%、45.00%增加为89.50%、88.00%、88.00%、98.00%（见图2）。平均矛盾纠纷件数大幅下降，分别从9.2件、12.0件、12.8件、10.0件降低为2.7件、6.0件、1.8件、1.0件（见图3），促进了小区的和谐稳定。由此可看出信托制物业服务模式在实践中初见成效。

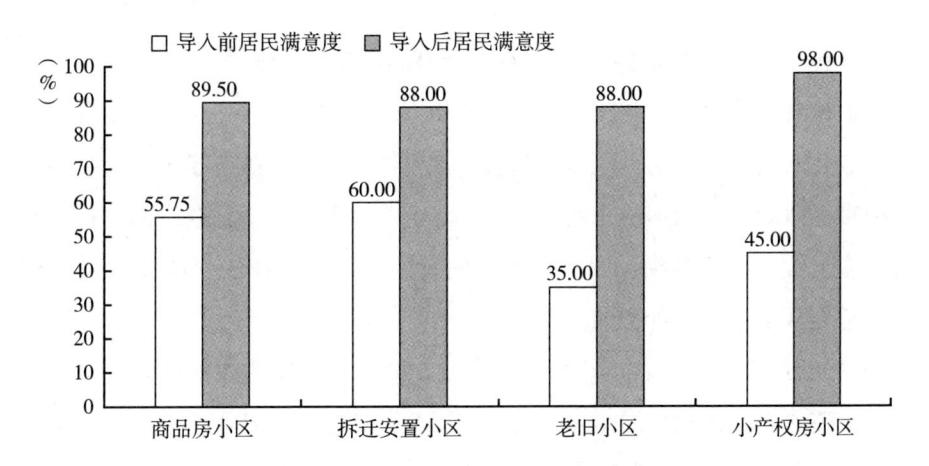

图2 导入信托制物业前后平均居民满意度

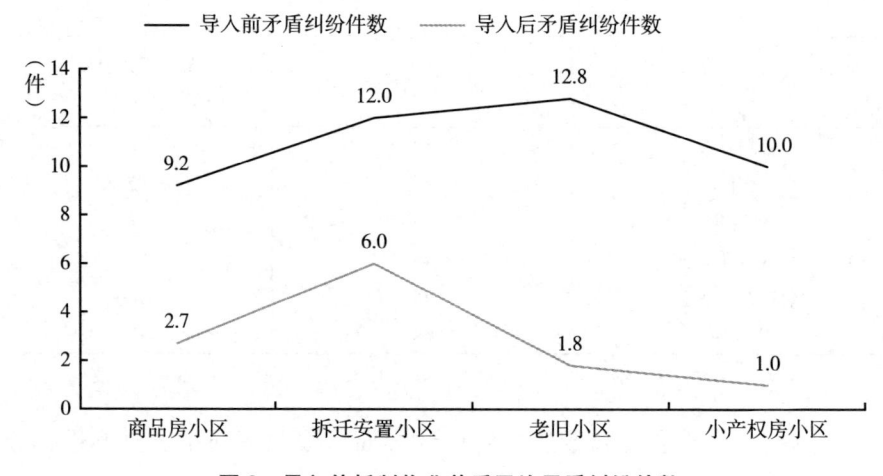

图3　导入信托制物业前后平均矛盾纠纷件数

三　武侯区基层社区信义治理的经验与启示

（一）武侯区基层社区信义治理的经验

1. 构建小区治理新体系，形成职责明晰的治理共同体

信托制物业以基层党建为核心引领治理体系创新。对业主、业委会和物业企业共商共治的推动，明确了基层治理主体的职责，破解了传统上基层治理权责不清晰、资源不整合的问题。在信托制物业模式下，政府部门是引导者，应当做好信托制物业服务导入中的统筹引领者；社区"两委"是监察人，应当从物业服务管理的"局外人"转变为监督物管公司行为的"当事人"；社会组织是协调者，应当作为第三方助力信托制物业落地，共同参与社区营造建设；物业公司是执行者，应当被重新定义为基于信义的管家；全体业主是委托者，也是监管人，受益权、监督权与诉权应当回归居民，让居民成为物业共同投资的主人。

武侯区美邻居小区在导入信托制的过程中对小区各方主体精准赋能——

坚持党建引领，助力业委会回归本位，与物业公司达成权责划分共识，发挥社区、社会组织和社工的重要陪伴作用，培育业主的主体责任意识，最终形成了高效有序的小区治理新体系。

2. 激发小区治理新活力，形成持续有效的治理新动力

社区营造活力显现。信托制物业模式通过"三级透明"构建起民众之间的信任关系，通过"三权回归"培养居民成为利他共益的社区共同体成员，形成了"人人有责、人人尽责、人人共享"的和谐社区氛围。

物业活力激发。与传统的"包干制""酬金制"物业模式相比，"信托制"阳光透明的财务管理和服务标准控制，解决了物业公司作为受托人在管理业主资金时面临的质疑，为物业公司进行专业化管理服务吃了一颗"定心丸"。

居民自治活力彰显。以"信义"为纽带，居民在互动过程中，建立了信任基础，形成了互助氛围，最终达成自治。

从"各走各的路"到社区、业委会和物业公司"积极互动"，从"失能无权"到业委会对物业公司服务工作的"全方位监督"，从"漠不关心"到业主培育起社区"主人翁意识"，信托制物业带来的改变可谓是全方位的。锦绣花园小区自2020年11月引入信托制物业后，基本上每个月都有更新项目。居民参与自治事务的积极性提高了，在同等物业费下对于物业的满意度也更高了，小区的氛围得到优化，经济价值也有所增长，业主们对未来信托制物业的发展都充满信心。

3. 聚焦小区治理新需求，形成需求导向的治理新方式

信托制物业的实践，提升了社区治理能力，进一步增强了群众的幸福感与获得感。一方面，"信托制"让物业"管家"身份归位，避免了市场失灵情况下主体间关系的错配，进而规避了由此而产生的物业服务质量下降、物业缴费率过低、物业与业主间矛盾频发的现实困境。乱停乱放、环境脏乱、老旧小区设施陈旧等居民身边的烦心事得到解决，大量绿化工程、"坝坝"舞会、小区乐队等提升居民物质与文化生活水平的民生工程得以建成，信任建立，友善归位，"脏地"变"亮地"，"干戈"化"玉帛"，居民真心认

可。另一方面，居民主体作用得以充分发挥，自下而上推动协商的过程，让居民对自我价值的认同感和获得感得到满足。兴园嘉园小区信托制物业实施后，居民对物业的满意度显著提升——关键就在于"物业服务真正反映了民生所需"，让居民感受到切身变化的同时，有机会、有渠道充分参与监督环节，发挥其主体作用。

（二）武侯区基层社区信义治理的启示

1. 以现实问题为导向紧扣时代步伐

中国消费者协会2019年对全国36个城市148个住宅小区和4320位消费者（业主）的满意度调查[①]显示：住宅小区物业服务综合满意度得分为62.59分，仅处于及格水平；超过1/3的住宅小区物业服务满意度"不及格"。从成都市的情况看，2019年全市网络理政平台反映的物业管理问题高达63409件，且数量呈增长趋势。[②] 针对物业矛盾问题，成都市坚持以源头思维来重塑小区物业的信义新关系、以治理逻辑来构建小区全面参与共治的新体系、以系统理念确保小区治理新模式的有序推进，形成了基于信义关系重建、信义治理体系完善的物业治理新模式。

2. 党建引领下的共识互信是根本

面对各方矛盾和互不信任交织叠加的现实难题，武侯区在推进信托制物业的过程中，党组织成为凝聚合力、汇聚资源、达成共识和形成互信的中枢，由社区党组织牵头，联动社会组织、社会企业，通过"物业+社工"方式，围绕关系调和、组织发动、培训赋能等开展小区营造活动，助力形成了信任、友爱、互助、合作、温度、和谐的社区氛围，提高了社区的黏合度，为小区治理改革实践奠定了基础。

3. 互惠原则上的信义构建是关键

信托制物业破解了业主与物业公司之间"弱—强"关系容易带来的问

[①]《中消协发布36个城市住宅小区物业服务调查：住宅小区物业哪些行为亟待规范》，《光明日报》2019年11月7日。
[②]《神鸟知讯 | 首份市政协立案提案出炉，焦点直指社区治理》，成都市政协官网，https://www.cdcppcc.gov.cn/show-1729-110056948-1.html。

题，其核心就是通过重塑居民与物业公司之间的信任关系，促进物业企业回归到忠诚管家的身份，让居民成为小区治理的主体，真正调动居民和物业企业的责任意识，形成了治理的新格局。

4. 基层协商中的活力激发是抓手

民主协商一直以来都是基层治理的重要内容，也是实现治理效果的共有手段。武侯区推进信托制物业，就是以激发协商活力来推进小区治理改革，通过协商，确保规模化效益、专业化效益归属业主，让受益权、监督权与诉权回归居民，居民被赋予了治理的职责和动力，协商成为解决问题、保障权益的重要手段。

四 发展基层社区信义治理的建议

1. 凝聚发展共识，推动信托制物业实践理论的全方位发展

要推广信托制物业实践、拓展信义治理，最大的问题之一在于让社会各界认识、认可这一新生事物，并达成共识。这个过程不仅需要实践经验的总结，也需要理论上的研究和制度体系的进一步完善，更需要广泛的宣传。

经验总结。持续跟踪和观察武侯区的实践，进一步开展经验总结，不断优化机制，使《信托制物业发展规划》持续改进、持续优化和持续创新。

理论研究。进一步开展基于信托制物业的信义治理理论研究，在中国之治的理论与制度传统和优势之中，借鉴先进理论，形成信义治理的理论体系、理论话语和理论创新，从理论上达成信托制物业的实践共识，尽快形成一批信托制物业的理论著作和文章。

制度完善。推动完善制度设计，形成法治化、规范化、标准化的信托制物业管理制度体系，尽快形成信托制物业实践的制度规范和可操作的标准指南。

推广宣传。加大宣传力度，通过宣传册、宣传栏、宣传动画、漫画等形式让更多居民知晓和了解，让信托制物业成为居民普遍知晓的一种物业模式选择。

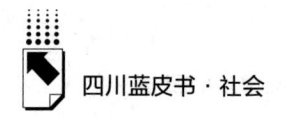

2. 推动集成改革，健全信托制物业实践推广的治理体系

经武侯区的经验总结，信托制物业在进入深水区和推广阶段后更需要现代治理体系与治理能力的保障。

资源整合。充分发挥政府行政职能部门的制度、力量和资源优势，特别是社治、民政、住建、司法等部门的协同机制，要力争破除由部门管理而引发的治理聚力不足问题。

明确扶持。大力发展物业社会企业，明确政府项目优先扶持社会企业，鼓励国有物业服务企业向社会企业转型，引导物业机构履行社会职责，开展物业企业社会责任报告制度。

规范引导。实施社会组织行为规范，充分发挥社会组织在信托制物业导入、实行、监督和评价方面的作用，明确社会组织开展工作的职责清单和负面清单，确保社会组织与小区治理的深度融合。

资金支持。建立区级层面的小区治理创新专项基金，为开展信托制物业注入更多资源。

加强培训。研发信托制物业服务课程，将信托制物业纳入中组部等九部门发布的"城市基层干部党建引领基层治理主题培训计划"的自备课程之中，对基层干部以及物业服务人、业主委员会开展系统培训，夯实推广信托制服务模式的社会基础。

创新鼓励。进一步鼓励"信托制+"的治理模式探索，坚持信托制物业的核心要义与内涵，探索信托制在基层治理和社区治理其他领域的应用。

3. 强化制度保障，完善信托制物业持续发展的制度设计

制度嵌入。将信托制物业纳入行政管理的绩效指标，将信托制物业管理服务作为社区发展治理的重要形式纳入各地国民经济和社会发展规划，并以此为抓手建立以居民满意度为主的考核评价机制，制定和完善具体实施办法。

鼓励倡导。鼓励物业服务企业参与信托制物业模式导入，并将此作为评优、项目资助、政府购买服务等的重要因素。

落实职责。落实街道办事处、乡镇人民政府具体承担导入信托制物业管理服务模式、维护社区平安等职责，指导、支持和帮助居（村）民委员会开展信托制物业管理服务模式的导入工作。

法制完善。推动信托制物业的法律法规和制度修正，将信托制物业服务相关原则和做法吸纳进《成都市物业管理条例》与相关制度设计，出台适配公共服务属性和社区治理需求的信托制物业服务政策。

专题篇
Special Reports

B.7 构建四川省社区"双龄共养"模式研究[*]

候蔺[**]

摘　要： 四川省有着较全国更为严峻的"一老一小"养育问题，给全省实施积极应对人口老龄化战略及促进人口长期均衡发展带来挑战。"双龄共养"模式强调"一体化"推进老幼养育服务，能够集优稳步弱化"一老一小"养育压力。四川省应从强化养育服务有效供给、突破"双龄共养"协调难题、实现社区"双龄共养"共融、促进"双龄共养"公信认可四个方面推进"双龄共养"模式。

关键词： "一老一小"养育问题　社会老幼养育服务　"双龄共养"

---

[*] 本文为国家社科基金项目"基于生命历程范式的老年人养老困境及应对策略研究"（18BRK028）的阶段性成果。
[**] 候蔺，四川省社会科学院社会学研究所助理研究员，主要研究方向为社会老年问题。

人口问题是我国最突出的国情问题。第七次全国人口普查数据显示，我国60岁及以上的老年人口数量已达2.64亿人，占总人口的18.70%[1]，相较于2010年第六次全国人口普查，老年人口比重上升了5.44个百分点，说明我国老龄化程度在持续加深。另外，全国0~14岁的少儿人口有2.53亿人，占总人口的17.95%，相较于2010年上升了1.35个百分点，反映我国优化生育政策初见成效。从老年和少儿这"一老一小"两端人口比重的"双升"现状来看，我国普遍面临"一老一小"人口的养育问题。2021年7月，全国优化生育的"三孩"政策正式实施。经验表明，生育政策在孩次分布上发挥着重要作用。例如，2016年"全面二孩"政策实施后，2017年二孩出生人数比2016年增加162万人，比重提高了11个百分点。[2] 因此，在期盼有效提升家庭生育水平的同时，我国又将在2022~2035年迎来人口老龄化的全面膨胀期。届时，深度老龄化叠加家庭多孩化，并伴随家庭养育功能逐步弱化等，"一老一小"的养育服务保障将面临巨大压力。2021年12月，中央经济工作会议提出经济社会发展"稳字当前、稳中求进"的要求，强调需"推动新的生育政策落地见效，积极应对人口老龄化"。由此可见，"一老一小"养育问题不仅是积极应对人口老龄化战略和促进人口均衡发展的基础性工作，也是统筹推进养老托幼服务的共同发力点。

四川省是我国的人口大省，"一老一小"的养育问题较全国更为突出。2020年，四川省的老年抚养比已达25.28%，高出全国5.58个百分点，且首次超越24.04%的少儿抚养比，标志着四川省以抚养少儿为主的时代已经过去，先于全国进入了"双龄共养"时代。同时，四川省面临较全国更为严峻的老龄化和少子化形势，"421"家庭结构[3]不仅加重了老年人赡养负担，还增加了代际养育冲突，形成代际隔阂。伴随着生育政策的优化发展，

---

[1] 国家统计局：《第七次全国人口普查公报（第五号）——人口年龄构成情况》，2021年5月11日。
[2] 《国家统计局：2017年我国"全面二孩"政策效果继续显现》，2018年1月20日。
[3] "421"家庭结构是指1对独生子女夫妇面临的4位父母和1个孩子养育问题的"养老倒挂"现象。

"422"和"423"的家庭模式将不断涌现,传统的家庭养育必将无法满足"一老一小"的养育需求。因此,应以"双龄共养"为目标、资源共享为前提、代际融合为理念,共谋养老与托幼的协同发展。而构建社区"双龄共养"模式正是稳步弱化"一老一小"养育压力的集优办法。

一 "一老一小"养育模式的发展及"双龄共养"的释义

(一)"一老一小"养育模式的溯源与发展

发达国家如美国、日本、德国等,经历了长期的人口转变,早于我国数十年就进入了老龄化社会。为了破除长久以来消极老龄化给老年人带来的负面影响,减少老少代际的疏离与隔阂,20世纪60~70年代,美国率先应用代际融合理论,设立"代际项目"或"代间计划",加强代际沟通。20世纪80年代前后,美国构建了"老幼结合"的"一老一小"养育运营模式,统筹解决老幼两代人的赡抚及教育问题,带动了养老产业与托幼产业的结合。随后日本、德国等相继开始探索"养老院+幼儿园"的组合方式,促进老年人和幼儿养育的共赢发展。"老幼结合"模式的推进之下,日本的"老幼复合型"养老模式及德国政府推行的"多代居"项目等,均取得了超出预期的良好效果。总体来说,发达国家的"双龄共养"是基于增强"代际凝聚力",以更好地适应老龄化趋势,是一种长期化、高投入、代表性的实践模式,这对于设备设施、养育人员的专业性要求比较高。

我国老龄化在时间上滞后于发达国家,但发展趋势却更快更猛,并面临"未富先老""未备先老"的现实。当前,我国的老龄化与少子化深度并行发展,导致人口结构失衡并带来老幼养育负担。为了积极应对人口老龄化,缓解养育压力,进一步释放生育潜能,近年来,我国也开始效仿发达国家探索"老幼结合"的养育模式。从实践价值来看,我国具有深远的"代际学习"文化及"代际照料"传统,因而学者大多认为"老幼结合"模式是促进老年人继续社会化，提升幼儿教育质量的积极方式。从实践模式来看，我国的"老幼结合"主要采取"长幼双托"的运营模式，模拟国外"养老院+幼儿园"的方式，在南京、上海、大连等城市建设推行。从实践效果来看，运营"老幼结合"模式存在诸多难点。一是在资源投入方面缺少国家财政支持，同时养老托育服务投入大、回报周期长导致社会资本引入不足；二是在社会舆论方面缺乏广泛的了解与支持，主要因为老幼养育服务的差异而难以获得对"老幼结合"模式的普遍认可；三是在服务保障方面缺少老幼养育的复合型人才，难以实现老幼养育服务的真正结合，存在"形合实异"的情况。由此看来，用外国模式解决中国问题存在一定的"排异反应"，不能简单地将"养老"与"托幼"放在一个篮子里，而是要结合中国的实际情况实施"双龄共养"。

（二）"双龄共养"的释义

"双龄共养"是基于代际融合理念和代际学习理论，从我国"代际互助""隔代照料"的传统出发，将社会养老与托幼服务有机结合，实现老幼两代人在生活照料、教育娱乐、互融互信方面的良性参与和渗透，促进代际的互助、学习与交流，以及社会资源、人力资源、空间资源的共享。"双龄共养"关注的焦点是老幼自身资源与内在优势力量对养育传统情境的改变，将促进老幼共同成长作为服务的核心，使养育服务的主体与形式逐渐多元化。"双龄共养"的主体是包括老幼群体在内的全体社会成员，这是"双龄共养"与"老幼结合"模式最大的不同，老年人与少年儿童在"双龄共养"模式下是参与者，而不是待养者。

"双龄共养"具有鲜明的特点：一是能够达到养育功能最大化。"双龄共养"除了养育服务的日常照料和健康看护外，其关键在于代际互助互动。一方面能够缓解老年人的孤独心境，感受精神层面的关怀，同时为老年人自我实现提供了平台与机会；另一方面能够扩展托幼服务，丰富幼教理论，同时强化幼儿的道德教育，强化幼儿对生命历程的感知。二是能够达到养育设施集约化。"双龄共养"的价值目标在于对空间场地、互助教育、医护设备等多方面资源的整合和改善，突出老幼养育服务在照料看护、医疗保健、基础设施以及适龄教育等服务项目方面的相关性和互补性，求同存异，统筹发展。

"双龄共养"具有重要的意义：第一，符合我国新时期跨代共融的价值导向。"双龄共养"能够强化代际认知、观念和技能的相互传递，促进积极老龄化的实现和幼儿社会适应能力的提升，构建"老幼友好型"的社会环境，促进老幼养育服务的自我成熟与完善。第二，有利于我国老幼养育服务提质增效。"双龄共养"是在我国社会养老托幼服务大力发展和基础设施不断完善的前提下，实现"养老"与"托幼"服务的质效提升与结合，能够起到在新发展阶段下"补短板、填空白"的作用。

二 四川省"一老一小"养育压力持续强化

从"一老一小"的人口现状来看，四川省已在深度老龄化和严重少子化的进程中继续深化发展。[①] 四川省的"一老一小"人口体量较大。第七次全国人口普查数据显示，四川省老幼人口总量为3163.50万人，占全省人口总数的37.80%，这相当于整个黑龙江省的人口体量。2010~2020年，四川省"一老一小"人口比重呈现"一升一降"态势。60岁及以上的老年人口占比迅速增长，而0~14岁少儿人口的比重则明显下降。2010年，四川省少儿人口还是老年人口的1倍，而到了2020年，老年人口已是少儿人口的1.3倍，多出近500万人，出现了老幼人口数量上的大反转，这必将带来四川省"一老一小"两端人口养育策略的变化。

[①] 按照联合国的标准，当一个国家或地区65岁及以上老年人口占比超过7%则意味着进入老龄化，超过14%则意味着进入了深度老龄化，超过20%则是超级老龄化。四川省65岁及以上人口占比为16.93%，已为深度老龄化。一个国家或地区0~14岁人口占比在15%以下为超少子化；15%~18%为严重少子化；18%~20%为少子化；20%~23%为正常；23%~30%为多子化；30%~40%为严重多子化；40%以上为超多子化。四川省0~14岁人口占比为16.10%，已为严重少子化。

（一）四川省老年人口现状

2020年，四川省60岁及以上老年人口达1816万人，居全国第三位，占比为21.71%[1]，高出全国3.01个百分点，相比2010年提高5.41个百分点。其中，65岁及以上人口达1416.76万人，居全国第二位，占总人口的16.93%，高出全国3.43个百分点，居全国第三位。另外，四川省80岁及以上的高龄人口达263.80万人，占老年人口总量的14.50%，失能/半失能的老年人口规模也近200万人。根据四川省老龄办的预测，到2035年前后，四川省60岁及以上的人口数量将达到峰值，占比突破30%。[2] 其中，高龄人口将达555.71万人，失能/半失能的老年人口也将超过300万人。届时，四川省每3个人中就有1个老年人，每5个老年人中就有1个高龄老年人。

但是，现阶段四川省的老年群体中，从年龄构成来看，60~69岁的低龄老年人口有930.60万人，占比超过50%[3]；从性别构成来看，女性老年人普遍多于男性老年人，并趋于随年龄递增，数量差距逐步扩大；从健康状况来看，四川省老年人口的身体素质表现良好，"健康"或"基本健康"的老年人口占比高达86.10%。这意味着四川省老年群体有着较高的体能、经验、知识及技术优势，再社会化的潜力巨大。

（二）四川省少儿人口现状

2020年，四川省0~14岁少儿人口有1347万人，占比为16.10%，低于全国平均水平1.85个百分点，居全国第21位，相较于2010年下降0.87个

---

[1] 四川省统计局：《四川省第七次全国人口普查公报（第四号）——人口年龄构成情况》，2021年5月26日。
[2] 四川省人民政府：《省老龄办完成四川未来30年人口老龄化预测课题》，2012年12月12日。
[3] 国务院新闻办公室：《四川举行第七次全国人口普查主要数据结果新闻发布会》，2021年5月26日。

百分点。其中，4岁及以下的幼儿人口占比最低，仅占全省少儿人口的30.20%；5~9岁的少儿人口次之，占34.20%；10~14岁的少年人口占比最高，达35.70%。

从人口出生率来看，2010~2020年，国家不断调整生育政策，经历了2011年全面"双独二孩"，2013年"单独二孩"，2016年"全面二孩"，再到2021年的"全面三孩"，为四川省改善人口年龄结构提供了政策利好。由此，四川省人口出生率自2011年起稍有增长，直至实施"全面二孩"政策后，2017年全省迎来生育小高峰。但2018年后，人口出生率又开始下降，2020年人口出生率骤降至7.60‰（见图1），四川省面临70年来最低的人口自然增长率。① 从孩次分布来看，2020年四川省"二孩"生育数量占比相较于2010年增长了10个百分点，但"一孩"和"三孩"生育数量占比则双双下降。其中，"一孩"数量比例跌幅也近10个百分点。如此看来，虽然生育政策持续刺激，但四川省的生育积极性并未全面释放，家庭生育意愿严重受阻于"工作—生活—养育"之忧。"二孩"生育数量虽然一定程度上缓解了"一孩"生育数量减少产生的影响，但并未明显改善严重少子化的发展趋势，甚至社会养育服务缺口使得多孩家庭的养育压力进一步凸显，亟须相关配套措施的补给与支持。

（三）四川省"一老一小"的养育压力相互叠加

从四川省老龄、高龄、失能/半失能老年人口规模的扩张趋势可以预见，家庭资源越来越难以满足各个年龄段老年人的日常照料、精神慰藉、康复照护、医疗护理、临终关怀等基本需求，养老需求将不断突破家庭领域，衍生为快速膨胀的社会养老服务需求。同时，低龄老年人、健康活力老年人的全面发展及自我实现等更高层次的诉愿也需要寻求社会服务的支持与保障。

另外，四川省现行的女性生育假期为158~188天不等，而公办幼儿园

---

① 根据四川省统计局2011~2020年四川省人口统计公报整理。

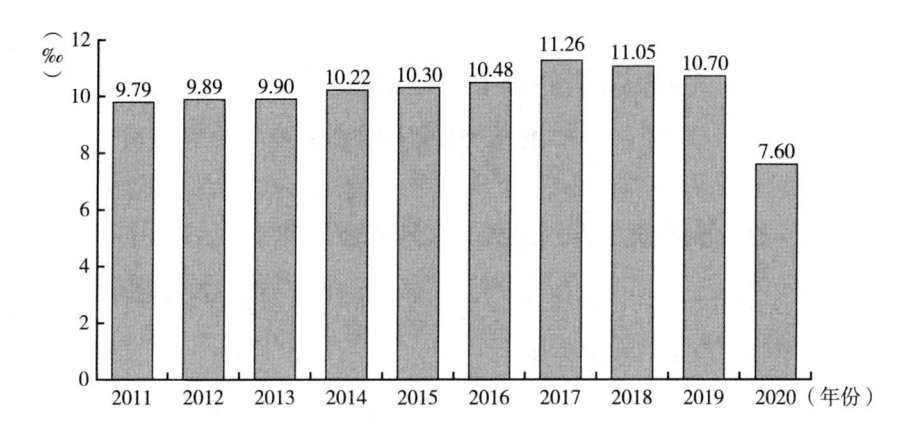

图1 2011~2020年四川省人口出生率

一般只接收3岁及以上的儿童,这导致全省约95%的0~3岁婴幼儿实施家庭照料,其中近80%由祖辈隔代照料。即便如此,仍然有81.13%的母亲认为生育孩子严重影响工作,22.88%的母亲因照顾孩子被迫失去或中断工作,60.7%的家庭因"照料"难题而"不再生育"。同时,有75%以上的全职母亲希望0~3岁婴幼儿接受专业的育儿托管。[①] 而有3~14岁儿童的双职工家庭,也普遍存在儿童上下学(园)接送、课后托管、寒暑节假看护、交流互动等方面的迫切需求。

从家庭养育人力资源来看,四川省家庭规模近年来持续缩减,已突破常规降至2.51人/户,低于全国的2.61人/户,这意味着家庭养育人力资源严重不足,家庭成员协同养育的功能正在逐步弱化。而当前四川省"一老一小"的生活照料大部分由其家庭实施,家庭养育不堪重负。因此,四川省"一老一小"的养育压力在家庭及社会层面相互叠加,给全省"一老一小"养育服务保障工作带来巨大挑战。

---

① 《四川省妇联家庭调查》,《华西都市报》2018年2月1日,https://www.wccdaily.com.cn/shtml/hxdsb/20180201/69855.shtml。

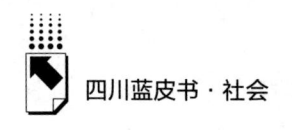

三 构建四川省社区"双龄共养"模式的必要性与可行性

(一)四川省构建"双龄共养"模式的必要性

"十三五"期间,四川省"一老一小"养育服务取得了长足发展,但在统筹养老托育服务、养育服务有效供给、养育专业人才培养、智能产品应用和服务质量监管方面还存在许多共性问题,在新时代背景下及"稳重求进"的工作要求中,势必需要一举多得解决"一老一小"问题的方案,而"双龄共养"模式就可作为"一老一小"养育服务"增能力、提质量、优结构"发展实践中的共同发力点,缓解社会养育"代际分割"之困,平衡家庭养育"工作-照料"之忧。

1. "双龄共养"模式有利于形成老幼养育工作合力

当前,四川省养老托幼服务的部门合作正在加强,但养育服务形式的割据依然存在。其中,养老事业主要由民政、卫健、人社等部门推进,少儿托育工作主要由教育、卫健等部门管理,两项工作各自为政、各司其职,尚未形成工作合力,缺少统筹谋划方案,究其主要原因是忽视了养老及托幼两项工作的相关性。"一老一小"养育服务尽管在服务内容上存在差异,但在服务项目方面存在共通之处,如都需要专业的照料看护、便捷的医疗保健、适老宜幼的基础设施以及相应的教育等,可以统筹实施老幼共养,构建"双龄共养"的集约模式,充分利用现有资源与代际互补优势,弥合老幼养育服务的割裂状态。

2. "双龄共养"模式有利于弥合养育服务供给偏差

四川省存在社会养育服务总量供给与有效供给对接不利的结构性问题。在"一老"方面:2018年,四川省建成的养老机构和床位数量分列全国第一和第二位,养老设施及服务的覆盖率也显著增长。但是,养老服务布局普遍缺乏对养老需求的精准评估,导致供需资源错配和养老设施重建轻用、服务功能单一的问题。比如，公办普惠性养老院需排队入住，但民办养老机构床位则大量闲置；日间照料中心成为老年棋牌室；养老护理型床位仅10.17万张，难以满足高龄、失能老年人的刚性专业养护需要等。在"一小"方面：托育服务发展滞后，婴幼儿保育需求难以满足。近几年，四川省幼儿园数量逐年增长，2019年已达1.36万所，接收了264.6万名幼儿。① 但是，公立幼儿园一般只接收3岁以上的幼儿，这导致0~3岁婴幼儿在公立托幼机构的入托率仅为2.9%，远低于上海（11.8%）、天津（14.7%）等城市，更低于全国婴幼儿各类托育机构的入托率（4%）②，这表明幼儿园的设置存在托育服务结构偏差，0~3岁的婴幼儿托育服务难以保障。另外，民办早教机构虽然接收婴幼儿入园，但早教机构的服务重心在于儿童早期智力开发，重"教育"而轻"保育"，并不能满足婴幼儿保育服务需求。"双龄共养"模式具有共育共养的优势视角，强调在养老托幼服务的现有发展基础上实现二者的质效提升与结合，在满足老幼基础养育需求的同时，增强老幼养育服务在供给结构上的有效性，达到养育功能的扩大及养育设施的集约利用，能够精准地弥合服务缺口，矫正服务偏差。

3. "双龄共养"模式有利于提升社会养育服务水平

首先，四川省普遍存在老幼养育人员工酬少、劳动强度高、社会认可度低的问题，造成养育服务行业吸引力差，职业发展受到制约，从而行业人才流入不足。在"一老"方面：2018年四川省养老机构护理人员不足3万人，按照养老护理的配比标准计算，护理人员缺口近20万人。③ 在"一小"方面：2019年全省幼儿教师数量为12.9万人④，平均每所幼儿园的教师数量不足10人，这与全省学前儿童数量相差悬殊。其次，四川省养育服务中智能化养育产品应用不足，多采用传统服务手段，未能深度应用人工智能、数

---

① 《四川省成都市幼儿园班级数量和幼儿数量3年数据解读报告2020版》。
② 《四川省妇联家庭调查》，《华西都市报》2018年2月1日，https://www.wccdaily.com.cn/shtml/hxdsb/20180201/69855.shtml。
③ 四川省民政厅：《基于四川养老服务体系建设供需现状的思考与对策》，2019年6月。
④ 《四川省成都市幼儿园班级数量和幼儿数量3年数据解读报告2020版》。

据库、互联网等高新技术和智慧型养育产品。在"一老"方面：四川省大力推进"互联网+养老"，2018年全省县级养老信息平台覆盖率已达88.9%，但是，平台链接的线下服务资源提供方仅2万多个，服务覆盖220万人，这与全省庞大的老年人口规模存在不小差距。① 在"一小"方面：四川省幼儿园使用的智慧产品大多限于"互联网+教育"和园区信息化管理，而鲜少将智能产品系统应用于幼儿授课、保育、游戏、互动、保健等环节。高新技术应用偏少也是导致四川省养育服务工作效率低、人工消耗大、服务体验差的关键问题。而"双龄共养"模式能够有效挖掘市场上的存量人力资源，同时激励老幼养育复合型人才的培养，强化现代智能产品的使用，提升工作效率，减少人工消耗。一方面，"双龄共养"促进了老幼两端人群的社会化交往，鼓励活力老年人的再社会化。另一方面，在老幼教育、老幼照护的过程中能够刺激复合型人才的培养，一专多能是应对人口结构失衡阶段专业人才匮乏问题的有效手段。

4. "双龄共养"模式有利于完善社会养育服务监管体系

四川省养育服务质量监管体系尚未形成"政府管理+行业自律+社会监督+用户评价"的综合体系，因此，难以保障养育服务质量水平及人员行为规范。近年，在巨大的家庭养育需求刺激和"放管服"改革的政策鼓励下，商业化养育服务机构大量涌现，但其服务水平参差不齐，甚至出现安全卫生、服务模式、人员资质、养育环境等方面的问题，导致商业性质的养育机构公信力偏低。在"一老"方面：四川省每年约15%的养老机构都存在不同程度的护理责任事故，且养老服务满意度偏低。② 在"一小"方面：近期常出现托幼机构体罚幼童、意外伤害、食品安全问题、非法侵权、无证上岗的相关报道，严重影响了幼儿教育职业形象，增加了行业信任危机。老有所养、幼有所育是关乎家庭幸福的重要民生问题，保障老幼养育服务良性发展的重点之一就是要具备完善的监管体系。而"双龄共养"模式就是在"一

---

① 四川省民政厅：《基于四川养老服务体系建设供需现状的思考与对策》，2019年6月。
② 四川省民政厅：《基于四川养老服务体系建设供需现状的思考与对策》，2019年6月。

体化"推进老幼养育服务的过程中不断改善传统养育服务重硬件轻软件的状况,强化行业综合监管。同时,老幼人群本身也是"双龄共养"的主体,能够督促将"提质、增效、监管"放在同等重要的地位。

(二)四川省构建"双龄共养"模式的可行性

1. 四川省养育服务的跨部门合力正在加强

四川省虽然还未有"一老一小"联合共养的顶层统筹部署,但在应对"一老一小"问题上已经开始实行多部门协同合作,积极布局老幼社会养育服务的格局。近两年,四川省先后出台了《2020年四川省"一老一小"健康服务和照护服务实施方案》和《四川省促进养老托育服务健康发展实施方案》(2021年),方案细化了各级民政、发改、财政、卫健、教育、妇联、住建、人社、自然资源、市场监督等部门的工作任务配合及分工,努力在老有所养、幼有所育的服务内容及形式上不断取得新突破,为实施"双龄共养"提供了良好的合作平台。

2. 四川省发展"双龄共养"的可盘活资源较好

四川省"一老一小"的公共养育设施数量逐年增长,并已进入养育服务提质增效阶段,可实现以"稳投入、重搭配、集优势、增能效"的方式盘活社会存量资源,统筹实施"双龄共养"。另外,四川省不断开创社区治理和乡村振兴的新局面,秉承从"传统管理"到"现代治理"的理念,推动社区向服务本位、自治本位回归,形成了社区网格员、社会组织、专业社工、志愿者等多元治理主体,强化社区服务供给,重视"一老一小"民生需求。目前,四川省在建已建327个社区综合体[①],社区为老服务设施数量比2014年增长了3.5倍[②],社区婴幼儿托育网点也在积极部署中。2022年,《四川省"十四五"城乡人居环境规划》中也提出了"完善社区十五分钟生

---

① 四川省人民政府:《四川省城乡社区治理创新取得阶段性成效》,2021年10月27日。
② 四川省民政厅:《基于四川养老服务体系建设供需现状的思考与对策》,2019年6月。

活圈服务配套"的要求。① 因此,四川省在应对"一老一小"问题时可以统筹利用社区现有资源,搭载社区治理发展进程,重点把社区作为双龄养育服务的实践场域。

3. 四川省发展"双龄共养"模式前景良好

2020年,四川省人口总抚养比已达49.32%,接近50%的数量型人口红利临界点,从"一老一小"人口发展趋势来看,这一比例还在持续增长。社会被抚养人口数量增多,一方面会带来社会负担加重、劳动力供给下降、经济活力受损等问题;另一方面也会刺激消费结构、需求层次、产业结构的变化,进而促进产业转型、社会事业重心转移和形成新的经济增长动能,重塑未来相关经济版图。"双龄共养"模式将养老产业和托幼产业相结合,即新兴产业与长青产业的联手,发展前景十分可观。根据庞数智库在南京市的调查,"一老一小"共养共育能够实现双龄互益的人群在50%以上。② 因此,从产业前景和群众期待来看,"双龄共养"这种节约集效互促共融的模式,存在较大的市场空间和良好的发展前景,应成为区域经济社会发展的重要抓手。

四 构建四川省社区"双龄共养"模式的实践路径

(一)分解需求层级,强化社会养育有效供给

四川省养老托幼服务发展不均衡,且服务有效供给存在偏差。因此,推进"一老一小"社会养育服务的长效健康发展,最重要的就是实现服务供需配置合理。构建"双龄共养"模式应首先剖析长幼需求,这是促进社会

---

① 《〈四川省"十四五"城乡人居环境规划〉印发 完善社区十五分钟生活圈服务配套》,《四川日报》2022年2月20日。
② 庞数智库:《养老混搭托幼,还有这种操作?》,https://www.sohu.com/a/191148841_435872,2017年9月11日。

养育服务有效供给的关键。一是精准评估养育需求。摸底区域内的老幼人数和已建成的养育设施，掌握人设配比和使用频率。同时，建立双龄养育服务对象需求信息库，形成"片区化"的精准服务信息台账。一方面为提升服务水平、服务质效提供依据，另一方面为养育服务供需对接、适配夯实基础。二是科学分解需求层级。通过信息台账对区域内养育服务需求进行分解，以家庭养育、老年养老、儿童托幼的不同层级需求为导向，完成"双龄共养"与传统养育由并建互补到互利互融，再到逐步替代的转变，形成多层次、渐进式的社会养育服务体系。比如，掌握家庭养育压力来源与程度、分析老年人个体能力异质性及其养老诉愿、明确儿童年龄层次差异及其托育目标，再根据需求分级有效供给养育服务、布局养育设施。

（二）多元模式推进，突破"双龄共养"协调难题

"一老一小"这两个年龄差距巨大的群体在养育目的、服务内容方面的差异性有目共睹，因此，"双龄共养"存在协调老幼养育需求差异的难题。比如，老幼作息不同、观念不同、身体状况及发展趋势不同，似乎在同一空间下达到"双龄共养"难度较大，这也是其他省市"老幼结合"项目推进过程中存在的最大问题。但是，"双龄共养"不是"养老"和"托幼"内容及形式的粗放相加，而是运用年龄优势互补和照护行为相关等特性，实现养育资源及服务优化互惠、共融共荣，可通过不同的营运模式，协调共养难题。一是交流互动型"双龄共养"模式。独立老幼生活空间，建立养老和托幼机构的互访机制，充分利用公共图书馆、文化站、体育馆等资源，定期设置适老宜幼的活动或课程，促进代际交流与学习。二是协同发展型"双龄共养"模式。合并老幼生活空间，将老幼都作为照护的对象，实现养老与托幼机构在空间场地、教育娱乐、医护设备、管理人员等资源方面的联合和互融，再根据老幼养育需求差异，实现一定服务的空间隔离。比如，老幼就寝区、特殊护理区以及极老极小群体的分别管理。三是整合服务型"双龄共养"模式。拓展老幼生活空间，在建成的养老托幼机构中，根据辖区内的养育需求增加、转化或改造养育服务项目。比如优化改建运营不佳、供

给不足的养育场所：在幼儿园增加婴幼儿托育服务，整合长者餐厅和"小饭桌"实现老少共养，日间照料中心提供老幼看护服务等。

（三）推动生活服务，实现社区"双龄共养"共融

社区"双龄共养"模式是"双龄共养"在社区场域的具体实施手段，依据社区嵌入理论和社区照顾理论，在老幼人群特定的社会结构和熟悉的关系网络下，整合社区资源，进行"一老一小"的生活照料、代际学习和互动交流的实践方式。四川省社区养老托幼设施建设成效显著，但存在重建轻用问题，还有服务设施"区域扎堆"和"区域空白"并存的现象，尤其是3岁以下幼儿托育和少儿托管存在不少社区"留白"。而社区所构造的生活区域，形成具有区域紧密性和趋同性的社会网络，使其成员被嵌入其中，相对更易获得其中的支持和资源，比较适合前期阶段的推行。因此，在社区实施"双龄共养"，运用正规或非正规的照顾网络，为有需求的老幼人群提供照顾，是科学合理有效的实践途径。一是探索物业服务向养育服务扩展，实现"一老一小"的"家门口"养育。延伸物业企业经营范围，发挥物业部门对社区人员、物资设施熟知的优势，开展"就近化、便捷化"的"双龄共养"服务。强化物业服务的智能化建设，运用互联网、大数据、区块链、人工智能等高新技术，提升物业管理服务的效率及水平。二是探索家庭代际支持向社区拓展。在双龄共养框架下，促进家庭养育功能的"非家庭化"。一方面，鼓励社区内60~75岁的活力老人积极参与社会活动，在充分的社会支持和价值认同下，签订"双龄共养"劳动服务协议，聘用他们成为社区养育服务项目中婴幼儿、高龄老年人生活照料，儿童上下学接送、假期托管，"小饭桌"和"长者餐厅"营运，少儿德育教育等服务的人力资源；另一方面，与托管家庭签订"临时监护权责确认书"，积极引导托育管理的7~14岁适龄儿童的社会实践，实行"尊老敬老""长幼互助"教育，组织他们开展所属小区内助老扶老、爱护幼小的行动，例如成为商品代购、送餐送物、助行助困、幼童助管等力所能及服务的实践者，再以服务时长兑换相应托管服务。

（四）强化政府支持，促进"双龄共养"公信认可

当前，社会整体对于"双龄共养"模式的熟知度偏低，容易引发人们在法律法规、营运安全及实践规范方面的担忧。另外，社区作为"双龄共养"的重点实践场域，急需社会组织的支持、社会力量的入驻及法规条例的保障。因此，需强化政府主导、社会支持和群众认可，其中政府的支持和关注是基础。一是统筹推进"双龄共养"模式。应把"双龄共养"与现行的养老托幼工作、公共服务布局相结合，一同纳入经济社会高质量发展的全局进行统筹考虑，强化支持引导及政策保障，并注重养育服务复合型、管理型人才的培养。二是科学推进"双龄共养"模式。组织专业团队深入调研，探索建立"双龄共养"机构及设施的建设标准、服务标准、价格标准和行业人员准入标准。重点建设一批社区"双龄共养"服务示范综合体，把"双龄共养"模式打造成为方便可及、服务质优、价格亲民、群众欢迎的精品民生工程。三是严格推进"双龄共养"模式。构建多方全面的监管机制，在政府加强养育机构建设及行业人员准入监督管理之外，应培育第三方社会监管力量，运用智能监管系统，在养育过程中进行事前预警、事中管理、事后归责，并辅助行业自律和用户评价等手段，促进行业良性发展，扭转职业信任危机。

参考文献

党俊武：《老龄社会的革命——人类的风险和前景》，人民出版社，2015。

曹阳：《城市社区"代际融合"互助养老模式实现路径研究——基于积极老龄化的理论视角》，《就业与保障》2021年第8期。

吴蕾、沈勤：《国外老幼结合养老模式及其对中国的启示》，《调研世界》2021年第3期。

司马蕾：《老幼复合型社区养老机构的构想与实践——日本的经验与启示》，《城市建筑》2015年第1期。

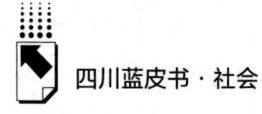

潘林、李泊宁、马跃：《大连市"老幼同乐"双托园运营模式可行性分析》，《时代贸易》2016年第3期。

曹迪、吴阿娟：《"一老一小"跨代共融为老服务模式探究——以"一老一小"成长ING项为例》，《信阳师范学院学报》（哲学社会科学版）2020年第2期。

肖遥、左瑞勇：《"老幼搭配"代际学习中心的优势价值及实现路径》，《宁波教育学院学报》2021年第1期。

张金峰、朱婉君：《新时代背景下构建社区老幼结合服务途径研究》，《劳动保障世界》2019年第17期。

赵倩倩：《四川老幼人口"两端"数据透视》，《四川省情》2021年第11期。

B.8 "双减"的社会反响调查及深化治理的对策研究

——基于对成都市民的调查分析

明亮 徐睿 胡燕*

摘 要： 调查发现，中小学生参加校外培训班的比例非常高，中间阶层家长更加焦虑，为孩子报的学科类培训班偏多；校外培训热有深层次的社会文化基础，也是当前教育成才通道变窄、职教学历和蓝领双重歧视等社会现实下的集体理性选择；"双减"虽影响了家长对校外学科培训的认知和行为，但难以消除社会焦虑。"双减"后，家长仍然面临学校教育非均衡发展和考试选拔人才方式下，家庭背景和阶层分化导致的不平等效应扩大化担忧。"双减"治理应正视社会风险并积极回应合理诉求，坚持系统思维和标本兼治的思路，在减少校外培训的同时，增加高质量的校内服务供给，促进教育均等化发展，破除普通教育和职业教育壁垒，营造良好的教育生态，缓解社会焦虑。

关键词： "双减" 校外培训机构 义务教育 家庭教育

2021年7月，中共中央办公厅、国务院办公厅印发了《关于进一步减

---

* 明亮，成都市社会科学院研究员，博士，主要从事社会治理研究；徐睿，成都市社会科学院副研究员，硕士，主要从事社会统计研究；胡燕，成都市社会科学院副研究员，硕士，主要从事法律社会学研究。

轻义务教育阶段学生作业负担和校外培训负担的意见》（以下简称"双减"），要求各地认真贯彻执行。"双减"落地后有必要评估政策实施效果，了解社会认知和利益诉求，为深化治理提供参考。

一　问题提出

作为迄今为止我国力度最大、措施最严厉的系统化教育减负政策，"双减"出台引发了各界广泛关注和积极解读。张志勇（2021）认为"双减"是回应人民群众对美好教育的希望，克服教育功利化、短视化，促进教育公平发展、优化教育生态的重大战略布局。"双减"是新时代我国教育改革起点，作为一项系统工程，需要平衡好学段之间的衔接与独立性关系，国家需要与人民群众需要的关系，家长需要和学校、教师发展需要的关系。涉及学校教育育人格局、学校教育与校外教育育人格局、学校教育与家庭教育育人格局的调整。这表明，贯彻落实"双减"是一项涉及多元主体的系统治理工作。社会舆论认为，"双减"减的是"那些不负责任的家长和不愿学习的学生"，将决定谁搬砖、谁进工厂、谁当白领。这种舆论导向让陷于课外培训路径依赖的家长们在后"双减"时代无比焦虑。而专家则认为，"双减"是国家为了选拔优秀人才，让有天赋的学生接受优质教育，而非培养依赖重复培训缺乏创新能力的学生，从而降低近年来疯狂校外培训导致的人才选拔机制失灵风险，所以"双减"还需要"课堂增效"和"课外增能"。

教育培训机构治理是"双减"的重要内容。校外培训机构的无序发展扰乱了学校教学秩序，增加了学生和家长负担，制造了社会焦虑。代蕊华等（2017）梳理了韩国、日本、新加坡、美国和欧盟国家等治理校外培训机构的经验，发现国外的校外培训机构治理面临公平主义和自由主义两种价值取向困境、文化传统惯性和政策工具矛盾等问题，认为完全禁止校外培训机构行不通，关键是要提高学校教学质量，应防止教师通过校外培训牟利，并加强对校内课后培训的支持。校外培训机构治理是一项系统工程，应坚持共建共治共享理念，增强政府监管治理能力和资源配置作用，构建学校、家庭和社会共同参与的协同治理机制。如美国颁布了《不让一个孩子掉队法案》，为家庭经济困难学生提供免费课后辅导服务；日本出台"放学后儿童计划"，利用各类公共场所为儿童提供课后服务；新加坡搭建网络免费学习平台，帮助困难学生获得优质校外学习资源；德国成立教育培训机构协会，为学校和校外培训机构搭建沟通平台。关于强化机构审批、严禁资本化运作、学科类培训时间和培训内容监管等方面的严格治理举措落地后，不少学科类培训机构纷纷关停，但教育培训机构治理应坚持"堵""疏"结合，发挥校外培训机构的有益补充作用。

在社会反响方面，已有关于"双减"政策的社会调查和统计数据表明，"双减"落地产生了较好的社会效应。如共青团中央和《中国青年报》联合开展了义务教育阶段学生家长调查，发现八成以上的学生家长支持减少校外培训，支持减轻作业负担的家长占七成以上，政策落地后七成以上家长表示教育焦虑有所缓解，四成以上家长不再给孩子报校外培训班，八成以上家长支持学校开展课后延时服务等。另根据教育部相关人士披露，基础教育"双减"工作监测平台显示，"97.5%的家长对学校新学期减负提质各项措施和成效表示满意，其中表示非常满意的达六成以上"。这表明，"双减"实施后，义务教育生态正在向预期方向发展。

总的来看，目前关于"双减"的文献多数是媒体报道和专家解读，学术研究还较为匮乏。相关调查反映了良好的政策执行效果，但对于"双减"背景下的相关利益诉求关注不够。"双减"能在多大程度上减轻社会焦虑，后"双减"时代人们的诉求和行为选择，深化"双减"治理工作需要关注的重点等问题亟待研究。

二 "双减"前义务教育阶段学生参加校外培训的特征及原因

为了解家长对"双减"政策的认知态度、利益诉求和行为选择，课题组依托"天府市民云"平台开展市民网络调查，回收有效问卷1138份。因填答者是"天府市民云"平台的注册者或浏览者，导致调查样本呈现年轻化、高学历化、居住地城镇化等特征，但仍然具有一定的代表性。调查发现，学生参加校外培训呈现学龄阶段、家庭背景和城乡区域等差异化特征，而校外培训热则有深刻的历史文化和严酷的社会现实等方面原因。

1."双减"前学生参加校外培训的特征

一是小学生参加校外培训比例高，学科类培训与艺术类培训持平。在子女就读小学的受访者中，93.5%的家长给子女报了校外学科类培训班，报1~3科的占87.1%，报4~5科的占5.8%，没有报辅导班的只占6.5%（见图1）。参加校外艺术类培训班的情况与学科类培训相近，报1~3门的占90.5%，没有报培训班的占5.7%，报4~6门的占3.7%。

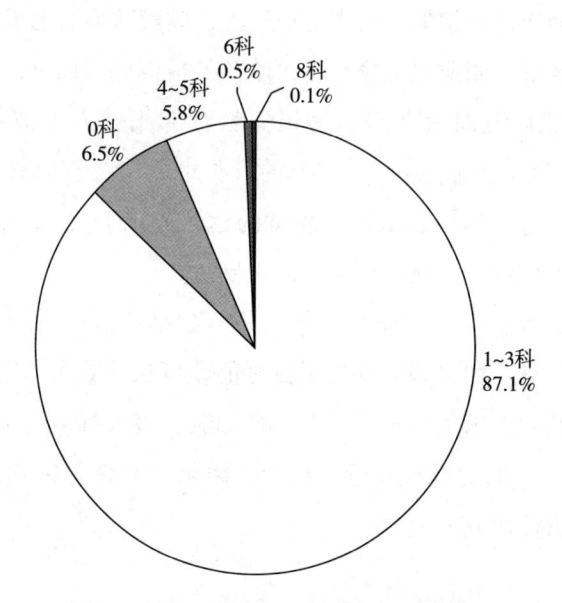

图1 小学生参加校外学科类培训班情况

二是初中生几乎都参加了校外培训，而学科类培训尤受青睐。在有子女就读初中的受访者中，96.1%的家长给子女报了校外学科类培训班，其中报

2~3个班的占72.30%，报4~6个班的占13.60%，参加学科类培训班的数量整体高于小学生。值得注意的是，初中生报艺术类培训班的数量明显减少，没有报艺术类培训班的占13.54%，比小学生高约10个百分点；报1个班的占58.60%，报2~3个班的占27.86%（见图2）。

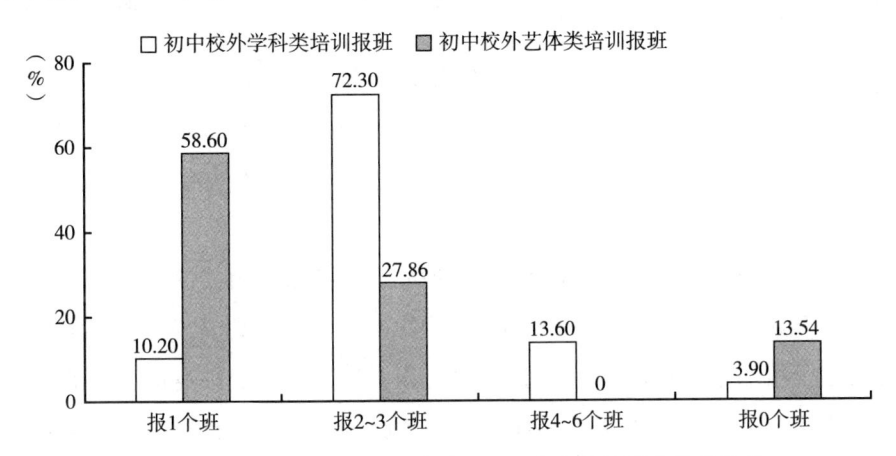

图2 初中生参加校外学科类培训班和艺术类培训班情况比较

三是中间学历层次家长更焦虑，为孩子报学科类培训班偏多。调查发现，高中至大专学历区间的家长为孩子报学科类培训较多，报3个班的约占35%，明显高于其他学历群体（除高职学历外）。而初中及以下、大学本科及以上这两个群体的家长给孩子报3个学科类培训班的占比均为25%左右（见表1）。这表明，学历在高中至大专区间的家长焦虑感更强，期望通过强化子女学习，弥补自己的学历短板。

表1 参加校外学科类培训班数量与家长学历层次交互分析

单位：%

项目	小学（含初小）	初中（含未毕业）	高中、中专	职高、技校	高职	大学专科	大学本科	研究生（含硕士、博士）
报0个	11.10	4.40	5.70	0.00	9.10	3.80	9.80	10.50
报1个	33.30	13.20	23.90	35.00	18.20	23.80	23.60	29.80
报2个	22.20	42.60	30.70	30.00	45.50	31.40	33.30	28.10

续表

项目	小学（含初小）	初中（含未毕业）	高中、中专	职高、技校	高职	大学专科	大学本科	研究生（含硕士、博士）
报3个	22.20	27.90	35.20	35.00	18.20	35.10	26.80	22.80
报4个	11.10	8.80	3.40	0.00	9.10	4.30	4.50	5.30
报5个	0.00	1.50	1.10	0.00	0.00	1.10	2.00	1.80
报6个	0.00	1.50	0.00	0.00	0.00	0.00	0.00	1.80
报8个	0.00	0.00	0.00	0.00	0.00	0.50	0.00	0.00

四是参加学科类培训班的数量与家庭经济状况的相关性不显著，但年结余5万元内的家庭对校外辅导偏好更强。交互分析发现，家庭经济状况和为孩子报的培训班数量不是正相关关系。在报2个学科类培训班的群体中，收入1万元以下的人群占14.7%，收入10万元以上的人群占9.4%，二者并无显著差异。另外，在报3个学科类培训班的群体中，收入1万元以下的人群占13.20%，而收入6万~10万元的人群占12.30%，比前者还低。值得注意的一点是，收入1万~5万元的群体是报2个以上校外培训班的主力军。上述数据表明，中等收入群体的教育焦虑感更强烈（见表2）。

表2 参加校外学科类培训班数量与家庭收入结余交互分析

单位：%

项目	1万元以下	1万~5万元	6万~10万元	10万元以上
报0个	29.80	57.40	8.50	4.30
报1个	15.60	61.30	11.90	11.30
报2个	14.70	66.10	9.80	9.40
报3个	13.20	65.70	12.30	8.80
报4个	9.10	75.80	9.10	6.10
报5个	22.20	66.70	0.00	11.10
报6个	0.00	100.00	0.00	0.00
报8个	0.00	0.00	0.00	100.00

五是参加学科类培训班与居住区域有关,城区(镇)整体高于乡村。调查发现,居住在城区(镇)的受访者与乡村受访者相比倾向于给孩子报更多学科类培训班。如城区(镇)受访者群体中给孩子报3个学科类培训班的占31%,但乡村受访者群体中这一比例仅16.7%,两者相差14.3个百分点;说明居住区域会影响子女参加校外学科类培训班的数量,但不同区域学生参加艺术类培训班数量差异不大。

2. 校外培训热的原因分析

"学而优则仕的社会认知"遭遇"教育成才通道变窄的严酷现实"引发社会焦虑。在尊师重教的文化背景下,一般家庭都会把子女教育看成头等大事,父母会力所能及地为子女提供好的学习条件,逐渐形成了相互攀比的社会氛围,可能导致家长对子女教育的竞争性投入。不能让孩子输在起跑线上的观念成为社会共识,75.4%的被调查者认为不能让孩子输在起跑线上的社会共识导致负担重;同时望子成龙让人们不断增加教育投入,42%的被调查者认同望子成龙和对孩子的期望太高导致学生和家庭负担重。教育是国家繁荣富强的持续动力和个人改变命运的机会,我国自古就有"学而优则仕"的说法,表明教育是个体实现向上流动的最好渠道,但当前这一渠道存在收窄的趋势,且中考分流让人们感受到形势越发严峻。我们认为,望子成龙和不让孩子输在起跑线上等观念是当前人们基于传统优秀社会文化因素对当下教育问题的社会共鸣,反映了各界对教育和就业等客观问题的焦虑。

当下对职业院校学历和蓝领职业的双重歧视是加剧负担的客观因素。调查发现,倾向于参加校外培训的主要原因是家长担忧子女落入职教陷阱;普遍期望通过强化培训,提升孩子的应试能力,增强小升初和中考的优势,避免被分流到职高。不得不承认的是,当下社会确实存在对职业教育的学历歧视和对蓝领的社会歧视。课题组在与成都市相关职业院校的座谈中了解到,用人单位普遍存在"985"和"211"偏好,职业院校毕业生在就业市场严重缺乏竞争力。根据麦可思研究院发布的"2021年中国本科生和高职生就业报告",2020届本科毕业生中,42%在机关企事业单位工作,而61%的高职生在300人以下的中小微企业工作。另根据课题组对成都市汽车制造、装备制造、新型材料和医药健康等领域企业的调查，作为普通技能人才的产业工人薪资待遇要比管理和专技岗位人员低，且工作环境不够友好，对身体健康有害。在歧视性社会环境下，家长很难形成"劳动光荣、技能宝贵"的认知，恰逢中考1∶1分流的教育改革，家长的理性选择结果一目了然。于是，家长对子女未来的殷切期盼、学校的升学率偏好、资本和校外培训机构的逐利性就有了整合前提，进而陷入了各类主体彼此利用的恶性循环，导致教育内卷。"双减"落地是对上述怪圈的强制性干预，但需要系统的配套政策辅助。

三 "双减"背景下的行为选择和社会隐忧

实施"双减"后，曾经风光无限的教育培训市场形势急转直下，不少知名校外学科类培训机构关停跑路，一些家长因此蒙受较大经济损失，更多家长则因路径依赖而对子女教育感到彷徨无助。

1. "双减"落地引发的新问题

2020年以来，竞争激烈的教育培训市场受新冠肺炎疫情影响进入寒冬，大批教育培训机构倒闭。据相关报道，2020年全国注销的教育培训机构13.6万家，90%以上的机构经营困难，不足10%的培训机构略有盈利。[1] "双减"落地加剧了行业发展颓势，华尔街英语、巨人教育、上海启文教育和绿光教育等知名教育培训机构先后宣布破产。还有一些企业开始艰难转型，如作为教培行业领头羊的新东方，2021年营收减少八成，辞退6万名员工，决定全面停止义务教育阶段培训业务。[2] 新东方在转型过程中实行退学费、赔偿员工、退租金和捐课桌等举措赢得了各界广泛好评，但更多机构的退场产生了很多遗留问题。由于每家培训机构背后都有一定数量的学生群

---

[1] 《2020年，13.6万家教育机构被注销，17.8%机构曾出现经营异常》，https://3g.163.com/dy/article/FTQFV3HO0536ACBQ.html，2020年12月14日。

[2] 《"新东方裁员6万人"又上热搜，俞敏洪：在不确定性中做确定的事》，https://new.qq.com/omn/20220110/20220110A03UCP00.html，2022年1月10日。

体，机构倒闭导致学生和家长面临上课难、退费难和维权难的困境，同时还存在员工欠薪问题。更有无良机构在收了部分家长的预缴培训费后关门跑路，如四川爱贝斯少儿互动英语集团实际控制人谢某卷款失联，涉及5万学生2亿元学费，拖欠员工数月工资。① 教育培训机构倒闭潮隐藏着较大的社会稳定风险，不管是学生退费，还是职工讨薪，都是相关利益者的合法权益，稍有不慎就有可能引发群体性事件。

2."双减"的诱致性行为选择

"双减"在规范校外培训机构的同时，也重塑了家长的行为选择。在关于今后校外学科类培训机构发展趋势的判断上，36.47%的人认为会转变为非学科类培训机构，认为转变为非义务教育阶段学科类培训机构的占39.37%，认为校外学科类培训机构会消亡的占11.16%。以此来看，绝大多数人对于校外学科类培训机构的未来发展持悲观态度。在参加校外学科类培训班的行为选择方面，12.3%的人表示学完当年后，第二年不再给孩子报校外学科类培训班；10.6%的人表示学完目前报的学科类培训班后会请一对一私教；24.8%的人会尽量把孩子周末和节假日的培训课调至周一至周五晚上；11.2%的人表示以后会与熟人及朋友众筹请老师培训；以后将转向为孩子报艺术类培训班的占22.9%。上述调查数据表明，"双减"确实改变了家长对学科类培训班的态度和行为，虽然还有部分家长受参加校外培训的路径依赖影响，试图游走于政策边缘，但更多的家长会遵守政策或持观望态度。

3."双减"背景下的社会隐忧

虽然家长们都认为"双减"很好，但在中高考指挥棒没发生根本改变的情况下，他们难免对"双减"执行效果有疑虑。调查发现，家长主要有三个方面的隐忧。

一是对不断加码的超纲考试等升学选拔方式的担忧。不同学校、班级和学生之间存在明显的等级分化，长期以来，尖子生通过各种形式的选拔进入

---

① 《教培机构爱贝斯疑跑路：涉5万学生2亿学费》，https://baby.sina.com.cn/news/2021-09-01/doc-iktzscyx1732477.shtml，2021年9月1日。

名校的优秀班级,这是迫使家长选择参加各类校外培训班的直接原因。在没有实现教育均衡发展的情况下,应改变当前的升学选拔方式,如严格贯彻考题不超纲等,使校外培训难以为升学助力。二是对学校教学质量的担忧。调研发现,在学校作业减负和禁止参加校外培训的情况下,家长非常关心校内教学质量是否能够大幅提升,学生何以应对以后的中高考升学压力。从中映射出家长对校内教学质量能否满足孩子学习和升学需求的担忧。三是对家庭背景和阶层分化导致不平等效应扩大化的担忧。经济条件好的家庭可以请"一对一"私教,受教育程度高的父母可自主辅导孩子学习,这对于不具备财富和教育优势的家庭来讲肯定是不利的,毕竟一般家庭咬咬牙可以参加培训机构举办的辅导班,却难以支付"一对一"私教的昂贵费用。有媒体报道,"双减"落地后,一些被包装成"家政保姆"的住家教师火了起来。[1]由此,财富的不平等将会加剧教育资源的不均衡,进而形成阶层固化。

4. "双减"背景下的利益诉求

通过对开放性调查结果的文本分析发现,各主体的诉求主要有以下表现:一是95%以上的受访者认为"双减"的配套政策应积极回应家长关切,降低对中考分流和技能谋生困境的焦虑。希望中职生与普通高中生有同等渠道升入普通高等学校;在职场上,技术工人能和管理、专技岗位人员同等对待,获得应有的职业尊严。二是90%以上的受访者希望提高义务教育优质资源的可及性。通过优质教师轮岗,实现市域范围内教师随机流动任教。构建优质线上教学资源库,提供免费线上学科类教育培训等。三是80%以上的被访者支持"双减"政策,并希望得到有力贯彻执行。其中,不少人提出义务教育阶段应全面取缔校外学科类培训,即周一至周五放学后的学科培训也应取消,否则减负就是空谈,反倒让孩子和家长更累。四是70%以上的被访者希望提高学校教学质量,充分发挥学校的教书育人职能。如通过增加老师工资收入强化师德素养、改善授课方式和提高教学水平,在减少

---

[1] 《"双减"之后的不公平正在显现:有钱人的孩子正在花大价钱补课》,http://news.hexun.com/2021-10-15/204531000.html,2021年10月15日。

作业量的同时，提升学生的学科知识掌握程度及综合素养。五是受损家长和教育培训机构分流人员的合法权益保障问题。在教育培训行业实行预缴费的情况下，机构关停跑路后学生面临消课和退费难题，学员和家长的合法权益需要得到职能部门的回应与保障。另外，教培行业从业者的利益也应得到关注。

总的来看，"双减"不能简单的一减了之，而是要有增有减、有堵有疏，直击社会焦虑，回应家长诉求。同时要正视当前大量教育培训机构关停倒闭引发的社会风险，让学生家长和培训机构从业者等利益相关者投诉有门，通过合理渠道、合法方式维护自身权益，最大限度减少损失。

四　深入推进"双减"治理和营造良好教育生态的对策建议

在全民教育焦虑情况下，"双减"是针对过热、畸形的校外培训的重要纠偏举措。但也必须看到，全民教育焦虑的形成有其深刻的经济社会以及教育体制机制原因。推进"双减"治理、营造良好教育生态，是一项涉及校外培训机构治理、校内教育质量提升、家庭教育理念转变、社会教育环境营造的系统工程，应树立系统思维，坚持"一盘棋"的系统治理理念，将限制规范校外培训的"治标之举"，与深化教育体制改革、强化学校"主阵地"作用、转变家长教育理念、破除普教和职教壁垒等"治本之策"结合起来，推动校外培训机构转型，从源头上改变教育内卷局面，切实减轻义务教育压力，建构良好的教育生态环境。

1. 持续深入推进校外培训机构治理

目前，各地为落实"双减"要求都成立了高规格的领导机构和强有力的工作队伍，出台了本地的"双减"方案，形成了多部门协同的治理机制，取得了较好的治理成效与社会反响。建议进一步完善工作机制，聚焦校外培训机构治理。

一是有序规范推进优质培训机构的服务转型。对培训机构已收取的周末、寒暑假学费，督促校外培训机构严格按照政策规定，与家长协商更换服务时间、服务方式，或者办理退费手续，保障家长经济权益。引导优质培训机构逐步转型提供多元化、高质量的非学科类培训。二是建立健全由教育管理部门主导、学校管理人员以及社区工作人员共同参与的常态化"双减"工作督促检查机制，加强对校外培训机构从业人员资质、课程设置安排、学费收取等方面的监管检查，确保不得违规培训等，确保"双减"得到严格实施。三是强化校外培训机构治理中的社会安全风险防范。突破现有政策瓶颈，加强金融监管部门对校外培训机构的资金监管，同时加大对无证照经营的培训主体和违法"跑路"培训机构的打击力度，依法采取强制措施，以及通过与负责人个人征信挂钩等多种方式，督促校外培训机构履职履责，切实避免引发各类矛盾纠纷、劳资纠纷。

2. 强化学校职能职责和多元化服务供给能力

学校是教育主阵地。"双减"实施后，学校面临家长和学生的更高期待。要做强学校教育，提供多元、优质的教育服务，增强学生、家长对学校教育的信心和学校对社会教育资源的吸引力，促使校外培训逐步依附于校内教育。

一是努力提高学校课堂授课效率。推动学校探索评价教学成效的新方式、开展集体备课和跨校学习交流等，有力促进学校课堂教学质效提升，让学生能在课堂上学懂学透。二是探索开展多样化的创新型教育服务供给。比如，提供不早于当地正常下班时间的延时托管服务，指导学生认真完成作业和进行辅导答疑；探索推进学校教师的"弹性工作时间"制度，兼顾延时托管服务与教师个人工作生活权益，提高教师延时服务积极性；优化课程设计，开展科普、逻辑思维、阅读等与学科类培训嵌入融合的拓展课程，以及其他丰富多彩的文体、艺术、劳动和社团活动等；拓展课后服务渠道，鼓励以学校教师为主体，同时通过购买服务引入少年宫、青少年活动中心，以及校外培训机构优秀老师进学校，或者招募条件合适的家长义工资源和社会志愿服务力量提供辅助服务，全面提升课后服务质量。

3. 推进义务教育均衡发展

实施"双减"后，在"小升初不择校"与"中考分流"政策夹击之下，义务教育优质均衡发展是大部分家长关心的重要议题，也是推动"双减"真正落实到位的关键因素。而师资则是义务教育均衡发展的重要保证。目前，北京、上海、深圳都提出了教师轮岗制度，以推动区域师资均衡发展。建议各地基于实际情况适时推广相关经验，探索推进义务教育阶段教师轮岗流动。一是以县级行政区划为单位，将义务教育学校结合成片进行统筹，在试点基础上，逐步推进义务教育阶段教师在片区内学校间轮岗流动。二是完善相关规定，将轮岗流动情况纳入对学校和老师的考核，与职称职务晋升挂钩，形成完善的常态化片区师资轮岗流动制度，有力推动教育区域均衡发展。

4. 着力破除普通教育和职业教育壁垒

对中考分流的教育焦虑与当前我国职业教育薄弱、职业技术工人经济待遇差和社会地位低的现实境况息息相关。这种现实境况影响了人们的教育意识，推动了大家千军万马挤"高考"独木桥的行为选择，而这种行为选择反过来强化了既有教育意识，加剧了教育竞争和教育焦虑。为此，必须努力破除普教和职教壁垒。从长远上看，就是要深化职业教育改革，把职业教育做大做强。

一是提升职业技术教育质量。优化职业技术院校教育课程设计，努力提高职业技术院校学生的实践操作能力和技能等级水平；加强校企合作，开展具有强烈市场需求的高质量技能培训，培养实用型人才，提升职业技术院校就业水平。二是打通职业技术院校学生深造通道。推进"学历证书+若干职业技能等级证书"改革探索，鼓励支持本地职业技术院校与国内相关领域的一流高校或知名高等职业技术院校合作，建立中职、高职、应用型本科、工程硕士和博士相衔接的一体化职业教育体系，形成能进能退、学生可多元自由选择的教育系统，促进高学历技术"金领"人才培养。

5. 缓解教育焦虑和营造良好的教育生态

教育是社会问题，需要政府、学校、家庭和社会形成合力，多措并举地推进教育生态的共建共治共享。一是政府着力建构良性的用人导向。组织和人事部门要在选人用人和公职招聘考试中，破除"唯学历论"和名校偏好的用人导向，着力形成以能力为主的竞聘制度，对于特别优秀的技能人才可破格录用，起到良好的示范引导作用。二是引导缓解家庭教育焦虑。面向家长组织开展系列教育专题讲座，以及与教育发展密切相关的国家经济发展变化讲座、改革发展趋势讲座，加强教育心理咨询等，多方位缓解家庭、学生面对中考竞争的教育焦虑和学习压力。三是加强技能人才的社会保障。完善政策支持，加大工匠选拔力度、加大优秀技能人才的宣传和奖励力度、指导推动技能人才待遇提升、保障技能工人的高品质公共服务等，逐步推进教育意识和教育选择的转变，推动形成有利于孩子身心健康成长和全社会理性参与的教育生态环境。

五 结语

"双减"落地有效抑制了校外培训热，对于减轻学生学习和家庭经济负担有积极作用。调查发现，"双减"出台前，大多数义务教育阶段学生都会参加校外培训，其中初中生和中间阶层家庭的学科类培训偏好尤为强烈。校外培训热有其深刻的社会历史文化原因并受当下激烈社会竞争、职业教育和蓝领岗位歧视等影响，是资本逐利和教育焦虑相互作用的产物。作为强制性政策干预的"双减"虽然重塑了学生家长对校外学科类培训的认知与行为选择，但难以缓解社会焦虑。以应试为主的人才选拔方式的指挥棒效应，对学校教育质量的担忧，由财富不平等和教育资源不均衡导致的阶层固化等，仍是"双减"背景下学生家长焦虑的重要原因。"双减"治理工作应直击社会焦虑，回应相关利益群体的合法诉求，正视教育培训机构倒闭潮引发的社会稳定风险，保护利益受损家长和从业者的合法权益。按照系统治理思路和标本兼治原则，把校外培训机构治理与学校教育质量提升结合起来，通过发展职业教育、转变家庭教育观念和社会用人观念与职业观，推动共建共治共享，培育良好的教育生态，切实缓解社会焦虑。

参考文献

陈先哲：《双减：中国教育改革新起点》，《光明日报》2021年9月28日，第14版。

张志勇：《"双减"格局下公共教育体系的重构与治理》，《中国教育学刊》2021年第9期。

王煜：《教育学专家谈"双减"："减"后还要"增"》，《新民周刊》2021年第35期。

代蕊华、仰丙灿：《国外校外培训机构治理：现状、经验、问题及其启示》，《教师教育研究》2017年第5期。

李健：《校外培训机构治理可参考国际经验》，《中国教育报》2019年12月24日，第2版。

薛海平：《校外培训的"堵"与"疏"》，《光明日报》2021年9月8日，第7版。

黄冲等：《86.8%受访家长支持提高校内教学质量 同时减轻校外培训负担》，《中国青年报》2021年9月16日，第10版。

周世祥：《"双减"组合拳如何直击减负难点》，《光明日报》2021年10月8日，第8版。

B.9
四川成都西部片区城乡人口迁徙制度改革研究报告

曾旭晖　陈丽　夏璐*

摘　要： 当前中国城乡关系正向城乡融合发展新阶段演变，成都市西部片区作为城乡融合发展试验区，在推动城乡人口迁徙制度改革方面不断探索。城乡融合发展背景下成都西部片区在人口迁徙制度上实现四个创新：创新乡村人才引进机制、创新城乡土地利用机制、创新城乡公共产品均衡配置机制、创新乡村社区治理机制。调研发现，当前成都西部片区城乡人口迁徙中，本地农业转移人口存在"出得来"的问题，城市居民向乡村流动面临"进得去"的问题，而市域外来人口市民化面临"进得来"的问题。最后，本文提出推进成都西部片区城乡人口迁徙的思路与建议。

关键词： 城乡人口迁徙　制度改革　成都西部片区　户籍制度

改革开放以来，中国社会发生了巨大变迁，在人口流动与经济社会变革相互促进下，城乡人口关系发生了根本性的变化，总体趋势是从城乡二元分割向城乡一体化演变。在这一时代背景下，城乡人口迁徙制度呈现阶段性特征。作为国家中心城市，成都市在推动城乡人口迁徙制度改革方面进行了富有成效的探索，积累了宝贵经验，为新时期促进城乡融合构筑了坚实基础。

---

* 曾旭晖，四川省社会科学院农村发展研究所研究员；陈丽，四川省社会科学院社会学研究所硕士研究生；夏璐，四川省社会科学院社会学研究所硕士研究生。

成都西部片区是城乡融合发展试验区,也是成都区域发展战略的"西控"区域,这对城乡人口迁徙制度提出更高要求,也使这一区域的城乡人口迁徙面临更多现实制约。在试验任务推进的过程中,亟须找准成都西部片区人口迁徙面临的主要问题,进一步深化城乡人口迁徙制度改革,创新实现基于城乡融合目标的现代城乡人口管理体制机制。

一 我国城乡关系与人口迁徙的阶段性特征

新中国成立 70 多年以来,我国的城乡关系走过了城乡二元分割阶段、以乡促城阶段、城乡统筹阶段,目前正向城乡融合发展的新阶段演变。

（一）城乡二元分割阶段

新中国成立之初,为了从落后的农业国快速向发达的工业国转变,我国选择了重工业优先发展战略。为了保证工业化快速的原始积累,通过人民公社、农产品统购统销、城乡二元户籍制度,以及城乡差别的社会福利制度等,将城市和农村隔绝起来,通过工农业产品价格剪刀差,不断汲取农业剩余,从而形成城乡分治分割的二元格局。

除此之外,在社会领域,政府也建立了城乡二元体制,以行政管控的方式对城乡人口流动进行严格限制。在重工业劳动力吸纳能力弱和城市居民就业问题双因素的促进下,开始通过户口管理的方式来干预农民进城,如"劝止进城"、"动员返乡"和"限制招工"等相关政策。自 1958 年颁布《中华人民共和国户口登记条例》,正式建立起城乡分割的二元户籍制度,分别设置农业户口和非农业户口,城乡人口流动被严格控制,仅有少量以政策性流动为主,如征兵、招工招干、高考等。

（二）以乡促城阶段

改革开放之后,随着经济体制改革、乡镇企业发展、分税制改革等,我国城乡关系的二元结构开始松动,城乡关系也不断得到纠正,城乡户籍管理制度随之发生变化，城乡人口进入由农村向城市单向流动阶段。

农村联产承包责任制的推行以及农村劳动力城镇就业权和居住权的获得，推动了大规模人口由农村流向城镇，宏观上则表现为我国城镇化水平的持续提高。然而，在整个过程中以城市为中心的发展路径并没有根本转变。无论是国家的投资重点、公共基础设施的布局，还是社会保障和福利制度的投入，城镇获得的远远超过乡村，城乡发展差距逐步扩大。更重要的是，这一时期农村的人口和资本等可以向城市流动，但城市资本下乡是被限制的，存在城乡要素自由流动和自由交换的机制障碍。

（三）城乡统筹阶段

以城市为中心的发展模式使我国出现了严重的城乡二元结构问题，阻碍了国民经济持续健康发展。"统筹城乡发展"最早是党的十六大提出的，2003年第十六届三中全会在统筹发展思想上有了进一步的拓展，力图调整乃至扭转城乡发展极不平衡的局面。2003年10月22日，成都在双流县召开了推进城乡一体化工作现场会，确定以城乡一体化为城市发展战略，以"三个集中"为根本办法，推进新型工业化、新型城镇化和农业现代化，把城乡一体化正式作为全市的重大战略部署全面推进，揭开了统筹城乡发展序幕。

城乡统筹战略的提出和实施，对城乡关系的调整起到了一定的作用。然而，由于没有根本突破城乡互补、城乡互通的体制机制，农村的土地制度改革滞后，城市资本、技术和人才下乡带动农村发展的机制没有建立起来，城乡人口流动的方向仍然是由农村到城镇，与新发展阶段相适应的城乡人口迁徙制度仍待突破：一方面，户籍与社会保障、就业、教育、土地及居住等相互嵌套、相互影响，户籍制度改革仍是最为困难和复杂的环节；另一方面，进城农业转移人口市民化仍面临阻碍，农业转移人口无法真正脱离农村和农业，"半城市化"问题抑制了城镇化进程，也使农村产权制度改革和要素市场化改革推进迟缓。

二 成都市城乡人口迁徙制度的演进历程

作为国家中心城市和超大城市,成都市率先开展了城乡人口迁徙制度改革的探索,以打破城乡户籍壁垒为重点推进城乡人口双向自由流动。经过近20年的实践创新,已经形成了一些较为成熟的经验做法。

2003年,成都市出台《关于调整现行户口政策意见的通知》,取消了入户指标限制,以条件准入制代替"入城指标"。随后出台《关于推行一元化户籍管理制度的实施意见》,打破城乡二元户籍登记制度,对全市户籍人口逐渐取消"农业户口"和"非农业户口"性质划分,统一登记为"居民户口"①。2006年,发布《关于深化户籍制度改革深入推进城乡一体化的意见(试行)》,进一步放开本市农民到城镇入户的限制,可在实际居住地办理常住户口。

2010年,出台《关于全域成都城乡统一户籍实现居民自由迁徙的意见》,提出要实行户籍登记地与实际居住地相一致的新体制,建立以身份证为标识集居住、婚育、就业、纳税、信用、社会保险等信息于一体的公民信息管理系统。2017年,连续出台《关于推进户籍制度改革的实施意见》《成都市居住证积分入户管理办法(试行)》《成都市户籍迁入登记管理办法(试行)》,实施"条件入户"和"积分入户"双轨机制,并出台了相应的管理办法和措施。②制定《2018年成都市实施乡村振兴战略推进城乡融合发展行动计划》,再次强调要全面落实居住证制度,健全农业转移人口农村产权持股进城机制,允许农民带着承包地、宅基地等财产进城落户(见表1)。

以户籍制度改革为主线,成都市在教育、社保等关键领域出台相应的配套改革方案。如出台《成都市居住证持有人及本市户籍跨行政区域居住务

---

① 针对原农业户口人员(18周岁以上从事农业生产的人员),根据村、组提供名册,派出所调查核实后,在《居民户口簿》和《常住人口登记表》职业栏加盖"农业劳动者"印章,并录入人口信息库。
② 《成都市居住证积分入户管理办法(试行)》,提出了居住证积分入户的12项指标;《成都市户籍迁入登记管理办法(试行)》,提出成都市人才入户的4项政策,建立条件和积分双轨并行人才落户体系。

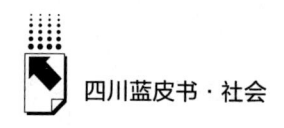

工人员随迁子女就读中小学校实施办法》，为流动人员子女教育提供了更好的服务；出台《成都市城乡居民养老保险试行办法》《成都市城乡养老保险关系转移接续暂行办法》，修订参保人从城乡居民养老保险转入城镇职工养老保险的规定，完善本市城乡养老保险制度，维护参保人员养老保险权益。

表1 成都市人口迁徙制度改革相关政策

年份	政策名称	关键措施
2003	《关于调整现行户口政策意见的通知》	取消了入户指标限制，以条件准入制代替入城指标
2004	《关于推行一元化户籍管理制度的实施意见》	取消农业和非农业户口性质的划分，统一登记为"居民户口"
2006	《关于深化户籍制度改革深入推进城乡一体化的意见（试行）》	放开本市农民到城镇入户，可在实际居住地办理常住户口
2007	《关于流动人口服务和管理工作的指导意见》	强调暂住申报登记，把流动人口纳入人口管理
2010	《关于全域成都城乡统一户籍实现居民自由迁徙的意见》	提出要实现全域成都城乡统一户籍
2016	《成都市居住证管理实施办法》	明确居住证管理制度
2017	《关于推进户籍制度改革的实施意见》	实施"条件入户"和"积分入户"双轨机制
2017	《成都市居住证积分入户管理办法（试行）》	针对非本市户籍人员，提出了居住证积分入户的12项指标
2017	《成都市户籍迁入登记管理办法（试行）》	针对非本市户籍人员，提出成都市人才入户的4项政策，建立条件和积分双轨并行人才落户体系
2018	《2018年成都市实施乡村振兴战略推进城乡融合发展行动计划》	全面落实居住证制度，健全农业转移人口农村产权持股进城机制

三　城乡融合发展背景下成都西部片区人口迁徙制度创新

党的十九大报告提出了实施乡村振兴战略，促进城乡融合发展的战略性目标。城乡融合发展是将城市和乡村放在同等地位，改变过去以城市发展为主、外延扩张城镇化的战略，逐步走向城市和乡村共同发展、融合发展的策略。在城乡融合发展过程中，成都西部片区不断探索服务城乡人口迁徙的方式和模式，把人口迁徙制度改革与促进城乡融合发展其他方面的改革相结合，形成体制机制的联动效应。

（一）创新乡村人才引进机制

实施乡村振兴战略以来，成都市以乡村振兴对人才的需求为导向，通过一系列返乡创业就业优惠政策激励人才入乡。

1. 依托乡村振兴战略构建乡村人才集聚机制

彭州市实施"金彭人才计划"，大力引进乡村振兴战略急需紧缺的文创、旅游、策划等高层次人才，选拔优秀农村实用人才纳入"优秀农村实用人才培养计划"；探索"人才+项目+资本"协同引才模式，引进高层次人才带项目带资本创新创业。郫都区针对农村发展型人才紧缺的现实，把引入城市人才与发展新业态结合起来，推进村落的"共享田园"建设，引入"新村民"、培育"新农人"，盘活农村闲置资源。

成都市西部片区实践案例：探索"共享田园"模式

作为全国4个宅基地"三权分置"不动产登记试点地区之一，郫都区于2020年1月制定了《郫都区"共享田园"建设指导意见》，创新探索"共享田园"模式，着力构建"一园二新三转变四协调五共享"城乡融合发展新格局。

"共享田园"模式秉承土地、农房、资产、生态等生产生活要素互补、互动、共享的理念。在"共享田园"中，村民和集体可以让渡闲置的农耕地、宅基地、集体建设用地的使用权，与有"田园梦"的城市居民共享农耕和居住以及产业等，同时可颁发基于使用权的房地一体的不动产权证，吸引城市居民向乡村流动。此外，"共享田园"改革中，新村民获得产权证后，可以按需抵押、申请贷款。

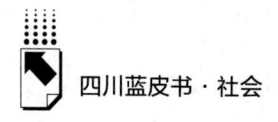

截至2020年5月，郫都区招募"新农人"200多人，带动乡村旅游发展和农产品就地市场化，促进"城市消费"向"乡村消费"延伸。

2. 深化人才返乡入乡创业激励机制

邛崃市优化"崃创中心"服务功能，支持邛崃籍人才返乡创业。崇州市鼓励普通高校和高等职业院校毕业生、外出农民工及经商人员回乡兴业，允许符合条件的返乡人员落户乡村。郫都区创新实施"社区合伙人"制度，鼓励村集体经济组织以"合伙人"方式引进人才（团队），探索"新村民"引进激励和管理机制。

成都市西部片区实践案例：创新实施"社区合伙人"模式

近年来，郫都区创新实施"社区合伙人"模式，出台《"社区合伙人"参与社区发展治理机制的指导意见》，全域开启"社区合伙人"计划，多形式、多领域为居民提供精准服务，培育了一批社区商企合伙人、社群合伙人和个体合伙人。截至2020年，郫都区已聚集各类"社区合伙人"800余个，筹集社区公益基金1200余万元。

(1) 创新"商企合伙人"模式，盘活社区闲置空间资源。一是空间换资源，引导商家以契约形式租用盘活社区闲置空间资源，开展附加公益、低偿收费等商业运营活动，共同打造新消费场景。比如郫筒街道书院社区的社区合伙人"沐言咖啡""明德慈佑"等。二是空间共使用，如京东方公司将文体设施与社区共享等。

(2) 创新"社群合伙人"模式，盘活社区群团组织资源。将区内19所高校和企事业单位协同起来，共同构建社区居民公共生活服务体系，比如蜀都新邨社区与成都工业学院合作。发挥社群力量，引导各类社群充分发挥作用，如伏龙社区志愿服务队、岷阳社区的阿姨文艺团、菠萝社区的朝阳之星舞蹈队等。

(3) 创新"个体合伙人"模式，盘活社区优秀人才资源。发挥乡贤力量，找出社区中各领域的优秀人才，通过定期开展多层次、高质量的活动，带动居民共同规划并参与社区建设，比如石羊村开设"乡贤课堂"。整合社区匠人，共同打造公共空间，比如双柏社区的"居民立夏"，通过立夏FM电台，总志愿服务时长超过600小时，服务覆盖近万人。调动居民志愿者积极性，引导居民志愿者成为社区合伙人。

3. 建立城乡专业人才定期交流服务机制

都江堰市建立城乡人才合作交流机制，试行事业单位"双向流动""县管校（院）聘"等灵活用人管理制度，推动城市教科文卫体等领域人才定期到农村支援服务。崇州市探索推行"岗编分离"，推动建立城市人才入乡激励机制。

在乡村人才引进政策和乡村发展前景的双重激励下，成都西部片区人口迁徙从原来的由乡进城单向流动发展为由乡进城与由城入乡并行。大量乡村振兴急需的各类人才返乡入乡就业创业，极大地提升了乡村的人力资本，优化了乡村的人才结构。

（二）创新城乡土地利用机制

随着成都市城乡人口迁徙从暂时迁移向长期迁移转变，农业转移人口与土地的关系正在发生深刻的变化，城乡人口流动对农村土地提出了新的现实需求，这为推动城乡人口迁徙与城乡土地利用的耦合创造了条件。

1. 维护离乡进城"新市民"的土地权益

原来普遍存在的半工半耕家庭经济模式正在被稳定的非农就业所取代，农业转移人口向城镇常住人口转变。农村承包地的生计功能和农村宅基地的居住功能减弱，甚至消失；更多地体现为村集体成员的财产权，这是进一步深化农村产权制度改革的出发点之一。

2. 回应"新村民"对承包地经营权和宅基地使用权的现实诉求

为实现"人-地"关系协同发展，在城乡融合发展中，各改革试验区都在积极探索改革路径，比如温江区以合资、合作、投资入股等方式，以共享宅基地资格权、农村集体土地承包经营权、农村集体资产股权、参与乡村治

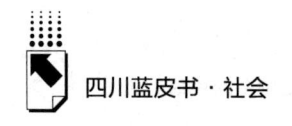

理等农村集体经济组织成员权利为核心引进一批"新村民"。

3.构建促进人口集聚的城镇建设用地配置机制

根据城镇常住人口配置公共资源的新型城镇化发展思路,对城镇建设用地的配置也提出了新的需求。在城市土地配置方面,成都市探索基于常住人口的城市用地安排。如各改革试验区在增加城镇建设用地规模、预算内投资等安排上,优先向吸纳农业转移人口落户数量较多的镇街倾斜。

(三)创新城乡公共产品均衡配置机制

促进城乡公共资源均衡配置,让城乡居民享受均等的公共服务,是城乡居民权利平等、共享发展成果的重要标志。

1.基本公共服务由城市向农村延伸

城乡融合背景下,成都市各区(市、县)致力于将城市医疗、教育、卫生、文化等公共服务向农村延伸,城乡一体的基本公共服务体系初步形成,城乡统一的社会保险制度和社会救助体系也逐步健全,城乡教育资源配置从均衡发展转向优质均衡发展,乡村医疗卫生和公共文化服务体系等建设进一步加强。以农村义务教育为例,为破解农村教育发展日渐"空心化"、师资力量"薄弱化"等难题,大邑县推出"美丽而有温度的乡村教育"这一区域教育品牌,这一改革举措有效提升了农村学校办学品质,推动了城乡义务教育的一体化发展。

成都市西部片区实践案例:美丽而有温度的乡村教育

为促进义务教育优质均衡发展,推动农村学校建设,大邑县在总结前期试点经验的基础上,推出"美丽而有温度的乡村教育"这一区域教育品牌,推进乡村学校建设。

(1)协助学校进行顶层设计。全县统一聘请第三方教育咨询机构对学校发展状况进行科学诊断与评估,为学校量身定制发展咨询报告。统一聘请知名设计机构,与学校合作完成学校规划及重点建设项目的形象设计。

(2)为农村学校提供专业服务。组织力量编制《大邑县美丽而有温度的乡村学校（幼儿园）建设标准》，通过具体的办学指导，提升学校办学水平。

（3）多种举措破解师资队伍建设难题。落实农村教师津贴，兴建农村教师公寓，切实提高农村教师待遇。通过建立县域内人力资源共享机制，结合支教、交流，以"共享教师"的形式，解决农村学校学科专业教师不足的问题。针对农村小微学校学生少、小班化等实际情况，推行"全科教师"制，解决农村小微学校教师结构性短缺的问题。

（4）融合优质资源，解决一体化发展难题。精选了十所各具优势的优质学校与农村学校结成帮扶对子，采用"需求菜单"的形式，实施精准帮扶，以结对帮扶、挂牌领办、托管办学等形式助力大邑县农村学校发展。

2. 探索基本公共服务清单管理和动态调整制度

为推动实现基本公共服务资源按常住人口规模配置，成都市把推进公共服务均等化与流动人口管理相结合，进一步优化了公共资源配置。以社会关注较多的随迁子女义务教育为例，成都市基本实现了农民工随迁子女在流入地接受义务教育，将随迁子女教育经费归入财政保障体系。据统计，2017年有36.8万名农民工随迁子女在成都接受义务教育，占成都市义务阶段学生的28.3%。在调研的部分区（市、县），根据常住人口的体量和随迁子女的数量，均有相应比例的随迁子女入学。以小学阶段为例，有约15.75%的学生属于随迁子女。

（四）创新乡村社区治理机制

城乡融合发展进程中，人口迁徙形成的人口集聚趋势更加明显，这对人口流出地和人口流入地的社会治理都形成巨大的挑战。成都市早在城乡统筹改革初期，就探索创新村级社区治理机制，推行村级事务民主决策、一事一议等制度。在城乡人口双向流动现象越来越普遍，特别是由城到乡的人口流动显著增加的背景下，对乡村社区或涉农社区的治理提出更高的要求。

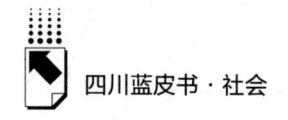

1. 引入社区治理人才，参与乡村社区治理

随着乡村人口集聚程度不断提高，社会结构更加复杂，亟须引入社区治理人才，提升乡村社区治理能力和水平。崇州市创新社会治理实现路径，充分调动社会各界参与社区发展治理热情，引进培育一批优秀社区工作者、农民工、社会组织带头人、社区规划师、新乡贤、新村民等高素质人才，推动乡村治理。同时，推动"能人治村"，选拔回乡大学生、农民工、返乡创业人员等优秀人才担任村党组织书记。

2. 探索形成多方共建的乡村治理模式

在人口流入较多的乡村社区中，需要顾及外来人口参与村级事务的需求。各改革试验区都在探索多种形式的乡村治理模式，以适应新型乡村社区人口构成上的多样性。崇州市探索形成"凡朴生活+国际义工+农户""凡朴社区营造中心+社会组织+农户"共建共创共享的社区治理机制，构建绿色、生态、循环、共享、共融的"凡朴生活圈"。

四 成都西部片区城乡人口迁徙存在的主要问题

在城乡关系领域改革中，成都市已经取得了显著成效，在全国率先取消"农业户口"和"非农业户口"的性质划分，实现城乡"一元化"户籍登记，打破了人口由乡到城迁徙的政策壁垒。但是，随着城乡关系演进对人口流动提出新需求，城乡间人口迁徙出现了一些新的问题，例如户籍制度改革中出现的困境，以及作为人口迁徙的两大群体，"新市民"与"新村民"面临的问题等，亟须在城乡融合发展改革中予以破解。

（一）本地农业转移人口面临"出得来"的问题

早在2003年成都市就着力改革二元户籍制度，在全国率先推行城乡统一的户籍管理制度改革。此后，不断放宽入户政策，剥离附着在户籍上的社会福利与经济功能。但是，目前全市人口市民化的意愿不足，常住人口落户城镇和农业转移人口迁户动力较弱。

一是常住人口城镇化率持续高于户籍人口城镇化率。据统计，2019年成都市两个城镇化率之间相差11.87个百分点，8个改革试验区平均差值是10.9个百分点，其中郫都区达到18.7个百分点（见图1）。这说明大量的农业转移人口常住城镇，但是并不愿意放弃农村居民的身份①。

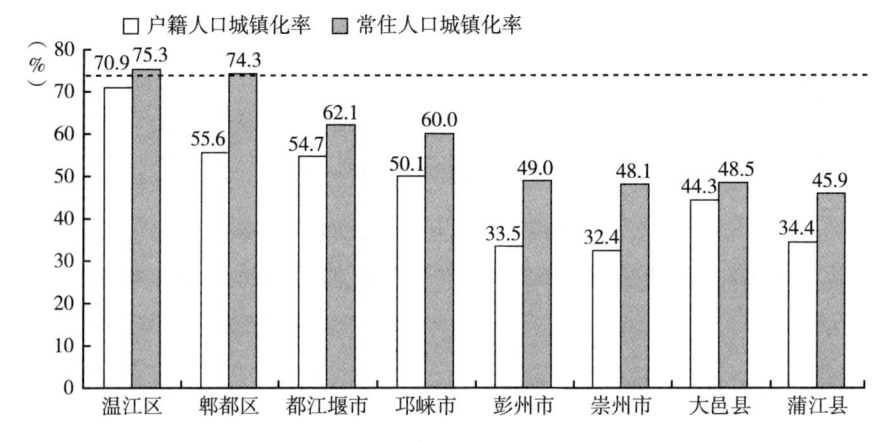

图1 成都市西部片区各区（市、县）两个城镇化率（2019年）

注：图中虚线为成都市常住人口城镇化率（74.41%）。
资料来源：2019年成都市各改革试验区国民经济和社会发展统计公报。

常住人口和户籍人口城镇化率之间的差距还呈现扩大趋势，常住人口城镇化率逐年递增，而户籍人口城镇化率却止步不前。以彭州市为例，2012年两个城镇化率之差为4.8个百分点，至2020年已经扩大到15.9个百分点（见图2）。

二是居住地与户籍地分离呈现常态化趋势。常住人口城镇化率持续高于户籍人口城镇化率的一个原因是，农业转移人口极少迁出农村的户口。彭州市户籍总人口约80万人，每年以镇街为单位的户籍变更累计仅两三千例，而非城镇户籍转为城镇户籍的数量更少。迁户的原因仍然是传统的几大因素，主要是：①学历入户；②夫妻投靠入户；③未成年人投靠父母入户；④退伍士兵入户；⑤本市户籍全日制普通高校应届毕业生入户。户籍迁出的

---

① 值得注意的是，同样是城镇化发展较为靠前的温江区，户籍人口城镇化率与常住人口城镇化率很接近，相差仅4.4个百分点，值得进一步研究。

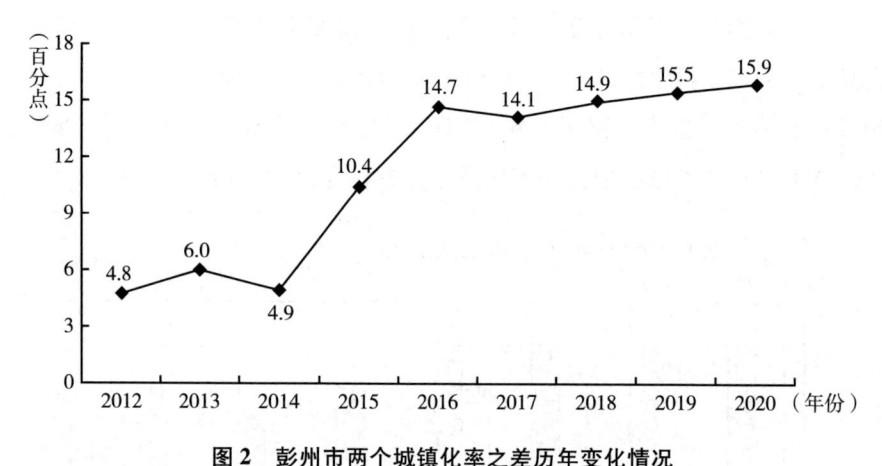

图 2　彭州市两个城镇化率之差历年变化情况

资料来源：2019年及以前数据来自各年统计年鉴，2020年数据来自2020年统计公报及七普公报。

主要原因是：①夫妻投靠迁出；②被大中专院校录取、大中专院校毕业生需迁出户口的；③购房迁出。调研中了解到，近20年来，很少有自主迁户的案例；个别的是为了子女读书，迁出之后又迁回。

从上面的分析可以看出，基于户籍制度的人口迁徙管理面临的瓶颈是，农业转移人口缺乏迁户、落户动力。主要原因首先是外出农村居民对原村集体组织成员的权益有较高的预期，不会轻易放弃承包经营权和宅基地相关权益。其次，本市农村居民以常住人口身份在城市居住也可以平等享受城市居民的基本公共服务，比如子女教育、社保接续、购房等，这进一步弱化了进城农民迁出农村户口的动力。最后，老一代农民仍然保留着对土地的特殊感情，这也是农业转移人口仍然保留农村户籍的原因。

（二）城市居民向乡村流动面临"进得去"的问题

城乡人口双向自由流动既是城乡融合发展的必然要求，也是乡村全面振兴的实现路径。现阶段，成都西部片区各地均出现大量人才下乡、市民下乡的新现象。虽然人才要素开始流入农村，但是还没有形成较为稳定的机制，主要靠地方政府行政手段推动，各地仍处于试点探索阶段，人口入乡仍面临制度性和非制度性制约。

首先，由城下乡的城市居民面临农村户籍制度和土地制度的约束。城乡居民的迁徙与居住权利是不对等的，尽管当前农村居民落户城市的限制被逐渐打破，但是城市居民落户乡村的通道基本上是关闭的。尽管在部分地区，城市居民通过租赁农房实现在农村定期居住，也有从事农业生产经营的现象，但是外来居民始终缺乏对农村社区的身份认同。由城到乡有流动，缺融合。关键因素是农村户籍制度、土地制度的约束。基于村集体组织的农村户籍制度与土地制度互为影响、相辅相成，承包地、宅基地的初始获得和集体收益的初始分配都必须依赖于村集体成员身份的认定。目前成都已经实施村集体成员身份固化政策，外来的"新村民"可以享受什么权益，是决定政策引导方向的核心问题。

其次，农村公共服务设施建设相对滞后，难以吸引城市人才长期服务乡村。尽管成都西部片区在乡村建设方面有了长足的发展，有的明星村落甚至成为网红打卡点，但是总体上来看，农村居住区在水、电、气、路、网等公共基础设施建设上仍存在较为明显的差距。文化教育、娱乐健身等公共服务设施配套不齐全、供给不平衡，特别是在生活便利性和环境卫生条件等方面较差。在吸引城市人才方面，过于注重在产业项目上提供支持，而在农村社区高质量的公共服务供给上缺乏应有的关注。

最后，城市人口进入农村缺乏风险预判和相应的监测防控机制。当前，城市人口进入农村主要还是政策激励和促进的阶段，对可能存在的风险缺少预判，还缺乏监测防控的制度设计。比如由于城市资本的强势地位，开放村庄后是否会产生"土地兼并"从而导致农村土地非农化问题，进而影响我国农村集体经济组织的基本制度安排。又如，农民在有偿出让土地权利后，一旦无法在城市稳定居住，可能导致的社会风险等。这些可能的因素给城市居民进入农村带来了不确定性。

（三）市域外来人口市民化面临"进得来"的问题

在成都市域范围内，具有进城落户需求的人口主要是成都本地的农村居民和成都市以外的外来人口两类群体。这两类群体都被计入城镇常住人口，也都存在居住地与户籍地分离的问题。如果说本地农村居民实现由农民向市民的身份转变是一个"出得去"的问题，那么外来人口的市民化进程则面临"进得来"的问题。

一是基于居住证的常住人口管理体制还不健全。成都较早实施居住证管理制度，期望实现以居住证为载体，鼓励非城镇户籍居住证持有人落户。但是实际执行结果与政策制定的愿景仍存在一定偏差。如彭州市2019年城镇户籍人口为26.76万人，城镇常住人口为38.25万人，两者相差11.49万人。如果考虑到城镇户籍人口还有部分会流出本地，城镇常住人口会更多。按照政策要求，凡是处于人户分离的情况都需要在实际居住地办理居住证。因此在办理了居住证的6469人中，既有外来人口，也有本地进城农业转移人口。[①] 该数值与10万人以上的常住人口数相差很远。可以合理推测，有很多非成都户籍的外来人口并没有办理居住证，这部分人口处于居住地与户籍地分离的状态。由于常住人口中只有小部分人群办理了居住证，基于居住证的流动人口管理也就缺乏支撑。

二是"双轨并行"的落户政策没有体现出"并行"的效果。参考国内其他特大城市的做法，成都在外来人口市民化方面实行积分落户和人才落户的"双轨并行"入户政策体系。在积分落户方面，构建了居住证积分管理体系，以合法稳定就业、合法稳定居住为主要指标，确保社保缴纳年限和居住年限占比合理，推动常住人口向户籍人口转变。"双轨并行"的落户政策较为突出的问题是，其执行结果存在明显的不平衡现象。比如在彭州市的情况中，实际落户基本上属于条件入户，近三年入户人数均在2000人以上，而积分入户只有零星的十来人；温江区的情况也类似，积分入户人数只占当年条件入户数的1.5%。值得特别说明的是，彭州市和温江区的案例具有较强的代表性，调研中发现，其他改革试验区也存在类似情况。尽管政策表述

[①] 由于缺乏相关数据，不能区分居住证持有人中，哪些是外来人口，哪些是本地进城农业转移人口。但是考虑到成都户籍人口在申请子女义务教育就学或其他公共服务时，不需要提供居住证，可以合理推测，居住证持有人主要是外来人口。

上强调，要实行差异化积分，按照"西控"产业发展导向，根据城市发展需要和区域综合承载能力合理调控积分入户规模，但是具体如何实施，如何调控入户规模，还需要更多的政策分析。

三是外来人口享受公共服务的隐形限制仍然存在。外来人口在住房、社保、医疗等方面与城市居民之间的差距明显缩小，特别是在社保购买和子女教育这两大核心福利上，已经能够享受到更优质的服务。但同时也要看到，在基于常住人口提供公共服务方面还存在若干隐性的门槛，亟须政策制度方面的更多突破。比如，在随迁子女接受义务教育方面，强调的是"务工人员随迁子女"，这就要求申请人提供劳动合同，或工商营业执照，且需要交纳城镇职工基本养老保险满12个月，这些条件对于很多非正式非正规就业的劳动者来说，就成了一个"门槛"。同时，需要提供《房屋租赁登记备案凭证》[①]，以证明连续居住满一年，这在当前成都较为低端的房屋租赁市场也难以办到。在社保参保方面，同样存在政策实际执行结果上的差别。根据积分入户政策规定，需购买城镇职工养老保险才能积分。但是实际上，在常住人口中购买城镇职工养老保险的比例较低，客观上导致很大一部分常住人口被排在积分入户政策之外。以蒲江为例，在城区户籍人口中，98.9%购买了城镇职工养老保险，仅1.1%共522人购买了城乡居民养老保险；在非城区户籍人口中，只约25%的居民购买了城镇职工养老保险。

五 推进成都西部片区城乡人口迁徙的思路与建议

作为国家城乡融合发展试验区和超大城市发展"西控"区域，成都西部片区的人口迁徙制度改革具有更加深远和重大的意义。在城乡融合发展和生态资源保护的双重目标下，成都西部片区必须瞄准城乡人口迁徙面临的关

[①] 办理《房屋租赁登记备案凭证》，属地街道便民服务中心综合窗口，需符合：1. 租赁双方当事人持本人身份证原件及复印件；2. 租赁合同原件及复印件；3. 房屋权属证明文件（房屋所有权证或其他有效合法证件）原件及复印件。《成都市房屋租赁管理办法》（成都市人民政府令第140号）2007年生效。

键阻滞，通过全面深化改革进一步打破城乡壁垒，构建起与超大城市城乡关系内在需求相一致的城乡人口迁徙制度。

（一）推进成都西部片区城乡人口迁徙的思路

根据成都城乡人口迁徙存在的现实问题，以国家和成都方案为指导，城乡融合发展试验区建立城乡人口迁徙制度应遵循以下基本思路。

——以服务城乡人口迁徙为出发点推进户籍制度改革。无论国外经验还是国内改革先行区的措施，都以服务城乡人口自由流动为基本目的。西部片区以丘陵地区为主，以农村为主，城镇化水平相对滞后，需要进一步增加城镇人口的聚焦度，提高城镇化率。同时，作为生态资源保护区，人口逐渐退出保护核心区也是必然要求。因此，可考虑全面放开城镇户籍限制，促进本地户籍的农业转移人口和外地来蓉人员落户城镇。同时，探索城市居民落户农村的户籍管理制度。可首先考虑在8个试验区范围内放开人口居住与落户限制，并从省市层面就市民化成本分担给予一定的财政配套。

——构建服务乡村振兴战略的人口管理制度。从成都市未来城市发展规划来看，西部片区的发展重点是体现生态价值，生态经济、绿色产业的实现基础在乡村，实施乡村振兴战略是西部片区发展破局的关键。因此，西部片区人口迁徙制度应服务于农业农村发展的现实需要。一方面，要在如何引进并留住乡村振兴人才上着力；另一方面，要在如何创造条件吸引城市居民到乡村生活上有新的突破。

——构建适应新型城乡关系的公共服务供给机制。大力推进城乡公共服务均等化既是促进城乡人口双向流动的基本条件，也是保证社会公平的重要内容。要将劣势转变为优势，以推动城乡融合为契机，针对现代化田园城市和特色镇建设、川西林盘打造以及"小组微生"新型农村居住区建设等，根据人口聚居趋势，探索公共服务和公共基础设施有效供给的机制和路径。探索多方参与的供给机制，充分发挥集体经济组织和财政涉农资金等在农村公共产品供给中的作用。

——切实保障农业转移人口在城乡的基本权益。保障农业转移人口在农村的各项权益，特别是土地权益，确保改革过程中农业转移人口的利益不会受到损害。探索户籍与农村集体经济组织成员身份相分离的制度设计，体现与户籍相剥离的财产权利。同时，加强对农村劳动力在城市的公共服务供给，特别是就业服务，让进城农业转移人口实现稳定就业。防止农业转移人口出现既没有土地回不去农村，又没有技术立足于城市的窘境。

（二）推进成都西部片区城乡人口迁徙的建议

推进城乡融合发展对人口迁徙管理提出更高的要求，必须继续坚持体制机制创新，改革城乡人口迁徙制度，需要在以下五个方面着力。

1. 从制度上保障农业转移人口带着财产权落户

农村土地制度改革的本质是要维护好新市民的土地权益。对进城落户的农业转移人口，应明确保障其承包期内的土地权益，并引导他们依法、自愿、有偿地退出或转让承包经营权和宅基地资格权，平稳有序地推动农民市民化，让农村居民可以带着财产权进城落户，破解本地农业转移人口市民化动力不足的问题。

实现户籍与集体经济组织成员权相分离。充分利用成都市农村产权制度改革的成果（包括确权颁证、承包地三权分置、宅基地三权分置、集体经济组织成员身份双固化等），探索农村集体经济组织成员权（如农户土地承包权、宅基地和农房财产权、集体资产股权等）与户籍相分离的实现机制。农业转移人口迁户转户不影响其集体经济组织成员身份，从而在制度设计上体现对进城落户农民的财产权承诺。

扩大农村土地产权的交易权能，提高产权的流动性。探索承包经营权和宅基地使用权向财产权或股权转化的方式，并进一步扩大交易权能，使相关财产权或股权可以在一定范围内（如镇村）或与特定对象（如本镇本村居民和新村民）进行交易。

尽快明确承包期满后的顺延衔接方式，提高产权可预期性。尽快明确承包权的责权预期。在承包期截止时，原集体经济组织成员享有的土地权利如何处置，具体说，是否保留进城落户原村民的承包经营权和宅基地资格权？

这是事关进城农民迁户决策的核心问题，应提前谋划，民主决策，形成最大公约数，达成社会共识，确保所有人对土地权利交接都有明确的预期。

2. 明确新村民可享受和获得的各项权利

农村户籍制度改革的本质是要将农村居民的政治身份与经济身份分开，将财产权利与公民权利脱钩，保障新村民拥有与原住居民同等的公民权利以及经由市场交易取得的财产权利，进而让下乡市民真正地融入乡村，实现"村民化"。

新村民享有与原住居民相同的各项公民权利。城市居民一旦成为新村民，获得农村居民户籍，根据《村民委员会自治法》，也将是村庄的主人，理应成为乡村治理的主体。因此，要放开权利限制，赋予新村民同等的公民权利。新村民也将与原住居民一道共同参与乡村治理，共同推行民主选举、民主决策、民主管理和民主监督，共同享有村内基础设施和公共服务。

新村民享有经由市场交易取得的农地经营权、宅基地使用权等相关财产权。在实现集体经济组织成员身份与农村居民户籍相剥离的制度设计下，新村民具备农村居民的户籍身份，但不具备集体经济组织成员身份，因此，不享有承包经营权、宅基地资格权和集体收益分配权等已经固化的财产权。但是，在承包地和宅基地"三权分置"框架下，新村民可以通过市场交易方式，在同等条件下优先获得原集体经济组织成员转让的土地经营权、宅基地使用权与房屋使用权，满足日常生产生活的需要。在有集体经济组织成员依法、自愿、有偿地退出农地承包权、宅基地资格权和房屋财产权时，新村民可通过市场交易的方式获得，具体实施办法由村集体协商制定。

3. 建立健全城乡一体的基本公共服务供给机制

农村基本公共服务与产品供给规模不足、质量不高，公共基础设施建设滞后，这是阻碍当前农村社会发展的最大短板，应持续完善有利于城乡基本公共服务普惠共享的体制机制。

编制基于城乡融合发展的基本公共服务规划。在成都西部片区城乡融合趋势下，人口聚居呈现新的特点。随着产业功能区、特色镇、旅游景点、精品林盘、新型农村社区、郊区新城等建设加快推进，此类地区的公共服务需求将不断扩大。应提前谋划，做好基本公共服务规划，确保农村公共服务与人口增长和聚焦趋势相适应，甚至适当超前，以起到对人口流动的引导作用。

深入实施城乡一体的基本公共服务清单管理制度。针对义务教育、社会保障、医疗卫生、劳动就业等薄弱环节，加强城乡一体的制度设计，实行清单管理。加大政策优惠和供给模式创新力度，鼓励社会资本参与农村公共产品提供。加快推进政府购买公共服务的体制机制改革。根据清单编制项目，全力推进"公共服务设施攻坚行动"，鼓励和引导城镇公共服务资源向乡村延伸。

4.打通从居住证到户籍的体制机制障碍

在成都西部片区中，除郫都区和温江区城镇化率达到成都市平均水平外，其他6个区（市、县）的城镇化发展还较为滞后。这既说明各改革试验区在外来人口市民化方面存在的客观差距，也说明持续扩大户籍人口规模、加快市民化进程的必要性和可行性。为此，应深化城市户籍制度改革，打破从居住证到户籍的体制机制障碍，推动外来人口市民化。

简化居住证办理前置条件，加快推进居住证办理。目前，各改革试验区居住证办理数量与常住人口实际数量之间尚存在较大差距，难以实现基于居住证的人口迁徙管理。为此，首先，应根据以人为本的新型城镇化原则，有针对性地简化居住证办理的前置条件，对无法提供租房合同和房屋租赁登记备案凭证的申请人，可以本人银行账户支付的水、电、气费用缴纳明细代替。其次，简化居住证办理程序，推行互联网上申报、受理，窗口办理工作模式。最后，探索将居住证持有人及其家属直接转为户籍人口的实现机制。以此推进居住证办理进度，实现应办尽办，基本上覆盖城镇常住人口。

逐步放开城市落户限制，推动常住人口向户籍人口转变。完善条件入户和积分入户"双轨并行"政策。在条件入户方面，持续加大人才引进力度，提高落户便捷性。在积分入户方面，迫切需要有针对性地简化前置条件。可放宽对社保的积分要求，只要满足缴纳"城镇职工基本养老保险"和"城乡居民养老保险"二者之一，就可计相同的分。由于大多数常住人口购买的是城乡居民养老保险，预期符合积分入户条件的常住人口会出现突破式增长。可通过科学测算，制定具体实施细则来有序放开，避免出现挤兑效应。在完成存量任务后，可考虑取消积分入户，设置居住证过渡期，建立从居住证过渡到城市户籍的实现机制。

5.切实推进基于常住人口的城市公共服务均等化

城镇常住人口在享受公共服务方面仍然存在隐形障碍，亟须在改革中进一步清除。同时，健全农业转移人口市民化成本分担机制，加大城乡优质公共服务的供给力度。

进一步清理附着在户籍上的公共服务功能，剥离隐形障碍。建立城镇基本公共服务与常住人口挂钩机制，推动公共资源按常住人口规模配置。探索"租购同权"实施办法，进一步简化相关证明材料。比如，在务工人员随迁子女申请义务教育就学时，对于无法提供劳动合同的非正式就业人员，可以本人银行账户上的流水明细代替，以此证明有固定的收入来源。

健全农业转移人口市民化成本分担机制。能否切实推进户籍制度改革，很大程度上取决于是否形成有效的市民化成本分担机制。应按照"人钱挂钩、钱随人走，人地挂钩、以人定地"的原则，落实财政转移支付同农业转移人口市民化挂钩政策，落实城镇建设用地增加规模与吸纳农业转移人口落户数量挂钩政策，以及中央预算内投资安排向吸纳农业转移人口落户数量较多的城镇倾斜政策。

B.10
从精准扶贫到乡村振兴

——四川省社工站（室）的实践内容及保障机制

四川省社会工作站（室）研究课题组*

摘　要： 乡村振兴是新时代"三农"工作的重心。社会组织在参与巩固脱贫攻坚的同时，与乡村振兴之间有效衔接，既体现了社会组织的重要责任，又体现了社会组织服务国家、服务社会、服务群众、服务行业的重要性。在各方支持下，社会组织从多个方面参与了精准扶贫工作。接下来，作为乡村治理的重要主体之一，社工站（室）必将成为社会组织参与四川省乡村振兴工作的重要载体。本文对于社工站（室）参与乡村振兴的工作内容、保障机制作出展望，在制度建设、规范化管理、平台建设、队伍建设以及宣传资金等方面对社工站（室）参与乡村振兴提出建议。

关键词： 社工站（室）　精准扶贫　乡村振兴　社会组织

2021年2月25日，习近平总书记在全国脱贫攻坚总结表彰大会上宣告我国精准扶贫工作取得了全面胜利，完成了消除绝对贫困的艰巨任务，并充分肯定了包括社会组织在内的社会力量参与脱贫攻坚的历史性贡献。精准扶

---

* 课题组成员：臧肖，成都大学法学院社会工作系主任；卓娅，成都市社会组织社区和社工人才服务中心，社会工作师；朱泓宇，四川省社会科学院人事处；戴琼瑶，成都大学法学院社会工作系讲师；蒋晨曦，成都市社会组织社区和社工人才服务中心，社会工作师；黄熹微，四川省社会科学院社会学研究所助理研究员，社会工作师。

贫目标任务完成后，国家"三农"工作重心将转向全面推进乡村振兴。① 参与巩固拓展脱贫攻坚成果，并同乡村振兴有效衔接，既是社会组织的重要责任，又是社会组织服务国家、服务社会、服务群众、服务行业的重要体现，更是社会组织拓展业务、实现高质量发展的重要途径和广阔舞台。②

社会组织凭借着独有的优势一直在参与四川省精准扶贫工作并取得了一定的成就。自2021年4月20日民政部办公厅出台《关于加快乡镇（街道）社工站建设的通知》以后，四川省快速推进乡镇（街道）社工站建设，截至2021年底已建成社工站点2849个，其中县级社工总站69个、镇街社工站643个、村社社工室2137个，大部分社工站（室）都由社会组织运营。对于社工站（室）来说，参与乡村振兴是必须承担的重要工作。对社会组织参与精准扶贫的经验提炼、模式总结必将为社工站（室）参与乡村振兴提供有益的借鉴。

一 四川省社会组织参与精准扶贫概况

（一）社会组织参与精准扶贫的主要内容

相对于政府来说，社会组织长期扎根基层更加了解居民的需求，在参与精准扶贫中能够更有针对性、目标性地找到导致贫困的问题，从而提供更加准确的服务；③ 同时，社会组织可以直接提供心理疏导、争端调解、法律援助等有针对性、专业化的社会支持④；社会组织还可以链接多方资源引入贫

---

① 《中央农村工作会议在北京举行 习近平作重要讲话》。
② 《中共中央 国务院关于做好2022年全面推进乡村振兴重点工作的意见》提出，要广泛动员社会力量参与乡村振兴；《"十四五"民政事业发展规划》设立"实现巩固拓展脱贫攻坚兜底保障成果同乡村振兴有效衔接"专节，强调"鼓励引导社会组织、社会工作者和志愿服务组织积极向乡村提供民政公共服务，共同推进乡村振兴"。
③ 汤伟清：《社会组织参与精准扶贫的发展机遇与对策》，《法制博览》2019年第32期。
④ 贾双跃：《更好发挥社会参与主体在乡村振兴中的作用》，《中国党政干部论坛》2018年第8期。

困地区；另外，社会组织可以引导贫困者树立正确的人生观、价值观，挖掘其潜能，增强他们自立自强的决心，从根本上破解制约自我发展的思想障碍，使贫困者在精神上脱贫，使社会价值得到正向的弘扬。①

1.党建引领，发挥社会组织专业性

成都市域内社会组织在登记管理机关、业务主管单位及上级党组织的指导下开展了各类主题教育活动，主要包括"三严三实"教育实践活动、"两学一做"学习教育、"不忘初心，牢记使命"主题教育活动和党史学习教育活动。以主题教育活动为契机，以社会组织为载体，建设规范化服务型示范党组织和廉洁社会组织。各类社会组织先后设立党员先锋岗、党员示范窗口、党员志愿服务队，开展"我为群众办实事"，充分发挥伦理价值、人才聚集、专业技能和服务经验等方面优势，满足公众需求，为群众提供优质公益服务和专业服务，在精准扶贫工作中充分发挥基层党组织的战斗堡垒作用和党员的先锋模范作用。例如，成都云公益发展促进会组建了10支党员志愿者服务队，开展了重点针对青少年的医疗服务和法律援助，随着服务对象和服务领域的拓展，累计服务困难群众100余万人次。通过党建引领社会组织参与精准扶贫，充分体现了社会组织服务对象的广泛性、服务水平的专业性、服务方式的灵活性。

2.政府购买社会组织专业、多元的服务

社会工作专业社会服务机构（以下简称"社工机构"）参与精准扶贫的主要内容是心理疏导、精神关爱、关系调适、能力提升等②，参与形式主要是政府部门购买社工机构服务，社工机构通过需求调研和精准评估，遵循个别化、差异化的工作原则，依据帮扶对象的实际需求与致贫原因进行精准识别和定位，进而制定系统的帮扶策略，对贫困者提供针对性、多元化的专

---

① 孟亚男、周欢：《"后扶贫时代"社会工作组织参与精准扶贫的角色与功能定位》，《劳动保障世界》2020年第17期。
② 2017年民政部、财政部、国务院扶贫办三部门联合出台《关于支持社会工作专业力量参与脱贫攻坚的指导意见》，指出社会工作专业人才是为贫困群众提供心理疏导、精神关爱、关系调适、能力提升等社会服务的新兴力量，在帮助贫困群众转变思想观念、树立自我脱贫信心、拓宽致富路径、提升自我脱贫能力等方面可以发挥积极作用。

业社会服务。⑤

成都市每年投入社会组织专项资金，专门培育支持社会组织实施生活关怀、医疗救助、助老助残、物资捐赠、公益慈善、就业培训、创业扶持等方面的扶贫济困项目，力求更加有效地帮扶受助的困难群众发展生产、改善生计。有大量相关项目取得了一定成效，催生了良好的社会反响。例如，成都市建中社会工作服务中心①开启了"建中爱心衣屋"项目，在金牛区各小区门口设立了共计100个旧衣物回收箱，并且超前地采用了条形码，实现了捐赠衣物可追踪。尽管省内有不少开展较早或长期开展回收旧衣项目的公益机构，但这些项目均没有衣物追踪模式，仅在官网上定期发布衣物捐赠活动图文，从侧面证明衣物已捐赠。为了追求更加公开、透明的捐助氛围，"建中爱心衣屋"项目实现用条形码追踪爱心衣物去向，已经将部分衣物捐到了大凉山的"悬崖村"——阿土勒尔村。

3. 打造服务平台，链接多方社会资源

社会组织发挥自身资源中心优势，建设服务站点。通过单独创建、联合组建等多种形式，链接多方资源，在贫困地区设立社会工作、卫生监测等专业服务站点100余个，为困难群众提供社区发展、心理援助、法律咨询、健康指导、疾病监测等多领域的专业服务。例如，成都公益组织服务园牵头组织成都地区19家社会组织联合建立10余个社会工作服务站，积极开展心理援助，为青少年、老年人及残障人士提供服务，先后服务困难群众5万余人次。

社会组织，尤其是行业协会商会在精准扶贫中发挥链接各方资源的桥梁作用，挖掘并拓宽渠道，让支援贫困地区发展的物料、资金和人员能快捷有效地进入。社会组织的努力，促成了大量物料、资金、人员和技术进入贫困地区开展精准扶贫工作。例如，2016年初，成都市物流协会发挥行业协会优势，组织旗下会员共11家运输企业，征集10000多平方米仓库，发动100余名专业人员，启动车辆40多车次，用时12天，将成都市内200多所中小

---

① 中国文明网，http://www.wenming.cn/syjj/dfcz/sc/201606/t20160614_3438863.shtml。

学捐助的衣物、教辅资料和文具等物资运抵雷波县各中小学校，并分发到当地学生手中，及时满足了当地学校、家长和学生需求，充分发挥了社会组织在教育扶贫和社会兜底保障扶贫方面的作用。

4.创新帮扶机制，提升扶贫工作水平

成都市社会组织依托自身资源，建立健全一体化帮扶机制，为贫困群众提供产业扶持、就业指导和创业帮扶，通过城乡社区互助联盟，直接投资民生项目帮扶困难群众。成都市和谐社区发展促进会等社会组织在民政部门的指导下，全面梳理了全市3500多个村（社区）的经济发展、现实条件等基本情况，并建立了精准扶贫的资源库和台账。以此为基础，发起成立城乡社区互助联盟，定期组织开展各类沙龙、展会和交流会，实现城乡社区互助、产品直销和"三社互动"。通过追加农副产品订单、拓展农副产品销路等方式帮助贫困乡村发展生产，切实推进城乡社区优势互补、资源共享、发展互促。2016年以来，全市已有1000余个村（社区）加入城乡社区互助联盟，惠及困难群众5000余人。

社会组织发挥行业和资源优势，通过直接投资民生项目，开展造血式产业扶贫。社会组织在为贫困地区带来资金和项目的同时，还为当地群众开展种植技术、禽畜养殖、农家乐经营和农副产品加工制作等方面的技术培训。此外，社会组织还通过发挥资源中心优势，为当地农户提供资金支持、技术指导和信息推送，推动群众就地就业，带动外出务工人员返乡创业，实现贫困地区产业发展、贫困人员增加收入。成都市家禽产业协会开展"送鸡苗教技术助增收"定点产业扶贫项目，向邛崃、大邑、金堂、彭州的100户困难群众发放鸡苗，并为其提供技术指导、销售渠道等服务。通过发展标准化养殖，推动建设标准化养殖示范园区，打造品牌化农副产业，带动当地养殖业发展，实现农户增收，目前受助群众已实现人均年增收10500元以上。

（二）社会组织参与精准扶贫的保障机制

四川省社会组织参与精准扶贫工作不仅发动各方力量积极参与，也在宣

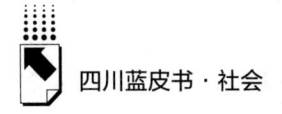

传动员、组织领导、机构登记以及人才培训上得到了有力的支持。

1. 多形式宣传动员，提升社会组织积极性

成都市各级民政部门出台相关政策，并通过官方网站和微信公众号等平台向市域内社会组织发出了参与精准扶贫工作的倡议，并且建立会议机制，定期召开精准扶贫工作会议，动员更多社会组织参与到精准扶贫工作中来。通过各级民政部门官网、自媒体平台等媒体向社会公众推送先进典型、成功范例、优秀项目，提高社会组织参与精准扶贫工作的积极性。

2. 组织建设完善工作格局

成都市民政局成立了推进社会组织参与精准扶贫工作领导小组，各区（市、县）成立工作小组，领导小组负责人由民政部门主要负责人担任，组员由各业务口子的骨干人员组成。同时，逐步建立完善精准扶贫工作联系协调机制，涵盖全市各级社会组织登记管理机关、业务主管单位和相应的社会组织。各单位充分研究精准扶贫工作重点和贫困地区特点，对社会组织参与精准扶贫做了部署安排，将成都市社会组织联合会、成都公益组织服务园等枢纽型社会组织吸纳为社会组织参与精准扶贫工作的管理主体之一，促使其充分发挥上下联动作用，构建起社会组织参与精准扶贫工作的网格。

3. 优化登记管理，夯实工作基础

四川省制定了《关于积极引导社会组织参与扶贫开发的实施方案》，简化登记流程，降低部分登记要求，对扶贫济困等四类社会组织实行直接登记。成都市对社区社会组织实行减少开办资金，降低人员要求等门槛，对暂不具备登记条件的社区社会组织实行备案管理，鼓励、引导备案社会组织提供公益服务；引入竞争机制，在旅游、文化、体育、餐饮等12个领域拓展"一业多会"，支持发展异地商会组织，大力推动行业商会发展，给予新成立登记的社会组织政策解读、业务指导等帮助，切实提高社会组织成立登记效率，降低社会组织登记注册门槛。目前，成都市依法登记的社会组织达到10251家，每万人拥有社会组织7家。

4. 人才培训提升工作能力

成都市集聚了全省优秀的培训资源，依托专业机构，面向全市社会组织负责人和业务骨干开展精准扶贫专题培训，梳理精准扶贫的政策，通过项目路演、案例讲解和技术指导，提升社会组织开展精准扶贫的专业能力和技术水平；编印并发放了《社会组织参与社会治理和公共服务实例选编》等社会组织参与精准扶贫工作相关指南资料。成都市先后培训有关人员共计7700余人次，发放指导资料8300余份，对社会组织参与精准扶贫工作的能力建设起到了推动作用。

（三）社会组织参与精准扶贫的不足

由于社会组织自身发展不足、能力欠缺及制度保障缺乏，四川省社会组织参与精准扶贫还存种种不足，具体包括以下几方面。

社会组织自身发展远未成熟。很多机构内部机制不完善，管理混乱且滞后，运行不规范，人员职业化水平不足且流动性大，缺乏组织发展长远规划，甚至有的机构长期没有承担项目，财务异常紧张，缺乏创新性和竞争意识及能力。

参与精准扶贫形式单一且程度低。许多社会组织在扶贫工作上并没有专业能力、经验、人才、方法和技术[1]，导致在参与精准扶贫的过程中以链接资源为主要形式，如组织募捐，将所募捐的钱物进行捐赠或以教育扶贫的方式支教或赠书，并不能形成长效机制。这与精准扶贫中政府力量的大包大揽，而以社会组织为代表的民间力量参与实际扶贫工作受限有关。[2]

社会组织参与精准扶贫制度性保障不足。目前关于社会组织参与精准扶贫工作主要是以政策文件形式出台的，缺少社会组织立法，社会组织参与精准扶贫的相关法律规定更是缺位。政策先行就容易导致配套政策的不足，在

---

[1] 王晓芳：《新时代社会组织参与精准扶贫的困境与对策研究》，《经济研究导刊》2018年第34期。
[2] 桂文龙、刘俊栋、苏治国、吴双、陈文芳：《社会组织参与精准扶贫的问题与思考》，《安徽农业科学》2020年第12期。

社会组织参与精准扶贫的过程中无法提供法律依据、工作指导、规范限定、保障监督等支持。①

二 四川省社工站（室）建设的现状与成效

四川省2021年底已建成社工站点2849个，其中县级社工总站69个、镇街社工站643个、村社工室2137个。其中首批100个省级试点项目由81家社工机构承接运营，共有驻站专职社工242人（其中持证社工173人），兼职社工164人（主要为项目督导与专业服务支持团队，其中持证社工66人）。

已建成的镇街社工站大多设置在社区综合服务设施中，如镇街党群服务中心和便民服务中心，也有部分设置在敬老院、儿童福利院等民政服务设施和社会组织孵化园等社会组织服务场所。从空间布置来看，大多社工站（室）都有独立办公空间，如个案工作室、会议室等功能室。

根据社工站和社工室的功能定位②，目前，各区（市、县）共投入资金1.86亿元，各社工站承接项目以民政领域为主，包括居家养老服务等项目，共开展个案服务4141人、小组活动3190次；开展社区活动4165次、救助服务3.72万人次、老幼关爱服务13.3万人次、助力产业发展265次；培育社区社会组织1405家，联动社会组织1453家，成立志愿服务队1326支，培养志愿者2.09万人，培训社工人才1.24万人（以社区社会工作者为主，

---

① 程禹、王洪涛：《社会组织协同参与精准扶贫政策中存在的问题及对策》，《农家参谋》2018年第13期。
② 社工站统筹负责社会救助、养老服务、儿童关爱、残障服务、社会组织服务、社区发展治理等社会服务；分析群众诉求，为社工室提供专业支持、调配服务力量、配置服务资源，协同社工室开展服务，培育社区社会组织等；统筹辖区社工站（室）延伸承接其他民生服务事项。社工室具体负责社会救助、养老服务、儿童关爱、残障服务、社会组织服务、社区发展治理等社会服务；收集群众诉求，开展专业社会工作服务；对政府救助后仍有困难或政府救助政策无法覆盖的低保及低收入困难人群、特殊困难人群、生活无着的流浪乞讨人员等民政服务对象以及其他困难群众，通过链接生活资源等方式实施社会工作服务；发展社区志愿者队伍，开展慈善活动等。

其次为社工站人员）；链接慈善资源640.38万元；服务群众总数达65.48万人次。

已建成的社工站（室）均能根据辖区群众特点，特别是一老一小、困难群体、社区治理等民政领域服务，重视培育社区社会组织，联动志愿者开展低保受理、临时救助、疫情防控等。同时，逐步探索"五社联动"机制，"社工+志愿+慈善"联动紧密，如广汉市雒城街道社工站，在开展社工服务中挖掘社区能人，依托微信群组建社区志愿服务队伍，并利用社区慈善基金为日常志愿服务提供餐补。此外，各地普遍结合实际推进标准化体系建设，如南充市编写了体系建设管理手册和社工站点建设运营手册，发布了"南充社工"LOGO；广元利州区制定了长达341页的体系建设标准指南，并在全区统一设计了站点标识标牌、服装等视觉辨识系统。最后，在体系构建延伸上，多数地区正在构建"功能齐全、因地制宜、运行规范、服务专业"的三级社会工作服务体系，如广元市南河街道构建社会工作"街道、社区、院落"三级网络，持续向下延伸社工服务体系网络。县级社工总站在协调活动、督导指导域内站点方面作用突出。

三　四川省社工站（室）参与乡村振兴的展望

2022年3月1日，民政部、国家乡村振兴局发布的《关于动员引导社会组织参与乡村振兴工作的通知》（以下简称《通知》）指出，为推动实现巩固拓展脱贫攻坚成果同乡村振兴有效衔接，社会组织在参与实施乡村振兴战略，加快推进农业农村现代化过程中要担当重要责任。结合社会组织参与精准扶贫的工作内容以及《通知》的新要求，社工站（室）在乡村振兴中应当承担起下列工作。

（一）社工站（室）参与乡村振兴的内容

1. 提供公共服务

在国家持续推进基本公共服务体系建设的过程中，农村地区公共服务的供给更需要社工站（室）的参与。作为满足多元化需求的公共服务提供者，特别是在从精准扶贫到乡村振兴的背景下，社工站（室）需要将工作重心从解决"两不愁三保障"逐步向助力乡村产业兴旺、生态宜居、乡风文明、治理有效、生活富裕转变①，进而增强村民自治组织能力、提高经济发展能力、推进生态文明建设、加强平安乡村建设、保护传统文化、培育乡风文明②，接续引导社工站（室）从集中资源支持脱贫攻坚转向巩固拓展脱贫攻坚成果和全面推进乡村振兴。

2. 公共政策倡导

社工站（室）的政策倡导，一方面可以将自己的实地工作总结与政府部门分享，针对乡村治理政策的方向和内容通过合理合法渠道提出建议，不断调试、补充政策，进而提高政策科学化和民主化水平；另一方面，通过对企业、媒体、公众以及其他各类利益主体的宣传引导，推动党和政府关于乡村振兴的方针政策进入乡村治理领域，为农民和农村所接受并切实贯彻实施下去。③

（二）社工站（室）参与乡村振兴的保障机制

1. 加强制度建设，明确政府职责

面对个别地方政府对社工站（室）及其参与乡村振兴重视谋划不够，推进程度缓慢的问题，一方面需要出台"四川省社会工作服务体系建设实施细则"，通过集中培训、点位参观、座谈讨论、案例剖析等形式，组织开展业务培训，提升社工站（室）服务水平，推动社会工作服务体系科学运作及发展。另一方面需要健全党委领导与政府负责机制，建立健全党委统一领导、政府负责、党委农村工作部门统筹协调的农村工作领导体制，引导社

---

① 民政部、国家乡村振兴局：《关于动员引导社会组织参与乡村振兴工作的通知》，民政部官网，2022年3月1日。
② 于健慧：《社会组织参与乡村治理：功能、挑战、路径》，《上海师范大学学报》（哲学社会科学版）2020年第6期。
③ 于健慧：《社会组织参与乡村治理：功能、挑战、路径》，《上海师范大学学报》（哲学社会科学版）2020年第6期。

工站（室）进入乡村治理领域，充分挖掘乡村社会的地域优势、资源优势和文化优势，并使其转化为乡村发展的内部资源。此外，还要建立巩固脱贫攻坚绩效评价机制。加强社工站（室）服务统计评估与考核体系建设，多维度、多主体、多角度地开展综合评价，健全相应评价制度。从定性和定量两个维度开展数据收集统计和分析，健全由政府、社会组织、服务对象等参与的评价体系，从绩效管理、项目流程监管、群众满意度和社会影响力等角度对社工站（室）进行评价，为社工站（室）发展提供指标依据，以此推动社会工作健康发展。

2.加强社工站（室）规范建设，建立多元协同平台机制

乡村振兴要求社工站（室）在内部管理、人员配备、资源整合等机构建设上继续加强，持续大力培育社工站（室）的同时也要加强规范建设[1]，为社工站（室）全过程、全方位、深层次参与乡村振兴提供合法性保障[2]，激发社工站（室）参与乡村振兴的积极性与主动性[3]，同时加强社工站（室）参与乡村振兴的事前、事中和事后监管，以及政府监督、行业监督、群众监督[4]，切实提升扶贫效果，确保扶贫工作精准实施。[5]

四川省可以逐步推动建立社会工作服务体系联席会议制度，定期召开联席会议，商讨有关社会工作服务体系建设及发展的重大事项。同时建立社会工作服务体系"四级网络"上下联动机制，加强市级支持中心、县级社工总站、镇街社工站、村社社工室之间的联系。在社工站（室）参与乡村振兴平台建设上，各部门应打破部门之间的信息壁垒，建设信息和资源共享的

---

[1] 民政部、国家乡村振兴局：《关于动员引导社会组织参与乡村振兴工作的通知》，民政部官网，2022年3月1日。
[2] 程禹、王洪涛：《社会组织协同参与精准扶贫政策中存在的问题及对策》，《农家参谋》2018年第13期。
[3] 黄丹：《乡村振兴背景下社会组织参与农村治理的困境及对策研究》，《现代商贸工业》2020年第5期。
[4] 战建华、林闽钢：《农村合作组织的能促型发展：基于规制—功能框架的分析》，《行政论坛》2019年第1期。
[5] 王晓芳：《新时代社会组织参与精准扶贫的困境与对策研究》，《经济研究导刊》2018年第34期。

乡村振兴互联网信息服务平台。通过平台向公众发布和推送制度、规划、政策、项目、资金、优秀案例等信息，为实现社工站（室）参与乡村振兴过程中资源、资金、人才、项目的有效对接搭建官方平台。还可以建立健全会议机制，发挥社工站（室）的媒介作用，通过定期组织项目路演、公益慈善展示展览、实地调研考察等方式，促进资源、资金、项目的供需精准有效对接。

3. 加强人才队伍建设，提升专业能力

在社工站（室）能力建设上，面对当前社工站（室）持证社工有限、自身能力和经验不足问题，四川省可以依托既有的四川省和成都市社会工作专家库，形成以高校、政府各业务部门、实务人才等为主体的社会工作师资库。按照"内培外引"原则，将省内外高校专家学者、社会组织领军人才、优秀社会工作者等纳入社会工作专家库，建设一支结构优化、经验丰富、能力突出、作风严谨的专家队伍。通过构建系统高效的培训机制，从培育方式、课程研发、教材编撰、师资建设、硬件设备和结果评估等方面，完善社会工作理论研究及实务实训机制。通过建立完善社会工作人才评价机制，社会工作者岗位开发、继续教育、薪酬管理等制度，开展优秀社工人才表彰评优活动，从人才的培育、发展和稳定层面入手完善社工站（室）人才培育机制。组织常规性外出学习交流、参访，借鉴其他地区社工站（室）工作经验和先进做法，不断丰富社工站（室）实践经验，总结提炼经验模式，探索社工站（室）的地区发展模式，推动社工站（室）的本土化进程。

4. 开展专项行动，加大资金支持和宣传力度

四川各市（州）乡村振兴部门及民政部门可进一步激发社会组织潜力，挖掘各方资源，实现"五社联动"，开展各类专项活动，以此打造社会组织乡村行活动和社工站（室）助力乡村振兴公益品牌。各部门要善于总结提炼社工站（室）帮扶合作重点项目、助力乡村振兴的特色品牌、参与乡村振兴和对口帮扶案例的先进理念、经验、做法，做好发布推广，发挥四川社工站（室）助力乡村振兴在全国范围内的示范带动作用。同时要加强乡村振兴项目库建设，社会组织开展服务要向政策保障不到位的困难群众和地方倾斜，发挥社会工作专业作用，多维度开展需求调研和评估，聚焦困难群众关切和当地实际，建设"输血"与"造血"相结合的需求和资源项目库。①各部门应加强项目库宣传动员，通过举办展览展示、组织公益创投大赛等方式扩大项目库的影响力。

目前，有些社工站（室）在稳定的资金投入上仍然存在问题。大部分无配套资金，仅靠财政资金维持运营将面临较大压力，需要各级政府进一步落实将政府购买社会工作服务纳入财政预算的要求，逐年加大财政投入，包括用好各级社会关爱援助体系建设资金，调剂部分养老服务体系建设资金，使用社会组织发展专项基金、社会组织发展资金、社会工作服务资金等项目经费、社会救助资金、社区发展治理保障资金、慈善组织非定向捐赠资金、福彩收入等支持社工站（室）开展服务，同时鼓励社工站（室）运行机构联合慈善组织依法开展募捐活动，支持有意愿有能力的单位和个人在社会组织中设立乡村振兴专项基金。

针对社工站（室）参与乡村振兴活动要建立全省的宣传推广渠道，通过官方新闻媒体、微信微博等线上公众平台，线下广场、商场等场所举办主题活动，大力宣传社工站（室）参与乡村振兴服务情况。对那些在乡村振兴中做出突出贡献的社工站（室），应当进行表彰和宣传，持续提高社工站（室）参与乡村振兴的积极性及其社会认可度。在社工站（室）评估、评优等工作中可探索性地增加社工站（室）参与乡村振兴这一指标，并适度加大其比重，从而激发社工站（室）参与乡村振兴动力。

四 结语

《中共中央 国务院关于实现巩固拓展脱贫攻坚成果同乡村振兴有效衔接的意见》指出，打赢脱贫攻坚战、全面建成小康社会后的重要任务，就

---

① 民政部、国家乡村振兴局：《关于动员引导社会组织参与乡村振兴工作的通知》，民政部官网，2022年3月1日。

是要进一步巩固拓展脱贫攻坚成果,接续推动脱贫地区发展和乡村全面振兴。《中共中央 国务院关于做好2022年全面推进乡村振兴重点工作的意见》也提出,要广泛动员社会力量参与乡村振兴。作为乡村治理的重要参与主体之一,社工站(室)需要担起义不容辞的使命与责任,立足实际,投身到农村的广阔天地中,践行乡村振兴战略,不断锤炼本领,为社会工作职业化、专业化、本土化开辟新的路径,以更高的能力和更好的技术服务国家、社会和群众。

民政部门和乡村振兴部门固然将不断完善顶层设计,从工作机制、发展规划、政策举措、考核机制等方面为社工站(室)参与乡村振兴提供指导、支持和帮助,但社工站(室)参与乡村振兴的关键还在于社工站(室)专业和能力建设,提高服务效能,特别是在发展壮大脱贫产业、维护乡村良好生态环境、引导乡风文明、助力乡村社会治理体系建设等方面发挥积极作用,努力增强脱贫地区的自我发展能力,实现自我能力与驻地乡村的共同发展,进而为乡村振兴事业的发展、中国社会建设事业的推动做出更大的贡献。

参考文献

民政部、国家乡村振兴局:《关于动员引导社会组织参与乡村振兴工作的通知》,民政部官网,2022年3月1日。

《习近平在中国共产党第十九次全国代表大会上的报告》,中国共产党新闻网,2017年10月。

中共中央、国务院:《乡村振兴战略规划(2018-2022年)》,中国政府网,2018年9月。

民政部、财政部、国务院扶贫办:《关于支持社会工作专业力量参与脱贫攻坚的指导意见》,中国政府网,2017年8月。

民政部办公厅:《关于加快乡镇(街道)社工站建设的通知》,民政部官网,2021年4月。

成都市社会工作支持中心:《成都市社会工作服务体系建设现状的调研报告》,2021

年12月。

成都市社会工作支持中心：《四川省社工站建设阶段性总结》，2021年12月。

廖彩荣、陈美球：《乡村振兴战略的理论逻辑、科学内涵与实现路径》，《农林经济管理学报》2017年第6期。

马丰胜：《回顾脱贫攻坚伟大胜利 深刻感悟党的伟大领导》，《青海党的生活》2021年第9期。

黄林、卫兴华：《新形势下社会组织参与精准扶贫的理论与实践研究》，《经济问题》2017年第9期。

胡善平、程书松：《社会组织介入农村精准扶贫工作的机制构建研究——基于地方性实践的经验总结》，《三峡大学学报》（人文社会科学版）2019年第6期。

汤伟清：《社会组织参与精准扶贫的发展机遇与对策》，《法制博览》2019年第32期。

周婉婷：《社会组织参与农村精准扶贫的内在逻辑与实现路径研究》，《农业与技术》2021年第22期。

张博：《PPP模式下社会组织参与精准扶贫的路径探究》，《人民论坛·学术前沿》2018年第21期。

李睿：《四川省慈善总会：贡献公益力量 参与精准扶贫》，《中国社会组织》2017年第17期。

程禹、王洪涛：《社会组织协同参与精准扶贫政策中存在的问题及对策》，《农家参谋》2018年第13期。

王晓芳：《新时代社会组织参与精准扶贫的困境与对策研究》，《经济研究导刊》2018年第34期。

桂文龙、刘俊栋、苏治国、吴双、陈文芳：《社会组织参与精准扶贫的问题与思考》，《安徽农业科学》2020年第12期。

贾双跃：《更好发挥社会参与主体在乡村振兴中的作用》，《中国党政干部论坛》2018年第8期。

于健慧：《社会组织参与乡村治理：功能、挑战、路径》，《上海师范大学学报》（哲学社会科学版）2020年第6期。

黄丹：《乡村振兴背景下社会组织参与农村治理的困境及对策研究》，《现代商贸工业》2020年第5期。

B.11
新就业形态劳动者的组织特征研究[*]
——以成都市某网约配送员组织为例

曹栩豪 陈丽 夏璐 席德璐[**]

摘　要： 随着平台经济的发展和数字时代的来临，新就业形态已成为当今社会的一种重要就业形式，并且具有劳动者人数众多、劳动方式与平台算法技术相生、劳动产出与现代社会生活相互契合等特点。特别是在新冠肺炎疫情期间，新就业形态在增加就业机会和维持社会正常运转方面起到了很大的作用。尤其是被称为"城市的摆渡人"的网约配送员，他们既为社会创造了经济价值，又带来了社会价值。本文从组织要素、组织运行、组织关系等方面入手，从宏观层面观察其组织架构，从微观层面观察其工作流程，呈现这一传统科层制组织形式和平台技术相配合的新型经济组织。

关键词： 就业　新业态　网约配送员

"新就业形态"概念是在我国十九届五中全会公报和2016年政府工作报告中首次提出的，这一概念一经提出就引发了各界的广泛关注。2019年中国人均国内生产总值突破了1万美元的大关，随着国民收入的逐年增加和

---

[*] 本文受四川省社会科学院第六届学术新苗课题资助。
[**] 曹栩豪，四川省社会科学院社会学研究所硕士研究生；陈丽，四川省社会科学院社会学研究所硕士研究生；夏璐，四川省社会科学院社会学研究所硕士研究生；席德璐，四川省社会科学院社会学研究所硕士研究生。

家庭消费能力的逐渐累积，消费者越来越习惯于追求品质高端的消费服务和个性化的体验，与此同时一些新领域的职业也开始涌现。我国生活服务业正在形成新消费、新技术、新业态相互促进的良性生态体系。新业态，是一种依托于互联网技术和大众消费升级而诞生的新型就业模式，它给传统劳动领域带来了很大的变化，在宏观层面改变了传统组织形式，在微观层面改变了传统劳动关系和劳动方式。与以往就业模式相比，这种就业模式具有"去雇主化"和"灵活性强"的特征，劳动者可以跨空间进行工作，工作时间自由，工作形式灵活，并且规模庞大。截至2021年，中国有61.14%的企业采取了灵活用工形式，其中劳动者人数达到9867.4万人。[①] 如果仅将新就业形态劳动者的范围划定在依托平台技术而发展起来的共享经济领域，那么，2020年全国新就业形态劳动者人数就达到了631万人。[②] 概括起来，新就业形态具有如下三个特点。

一是职业种类新，新业态劳动者在基于数字技术、平台技术而发展起来的互联网、共享经济、电子商务等行业中求职，网约车司机、互联网营销师、网络主播、网约配送员等新职业与传统职业存在差别。二是就业形式新，新就业形态劳动者的工作时间和工作地点不受限制，就业形式更具灵活性，雇佣关系也更加多元，非全日制用工、自雇形式就业等方式降低了就业服务中的成本，提高了消费者与生产者双方的供需匹配效率和质量，在一定程度上促进了社会劳动服务的供需一体化。三是求职观念新，新就业形态劳动者更愿意从事与自身爱好相关的职业，劳动者对工作中的能动性和创造性有更高的诉求，在工作中追求自我价值的提升，且不再一味地追求终身雇佣的方式。

在新就业形态群体中，网约配送员群体已成为城市生活的重要组成部分，他们是推动共享经济不断发展的重要力量，也是灵活就业的"蓄水池"，毫无疑问，这一群体产生了经济价值和社会价值。在日常生活当中，

---

① 《中国灵活用工发展报告（2022）》。
② 国家信息中心：《中国共享经济发展报告（2021）》。

网约配送员每天与我们擦肩而过，在我们生活的社区留下他们的身影，为我们带来便捷的服务。通过对其组织形态进行研究，能够加深对该群体的了解，为今后出台与该群体和其他新就业形态群体相关的社会政策提供参考。

一 研究对象

（一）网约配送行业基本概况

移动互联网、城镇化和服务业的发展为我国餐饮和外卖产业的快速发展创造了有利条件。在行业发展方面，截至2019年，中国外卖消费者的规模达到4.6亿人，虽然2020年受新冠肺炎疫情的影响，中国餐饮业收入出现了近十年来的首次下降，但是就外卖行业来说，其市场规模达到6646.2亿元，外卖用户规模则为4.56亿，同比增长了15%和7.8%，外卖商户的市场规模也呈现稳步增长的态势。[①] 外卖行业的逆势增长态势，成为我国餐饮行业消费增长的重要驱动力量。我国外卖消费呈现以下主要特征：第一，多元化的消费场景。外卖业务覆盖了早餐、午餐、下午茶、夜宵等时段，既可以在家中享受外卖服务，也可以在旅行途中享受服务；配送服务涵盖商业写字楼、校区、普通住宅区等。第二，多品类的消费种类。外卖服务不仅提供各个种类的餐品配送服务，比如中餐西餐、糕点甜食、奶茶饮品等，还提供水果生鲜、信件文件、医疗药品等其他品类的配送服务。第三，年轻化的消费趋势，外卖行业与新一代消费者的崛起密不可分，"90后"和"00后"已成为外卖的最大消费群体，点外卖成为年轻一代消费者的消费日常。

总的来说，随着消费者习惯的养成和餐饮商户加速线上化，外卖正发展成为全时段、跨品类的新零售时代不可或缺的消费场景，外卖产业规模持续提升，将迎来新的发展机遇。

---

① 阿里新服务研究中心：《2020-2021年中国外卖行业发展研究报告》。

（二）网约配送员特征描述

技术进步带来了劳动岗位和劳动力市场的变化，网约配送员作为新兴职业，给人们的生活带来了许多便利。根据人力资源和社会保障部制定的《网约配送员国家职业技能标准（2021年版）》，网约配送员被定义为："通过互联网平台等，从事接受、验视客户订单并根据订单需求，按照平台智能规划路线，在一定时间内将订单物品递送至指定地点的服务人员"。其主要工作内容包括以下几方面。

①通过移动智能终端接收、验视、核对客户订单，包括但不限于数量、尺寸、规格、颜色、保质期、价格、地址等。

②分类整理订单物品，编排递送顺序。

③按照客户要求及网络平台智能规划的配送路线，在一定时间内将订单物品递送至指定地点。

④处理无人接收、拒收、破损等递送异常情况。

⑤处理客户投诉及其他递送诉求。

网约配送员职业的特征包括以下几点：一是就业时间灵活。就业时间灵活是当代新就业形态和灵活就业的主要特点之一，同时也是网约配送员这一工作最显著的特征。二是就业地点为经济较发达地区。网约配送员的工作所在地主要集中在广东、江苏、上海、浙江等经济较为发达的地区。[①] 三是技术与工作过程相关联。随着移动互联网、大数据、人工智能的不断发展，配送平台不断优化智能调度系统，从而形成了以效率为导向的订单分派方式，显著提高了网约配送员的配送效率。四是入职门槛较低。从各大招聘网站发布的信息来看，对于网约配送员的任职要求较为宽松，基本没有专业限制，学历要求也比较宽泛。五是服务大众、贡献社会价值。疫情期间，居家隔离、居家办公的情况增加了对于即时配送的需求，成千上万的网约配送员在

---

① 美团研究院、中国饭店协会外卖专业委员会：《2019年及2020年上半年中国外卖产业发展报告》。

疫情中采用无接触配送方式，及时送达物资和生活用品，为民众提供便捷高效的服务。

课题组根据《网约配送员国家职业技能标准（2021年版）》以及实地调研的相关资料，将网约配送员分为如下两类：专送骑手和众包骑手。根据工作模式和薪酬规则等又可以将其细分为普通专送骑手、驻店骑手、普通众包骑手、乐跑骑手和同城骑手（见表1）。

表1　网约配送员类型

专送骑手	普通专送骑手
	驻店骑手
众包骑手	乐跑骑手
	同城骑手
	普通众包骑手

专送骑手由第三方配送公司进行统一管理，以招聘入职的方式进入配送公司，听从站点管理人员的调度安排，工作过程中使用的骑手端手机软件为"专送骑手"App。专送骑手的工资体系和工作日程均由站点规定，他们以接受系统派单为主，接到订单后，普通专送骑手需要在站点指定的商圈内取餐，配送距离最短几百米，最远不超过6公里。驻店骑手则专门为某一个商家送餐，而不送其他商家的餐，送餐完成后，需要及时回到指定商家的取餐范围内。专送骑手本月的工资是在次月的20日前后进行结算。

众包骑手只需要在手机上下载平台公司开发的"众包骑手"App，通过网上验证后，就可以工作。众包骑手的工资体系和工作日程须按照App上的规定进行。普通众包骑手可以随时上线、下线，相当于兼职形式，主要通过自己抢单进行配送，骑手在抢单时，可以看到订单的配送距离，从1公里到10公里，距离越远单价越高。接单的商家并不固定，而是根据骑手实时位置，系统自动选择离商家最近的骑手进行派单。众包骑手当天的工资，次日就可以在App内提现。而"乐跑"和"同城"是众包模式衍生出来的"跑单计划"，相当于一个活动周期，时间为一周，工资在活动结束后下一周的周三进行结算。加入以上两个计划需要在"众包骑手"App 上报名,审核通过后即成为相应模式的骑手。如果在第一期活动结束后,骑手选择不退出,则系统默认自动续签。这两种模式对工作时间和完成单量进行了规定,相对来说,没有普通众包骑手那么自由。乐跑骑手要按照"众包骑手"App 上的考核要求工作,在规定时间段内必须上线,并完成最低配送订单数量的要求,同时在订单完成率、拒单率、顾客差评率等方面都有规定,如果不达标,则会被扣款或被踢出"乐跑"计划。同城骑手的配送距离为 3 公里到 13 公里,以远距离订单为主,可以理解为"跑远单的乐跑骑手"。

二 研究方法

本文的研究方法主要采用访谈法和参与式观察法。课题组参与座谈会 3 场,共计访谈对象 23 人,包括政府部门负责人、外卖配送公司管理人员以及网约配送员。其中市场监管局负责人 1 人;工会负责人 2 人;外卖配送公司城市经理 1 人;外卖配送公司运营总监 1 人;外卖配送公司站长 4 人;外卖配送公司组长 2 人;网约配送员 12 人,其中包括专送骑手 7 人,众包骑手 5 人。

除了通过座谈会、访谈以及参与式观察进行调研以外,课题组还通过相关网约配送员的网络小组、线上论坛、在线直播、媒体新闻等渠道获取所需要的资料,对已获得的资料进行补充。

三 组织形态

本文从五个方面对网约配送员的组织形态进行探讨,即站点概况、组织形式、规章制度、工作流程和技术管控。

对于网约配送员的组织管理,通常是平台公司将配送业务外包给第三方配送公司,由第三方配送公司对网约配送员实行主要管理。这些公司虽然没有平台公司的名气大,但是,整个组织的管理却主要由它们来承担。它们通常以如下方式命名:"××电子商务有限公司""××配送服务有限公司""××商贸有限公司""××物流有限公司""××网络科技有限公司"等。[①] 公司需要在注册地的市场监督管理局进行登记注册并获得营业许可,同时需要具备食品经营许可证。在经营范围上,包含"餐饮外卖服务""城市配送服务""城市配送运输服务(不含危险货物)""外卖递送服务""餐饮配送服务"等业务范围。而配送公司不仅可以在注册地进行外卖配送站点的布置与运营,同时能够设立分公司,跨省市进行外卖站点的布置与运营。比如一家在四川省彭州市注册的配送公司,其分公司设立在福建省厦门市、湖北省荆州市、浙江省丽水市、重庆市、贵州省贵阳市等 10 余个省外城市。

值得注意的是,配送公司旗下的配送站点可以有多个,也就是说,一个城市可以拥有数个站点。配送站点的上级管理人员包括区域经理和城市经理,本课题组调研的配送公司为成都 S 配送服务有限公司[②],该公司区域经理有 4 个,分管川北区域、川南区域、中西区域、湖北区域。川北大区包括成都、遂宁、西昌、宜宾四个城市,每个城市由一个城市经理进行分管。每一个城市经理下面再根据公司的站点设置情况,由数位站长负责管理。比如成都市拥有位于成华区的大学城站点、位于青羊区的科技园站点、位于双流区的云升中心站点、位于武侯区的嘉园站点等。

(一)站点概况

配送站点是网约配送员进行入职、签约、培训等日常工作的地方。课题组成员进行田野调查的配送站点位于成都市武侯区,站点是一个 70 平方米的沿街门面,其位于指定商圈(取餐区)西北侧约 1 公里的一个步行街道内,这个站点隶属于成都 S 配送服务有限公司,该站点是公司在成都区域内

[①] 整理自调研资料。文中资料来源除注明出处外,均来自本课题组调研资料。
[②] 本文对具体地名和人名均按照学术惯例进行了匿名化处理。

16个站点之一。站点位于配送范围之内，配送范围根据不同配送区域的具体情况进行划定，该站点的配送范围是以商圈为中心，向外辐射5公里（见图1）。

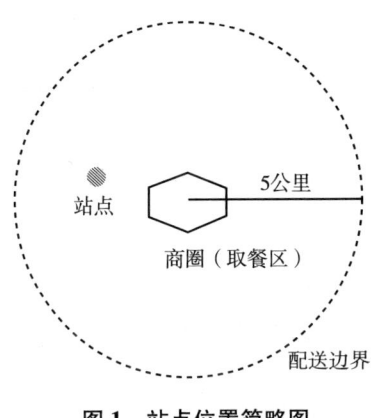

图1 站点位置简略图

站点包括办公室、会议室、仓库、洗手间四个功能区（见图2）。办公室是站点管理人员，即站长、副站长和组长工作的地方，同时也是网约配送员办理日常事务的地方。这里通常被他们称为"后台"，站长等管理人员通过后台电脑端的调度系统，实现了对配送员工作过程的管理，包括处理各种异常订单问题、订单调度、督促工作等。网约配送员在这里办理入职离职、提交健康证、领取工作装备以及同站点管理人员进行沟通和交流。办公室墙上有三个重要的公示栏："健康证公示栏"、"政策宣导栏"和"站点信息栏"。健康证公示栏展示该站点所有骑手的健康证，政策宣导栏包括公司文化、奖惩制度和政策宣导三个部分，而站点信息栏包括站点名称、站长信息、营业资质证明和外卖箱检测报告。

会议室是网约配送员进行培训和考试的地方，配送公司每个月要求站点对配送员进行四次培训，培训内容包括送单技能、注意事项、交通安全宣导等方面。并定期组织站点所有配送员进行培训内容的考试。另外，会议室也是配送员在工作期间短暂休憩的地方。仓库是站点存放配送员工具、装备和物资的地方，包括餐箱、工装、头盔、口罩、消毒液等。站点门前的街道虽

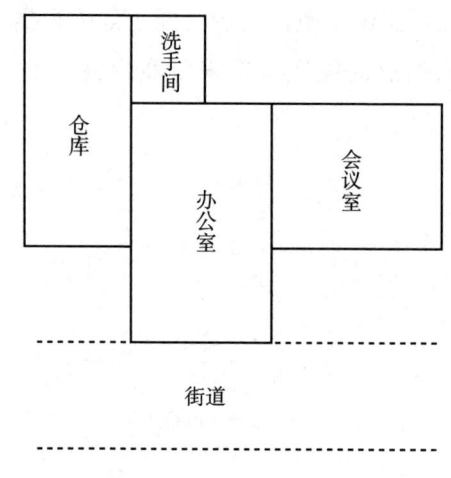

图 2 配送站点平面图

然不属于站点,但是这个地方却是网约配送员的重要活动场所,一是每天早上,配送员会在这里开例行早会,二是当配送员回站点处理事务或者休息时,他们的电瓶车会临时停放在这里。

（二）组织形式

站点共有约 39 位工作人员,其中管理人员 4 人、网约配送员约 35 人。这里的网约配送员人数是个估算平均数,并不是因为课题组没有获得站点配送员的准确数据,而是因为站点配送员的流动性太大,从课题组成员进入该站点以来,几乎每周都有人员离职入职（见表 2）,有的干了 1 天就离职了,有的干了一个星期就向站点提交了离职申请。网约配送员的人数处于变动之中,所以用平均数来表示站点配送员人数比较合适。通过表 2 可见,最多的时候站点有 44 名网约配送员,而少的时候只有 28 人。

站点网约配送员的人口学特征,在年龄方面,明显呈现年轻化趋势,根据 8 月 25 日站点健康证公示栏统计,其中 25~30 岁居多,有 17 人,占比 47%；18~24 岁的有 8 人,占比 22%；31~35 岁的有 9 人,占比 25%；36~40 岁的有 2 人,占比 6%（见图 3）。

新就业形态劳动者的组织特征研究

表 2　当日有单骑手数统计

单位：人

时间	8月25日	9月1日	9月8日	9月15日	9月22日	9月29日
有单骑手	36	30	28	32	36	37
时间	10月1日	10月8日	10月15日	10月22日	10月30日	
有单骑手	29	28	38	44	43	

注：网约配送员在当天上线跑单，系统会记录其当日跑单的总数。根据其跑单的数量，与所属站点的其他骑手进行排行，将排行榜公布在骑手 App 上。每天的跑单数据统计截止时间为当日的 24：00。

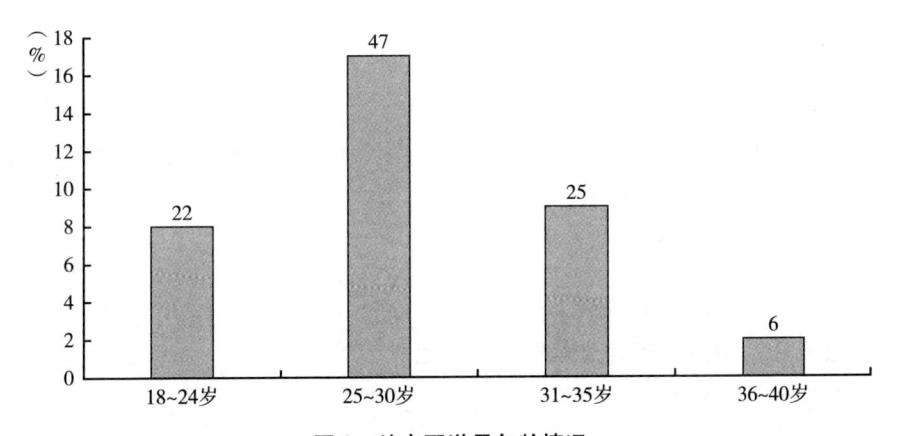

图 3　站点配送员年龄情况

注：按照国际卫生组织年龄段划分标准无法将网约配送员的年龄细分，所以该年龄段划分参考了《中国互联网络发展状况统计报告》。

在性别方面，该站点仅有 2 名女性网约配送员，且其中一名在入职一个星期后离职，所以根据 2 个月的观察，网约配送员以男性为主，通过测算，男性占比高达 94%，而女性只占 6%。这一统计情况也与其他相关调研报告相接近。[①]

这些网约配送员在入职以前，通常在制造业、建筑业或服务业有过工作经历，有工地上的民工、房产销售员、电子厂工人、火锅店服务员、厨房后

---

① 华中师范大学社会学院郑广怀研究团队：《武汉市快递员外卖员群体调查》。

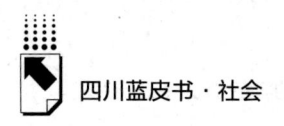

厨帮工、快餐店员工等。有的之前就做过骑手,只是在其他城市,而现在来到了成都。

问:你身边的骑手,他们在做骑手之前,是在做啥子呢?
邹站长:很多人是进厂,很多人是当学徒,学剪头的、学厨师的、学挖机的都有。还有些是才踏入社会的,哦,卖房子(房子销售)的还居多,卖房子的可能卖了两个月没得兴趣,就过来(当骑手)了,其他就没啥子了。(20210423XC)

问:你之前做什么的?
刘骑手:在工地,在外地,在我们老家,我在工地搞的是抹灰,不是白的那种,是砂浆搞的那种,我自己老爸是个小包工头,我是跟他学的,然后出来自己搞。(20211028ZD)

问:你之前是做什么的?
袁骑手:厨房做过,工地干过,厂里干过。
问:什么厂?
袁骑手:做塑料袋的,外国那种包装袋,外国疫情,就没有订单了,我干了一个多月,还在试用期,它试用期是2个月,就那样,一下被"踢"了,什么补助都没有,然后又换了个电子厂,干了一两个月,觉得那里太坑了,然后又跑到北京去,干工地去了。(20211030GFQ)

总的来说,站点的人员可以分为两类,一类是管理人员,另一类是在一线工作的网约配送员。站点的管理人员包括站长、副站长、组长,站点的站长和副站长各1人,而组长根据站点的分组情况,可以有多人,每组约15~20人(见图4)。站长主要负责人员的入职离职、安全宣导、考试培训、工资审核、排班等事务,副站长协助站长,同时负责骑手物资和装备的发放、召开早会、调度订单等。组长则需要管理组员,不仅在工作上提供指导,还在生活上为骑手们提供帮助。同时，他们也可在后台进行订单的调度以及召开早会，在订单高峰期，即订单数量过多时，组长也要骑着电瓶车跟一线的配送员一起跑单。

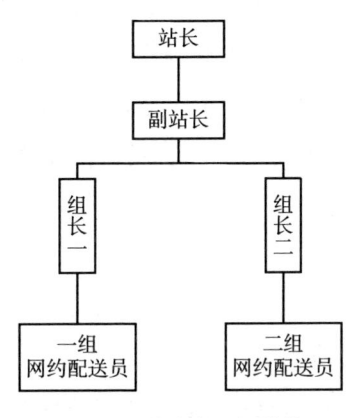

图4 配送站点组织结构

根据配送区域内订单数量在不同时段的情况，站点也进行了相应的人员安排。在班次上，分为四个班次，即早班、中班、小夜班和大夜班，每个班次的人员数量、工作时间和休息时间都不相同（见表3）。配送员每个月有4天可以休假，如果需要变换班次或者休息，需要提前一个星期向站长提出申请。

表3 配送站点排班情况

单位：人

班次	工作时间	休息时间	人数
早班	7:30~13:30 15:00~20:00	13:30~15:00	4
中班	10:00~14:00 15:00~21:00	14:00~15:00	15
小夜班	11:00~15:00 17:00~20:00 21:00~0:00	15:00~17:00 20:00~21:00	12
大夜班	11:30~15:00 17:00~20:00 22:00~2:00	15:00~17:00 20:00~22:00	4

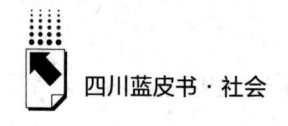

（三）规章制度

网约配送员在入职后，需要进行两种形式的培训，一种是线上培训，另一种是线下培训。线上培训在骑手端 App 进行，通过短视频播放的形式进行学习，随后根据短视频的教学内容出题考试，考试题包括选择题和判断题，必须取得满分才能正常接单工作。线下培训是在站点会议室进行，同样通过观看教学视频的方式进行学习。培训的内容包括两个方面，一是送单注意事项，二是交通安全规则。

题目：对于送餐环节遇到客户暂时不方便取餐，正确的做法是？
A 给客户放到一个地方即可。
B 用户若短时间内可以来取，则骑手与用户协商具体的取餐时间。
C 用户暂时不方便取餐，则骑手要说：如果您暂时不方便取餐，那您方便的时候告知我，我尽快给您送去。
D 以上都对。

题目：外卖箱外面干净好看就行了，里面没人看见，干不干净无所谓？
A 对。
B 错。

题目：有关安全驾驶的正确说法？
A "五不"不逆行、不闯红灯、不酒驾、不上高速、不驶入机动车道。
B 不得骑电动车牵引、攀扶其他车辆或者被其他车辆牵引。
C 不得双手离把或者手中持物。
D 驾驶时不得俯身前行、相互追逐或者曲折竞驶。

网约配送员的薪资计算方式是计件制，同时每一单的单价是累计阶梯上升的，即一个骑手在本月跑单量越多，每一单的单价就越高，除此之外，还会有各种奖励和补贴，包括配送公司规定的行政奖励、服务星级奖励、距离奖励、恶劣天气补贴和邀请新人奖励（见表4）。

表4　配送站点薪资计算表

	单价阶梯	单价
一、基础配送费	0~300 单	4.5 元/单
	301~600 单	4.8 元/单
	601~1000 单	5 元/单
	1001~1200 单	5.5 元/单
	>1200 单	6.0 元/单
二、行政奖励	全勤奖	每月出勤≥26 天	200 元
	工龄奖	3 个自然月	0.2 元/单
		6 个自然月	0.3 元/单
		9 个自然月	0.4 元/单
		12 个自然月	0.5 元/单
三、服务星级奖励	当月站点星级	5 星	0.1 元/单
四、距离奖励	骑手导航距离	3~4 公里	1 元/单
		4~5 公里	3 元/单
		5~6 公里	5 元/单
五、恶劣天气补贴	以骑手端 App 推送为准	—	—
六、邀请新人奖励	邀请新人入职天数	新人完成单量	奖励金额
	7 天	70 单	300 元
	15 天	240 单	400 元
	30 天	600 单	500 元

　　普通骑手每天跑单的量平均在35单到45单，而站点的老骑手能跑到50单左右，站点每天单量排名第一的"单王"骑手，能跑到60单左右。所以，每个月正常出勤26天，加上各种补贴，普通骑手月平均工资在5500元到6500元；老骑手的月平均工资在8000元左右，而"单王"的月平均工资可以接近10000元。然而，站点大多数都是普通骑手，少有像"单王"一样可以拿到10000元左右工资的。总的来说，网约配送员的月平均工资能达到7000元左右。

　　站点的处罚制度也对网约配送员的工资有很大的影响（见表5），网约配送员如果不按站点规定的工作日程和标准流程开展工作就会被罚款。

表5　配送站点处罚规则

违规事项	罚款	备注
工作期间脱岗	100元/次	
工作期间旷工	扣除当月工资20%	旷工3天算自动离职
未按规定提出离职申请	扣除当月工资20%	员工需提前30天提交离职报告
未签到打卡	10元/次	
违规操作提前点送达	扣除300元/单	
未按要求验证骑手身份	500元/次	同时限制接单

站点的所有配送员在入职满一个月后，且工作认真负责，学历在初中以上者，可以申请组长职位。在组长任期满两个月后，中专学历以上者，可以申请副站长职位，特别优异者学历可适当放宽。晋升的方式是考试，考试的形式为理论考试加面试。在副站长任期满三个月后，经过公司考核和竞聘的方式，优秀者可晋升为站长（见图5）。

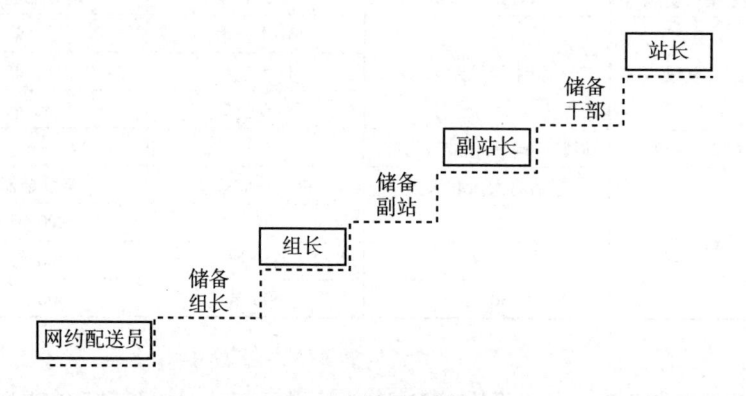

图5　配送员晋升渠道

（四）工作流程

当天工作班次为中班的网约配送员需要在早上9:30前到站点门口集合，在副站长和组长的主持下召开早会，9:30早会正式开始。开早会的目的是调整配送员的精神状态，总结昨日的工作问题并对相关问题进行分析，以保证每个配送员的配送效率和服务质量，同时增强团队的凝聚力和向心力。早会分为 8 个步骤（见图 6），配送员在参加早会时，需要将餐箱从电瓶车上拿下来放到自己的前面，所有配送员排列整齐，而副站长和组长按照流程进行各个早会事项。

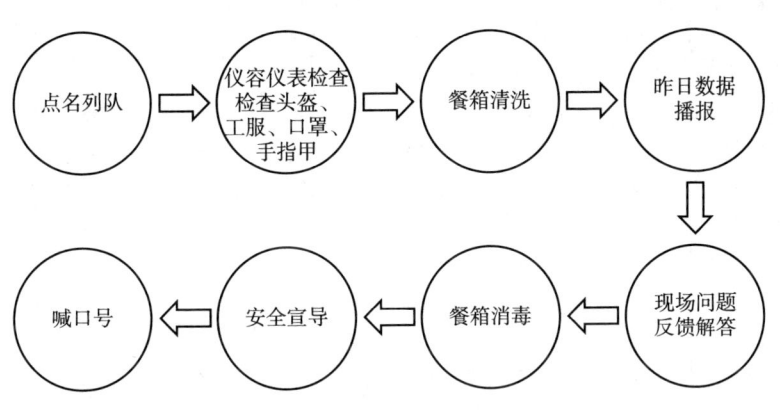

```
点名列队 → 仪容仪表检查 检查头盔、工服、口罩、手指甲 → 餐箱清洗 → 昨日数据播报
                                                                    ↓
喊口号 ← 安全宣导 ← 餐箱消毒 ← 现场问题反馈解答
```

图 6　早会基本流程

网约配送员在一天的工作过程中，不同的时间段工作量不同，因为外卖配送不同于快递，其以餐品为主，所以，一天当中的两个饭点时间段是网约配送员最忙碌的时候，其中一个是午高峰时间段，即 10：30 到 13：30；另一个是晚高峰时间段，即 17：00 到 20：00。其余时间段的单量较这两个时间段较少（见表 6）。普通时间段内，配送员可以同时配送 3~4 单，对于大多数配送员来说，这能够保证订单准时送达，但是在高峰时间段，每个配送员的配送列表上要挂 5~7 单，这就迫使配送员加快速度，才能准时将餐品送达。如果遇上恶劣天气，比如暴雨天气，那么网约配送员的单量将会爆炸式增长，这被称为"爆单"，同一个配送员的任务表上可能会同时挂 10 个左右的订单。根据课题组成员在 10 天工作过程中不同时间段的跑单数量，与站点每天总配送完成单量相比较，可以测算出整个站点在不同时间段内的单量负载情况。

通过测算每个时间段配送单量的百分比，可以看出网约配送员在一天的工作过程中，其工作量的变化情况（见图 7），工作量在午高峰和晚高峰时段较大。

表6 各时间段配送单量

单位：单，%

单量\时间段\日期	早餐 9:30~10:30	午高峰 10:30~13:30	下午茶 15:00~17:00	晚高峰 17:00~20:00	夜宵 20:00~22:00	合计	站点当日总单量
9月7日	1	15	6	10	2	34	1079
9月9日	2	13	7	17	6	45	1152
9月11日	1	13	10	14	6	44	1193
9月12日	2	16	3	12	3	36	1228
9月14日	4	15	8	14	6	47	1290
9月16日	1	18	4	11	1	35	1169
9月19日	1	16	9	11	3	40	1244
9月23日	1	16	5	9	6	37	1191
9月25日	1	15	10	18	6	50	1310
9月30日	1	17	7	12	5	42	1267
平均值	1.5	15.4	6.9	12.8	4.4	41	1212.3
百分比	3.66	37.56	16.83	31.22	10.73	100	

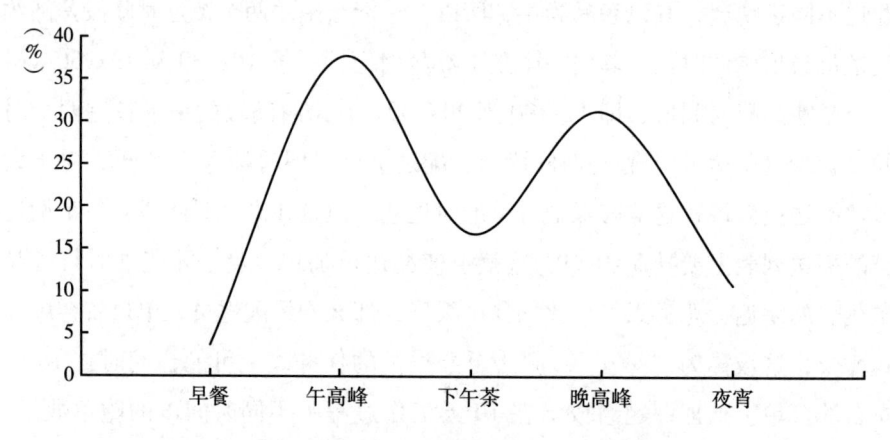

图7 网约配送员当日不同时间段工作量变化曲线

网约配送员完成工作所需要的装备主要包括：电瓶车、手机、头盔、工作服、口罩、餐箱、健康证、手机支架、手电筒、手机防水套、雨衣雨具、充电宝等。电瓶车是网约配送员送餐的主要交通工具，有的配送员使用充电的电瓶车，有的配送员则使用换电池的电瓶车。电量是送餐途中必须关注的，如果电瓶车没电，将会给配送员带来极大的麻烦。手机是网约配送员接收订单、完成取餐和送餐等基本工作流程以及联系顾客的唯一工具，手机上的骑手端 App 将引导骑手完成每一个订单的配送。头盔、工作服和口罩，除了能为配送员提供必要的防护外，还能完成系统对网约配送员在工作过程中身份验证的抽检，即通过人脸识别和检查工服、头盔和口罩是否按标准佩戴，核验配送员的身份，如果查出并非本人，将会对配送员的账号进行封号[①]处理。餐箱是配送员装载餐品的工具，每天早会时，会对餐箱进行消毒。餐箱是一个长 50 厘米、宽 35 厘米、高 40 厘米的长方体箱子，由保温材料泡沫制成，里面有活动隔板和 6 孔杯托，能在一定程度上防止送餐过程中餐品洒漏。箱子外还有个锁扣，配送员可以上锁，以防止自己配送的餐品被偷。

从顾客在手机上选择自己想要的餐品到网约配送员将餐品送达的全过程，都被系统记录了下来，整个过程可以通过网约配送员手机上的骑手端 App 来呈现。这一手机软件一方面能够引导配送员完成订单配送，另一方面通过骑手反馈回来的信息，使得站点后台对其工作过程进行监控。反馈回来的信息又与奖惩规则挂钩，网约配送员为了获得奖励或者避免惩罚，只能按照手机软件上的指令来完成每一个订单的配送。骑手端 App 将实时工作状态，比如取餐时间、送餐时间、实时位置等信息反馈给后台，配送员整个配送过程中的时间节点都被记录了下来（见表7）。

表7 骑手端 App 订单配送时间记录

下单时间：2021-09-21　12:28

要求送达：09-20　13:00 前

派单	接单	识别到店	取货	送达
12:29	12:29	12:40	12:41	12:59

---

① 系统将网约配送员的账号拉黑，被拉黑的配送员将无法再进行任何订单的配送。

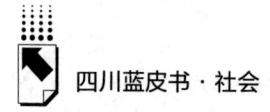

整个过程从顾客下单开始，订单信息就被发送到了商家端，商家在接到信息后又将配送需求的信息提交给系统，系统通过算法技术将订单派给网约配送员，配送员在手机 App 上接收订单任务，随即开始订单配送的工作流程，即接单、到店、取货、配送、送达（见图 8）。

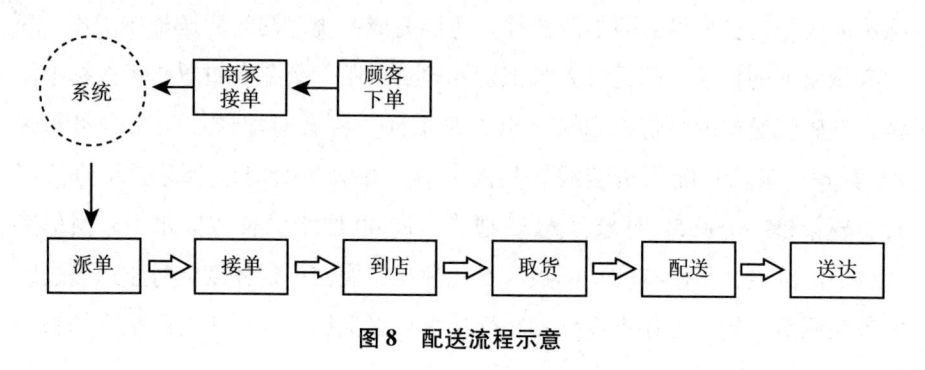

图 8　配送流程示意

（五）技术管控

作为数字时代的新经济组织，追求经济利润是网约配送员组织的根本目标，如果这个组织不能让加入其中的成员获得经济效益，那么再完美的组织设计也无济于事。网约配送员的工资计算方式是计件制，所以"完成配送"是其获得经济收益的重要衡量标准。根据外卖配送行业的特点，整个配送过程都充满不确定性，如果没有一套较强的监管机制在其中起作用，那么网约配送员可能在送餐途中因不熟悉路线而耽误较长时间，或者也可能贪玩而忘记为顾客送单，这样就会导致网约配送员组织成为"一盘散沙"。但实际情况并非如此，"固若金汤"般的组织让外卖服务无论是日晒雨淋还是节日假期都不会中断。正如骑手小哥们戏谑地说："铁打的美×，流水的哥。"这一监管工作过程的重要机制就是平台企业所开发的平台技术在管理中发挥了重要作用。

网约配送员在工作流程中的相关信息将即时反馈到站点后台的"调度系统"内。站点的管理人员能通过配送员实时反馈的信息，对其进行管理，如发现某个网约配送员在地图上某个位置长时间没有发生变化，或者送餐完成后，没有及时回到站点指定的商圈取餐范围内，那么站点管理人员将通过电话直接联系配送员，询问是否在工作过程中出现意外状况，或者督促其认真工作。除了配送员在工作状态中的信息以外，站点的调度系统也将同时收集顾客和商家在订单产生后的相关信息，所有参与方在订单产生之后的每一步操作信息都将显示在后台的调度系统上，如果在"完成配送"过程中出现问题，后台将在第一时间了解情况（见表8）。在这样的状态之中，系统通过对网约配送员时间和空间的反馈信息，将其工作过程管控起来，所以，看似散乱地穿梭于城市大街小巷的配送员，实际上是被有效地组织了起来。

表8 外卖配送站点调度系统信息反馈

操作	内容	操作人	操作时间
顾客已下单	顾客下单成功	顾客	12:08
顾客已付款	顾客已在线支付	顾客	12:08
商家已接单	商家已接单（SLA考核时间：8分钟内出餐）	商家	12:08
商家已发单	商家发单成功，等待调度	系统	12:08
系统已指派（待确认）	系统已派单给骑手，等待骑手确认	系统	12:09
骑手已接单	骑手已接受系统派单	系统	12:09
骑手已到店	系统识别骑手到店（距离商家约0米）	系统	12:17
骑手已取货	骑手已操作取货（GPS定位距商家约4米）	骑手	12:18
联系顾客	拨打本地电话给顾客（骑手手机时间12:35）	骑手	12:36
骑手已送达	骑手已操作送达（GPS定位距顾客约4米）	骑手	12:37

总的来说，平台企业通过其所开发的手机端软件对网约配送员组织进行管控。一方面，对网约配送员的工作过程实施监控，同时将消费者也设置为辅助管理方，将骑手、商家和消费者三者的信息综合起来对网约配送员的工作进行考核。另一方面，又通过算法技术提高效率，让网约配送员如同流水线上的工人一样工作。

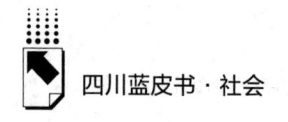

四　总结与建议

2021年7月16日，人力资源和社会保障部、国家发改委、全国总工会等八个部门联合印发《关于维护新就业形态劳动者劳动保障权益的指导意见》（以下简称《意见》），从四大方面提出了19条具体指导意见，引起了各地相关部门对新就业形态劳动者劳动权益保障问题的重视。首先，对于劳动者的用工主体，即平台企业和第三方企业的责任进行了明确，将不同类型的新业态劳动者分为不同的雇佣关系。其次，从劳动者自身基本保障出发，对薪酬制度、休息制度、劳动安全卫生、社会保险、职业伤害以及平台管理规则等方面进行规范，并提出改善建议。再次，从提供服务方面，明确相关部门为新业态劳动者提供哪些服务内容，包括职业培训、进城子女教育权、社会保险转移交接等。最后，要求各部门优化工作机制，充分发挥各部门职责，加强监督，更好地维护新业态劳动者的劳动权利。

对于网约配送员以及其他新就业形态劳动者的相关政策也应围绕《意见》相关内容展开。

一是明确分类，规范劳动关系。新就业形态劳动者的类型复杂，从而导致劳动关系认定难等问题，所以，厘清新就业形态劳动者的组织隶属关系或者工作过程中的组织监管关系，明确责任主体，推动相关劳动权益法律法规的制定，能更加有效地保障新就业形态劳动者的劳动权益。

二是灵活衔接，优化保障接续。新就业形态劳动者群体的特点之一是高度流动性，大多数新就业形态劳动者并未把它当成终生职业，而是把这当作生命历程中的过渡期，应优化社会保险转接工作，在社会保险等方面的保障措施上应该具有衔接性。

三是加强监管，降低工作风险。不论是算法技术还是平台技术，将这些技术运用于新就业形态劳动者组织管理的过程中，应以保证劳动者的劳动安全为底线，针对技术所产生的对劳动者管控过于严苛的部分，应进行相应调整。

四是多元参与，拓宽沟通渠道。新就业形态劳动者作为新时代的工人应该拥有相关权利，各级工会应逐步将新就业形态劳动者吸纳到工会组织中，同时发挥工会代表作用，积极与行业协会、平台企业、第三方企业开展协商，让劳动者参与到劳动标准的制定过程中。

五是注重宣传，提升社会认可度。新就业形态劳动者为社会带来了经济价值和社会价值，应注重新就业形态劳动者"好人好事"案例的宣传，在劳动模范评选工作中，不能忽视新就业形态劳动者群体，表彰先进个人和集体，提升社会认可度。

B.12 2017~2022年四川省高等教育内涵式发展成效与改革趋势

张志英 赵悦彤*

摘 要： 党的十九大报告提出"加快一流大学和一流学科建设，实现高等教育内涵式发展"，此论述为四川省高等教育的发展指明了方向。2020~2022年，四川省严格遵循中央的指示，紧跟高等教育改革新风向，提出优化学科专业结构、加强人才培养质量把控、类别有序加快推进高水平高校建设和一流学科建设，推动实现高等教育从外延式发展向内涵式发展的递进，创新性地走出了高校跨区域协同发展、高校助力乡村振兴事业等新发展路径，在推动高等教育内涵发展中取得了显著的成效。然而四川省内高等教育发展仍面临区域不平衡不充分、高校教育体系内"以人为本，立德树人"的核心理念亟待加强、高等院校内部各层次发展差距显著的问题。当前高等教育事业发展面临的风险挑战，提出要以高等教育推进区域协同发展、助力乡村振兴、促进精神文明建设等路径来推动高等教育内涵式发展，进一步探索实现"以人为本，立德树人"的内涵式发展道路。

关键词： 四川 高等教育 教育经费 职业教育

---

* 张志英，四川省社会科学院社会学研究所研究员；赵悦彤，四川省社会科学院社会学研究所硕士研究生。

一 四川省高等教育内涵式发展背景与政策支持

（一）发展背景

2017年，党的十九大报告指出，"加快一流大学和一流学科建设，实现高等教育内涵式发展"。这意味着高等教育已从传统的外延式发展转向以质量提高为核心的内涵式发展。而高等教育内涵式发展的基本要素包括"以人为本，立德树人"、"高教育质量"和"优化高校资源配置"，其中"以人为本，立德树人"的核心理念既符合新时代中国特色社会主义建设的内在要求，也促进高等教育在当前社会环境下担当使命重任。2019年习近平总书记发表重要文章《推动形成优势互补高质量发展的区域经济布局》，进一步指明高校发展要切合区域协调发展主题。2020年，中共中央、国务院发布文件要推动形成新时代下西部大开发新格局，其中对西部地区补齐教育短板作出明确要求。

四川省作为高等教育大省和西部高等教育高地紧跟教育改革新风向，提出优化学科专业结构、加强人才培养质量把控、类别有序加快推进高水平高校建设和一流学科建设，推动实现高等教育内涵式发展。2020年起，为进一步推动高等教育的高质量发展，四川省委及省政府在省内各大高校开展"对标竞进、争创一流"活动，以国内外优秀高校为参照，找差距寻短板，明确努力方向，持续用力提升发展层次，实现四川高等教育内涵式高质量发展，并努力形成以高等教育促区域协调发展、区域资源均等化的社会治理新局面。

高等教育已迈进内涵式高质量发展道路。樊丽娜指出高等教育内涵式发展的价值取向，其根本价值为以人为本、目标价值为质量提升、服务价值为制度创新。这表明了内涵式发展既强调外延的质量或硬实力的提升，还重视内在的价值、精神文明的构建或软实力的提升。

首先，其价值意涵继承了经济发展内涵，即强调不断推进社会经济结构的优化和人类发展的进步。同时党的十九大报告指出当前我国社会主要矛盾出现转变，由此也强调高等教育发展道路的本质内涵，就是要满足人民日益增长的对高质量高等教育的需求，要消除高等教育发展过程中的不平衡不充分现象。其次，陈斌指出当前我国整体高等教育面临创新能力不足、教育结构不尽合理、可持续性发展差和高等教育受益主体有限的现实问题。最后，面对现实境遇，诸多学者提出对策建议来破解高等教育充分均衡发展难题。包永梅等认为要提升高等教育对经济发展的贡献率，并提出总体路径，即加快高等教育结构优化、构建现代化终身教育体系和促进特色分类发展；区域个性化路径，即加大国家扶持力度、加强教育经费支持和推进高校区域联盟转型。袁利平等也提出要通过高等教育促进扶贫发展，要增强高等教育服务社会的能力。王丽等则强调要重视并大力发展高等职业教育，同时要着重提高底层家庭子女的高等教育入学率，以此来推进高等教育的均衡充分发展。除了提升高校的硬实力，高校软实力也亟待提高。于光曾提出要通过弘扬大学精神、明确办学定位和建立"以人为本"的管理机制三个路径来提升高校软实力。游旭群也强调高校要在传承和弘扬学校精神中凝练特色。孙树彪还强调了内涵式发展需要思想政治教育培育人文精神，在教育教学过程中要以人文精神价值激发学生的主体精神及创造力，促使人文精神转化为物质生产动力，促进内涵式教育发展的良性循环。

随着中国特色社会主义发展进入新时代，高等教育发展内涵强调了"平衡""充分""立德树人"三个点，而本文则将这三个关键词放置在四川省高等教育发展之中，结合现有研究成果和近年来发布的统计数据来阐述2020~2022年四川省高等教育的发展成效和改革举措，结合高质量发展中"平衡""充分"关键词和内涵式发展中"以人为本，立德树人"的理念，分析并探索四川省高等教育未来内涵式发展路径。

（二）政策支持

2020年，教育部强调高等教育主线：全面推进"四新"建设，持续深化新工科、新农科建设，积极推进新医科、新文科建设。[1] 随后，人社部、

---

[1]《教育部高等教育司2020年工作要点》。

教育部发布《关于深化高等学校教师职称制度改革的指导意见》（人社部发〔2020〕100号），提出要致力于形成以人才培养为核心，以品德、能力和业绩为方向，且评价科学、规范有序、竞争择优的高校教师职称制度，最终建设高素质专业化创新型的教师队伍。此指导意见为四川省提高教师素质提供了具体方向与路径，指明要着重推动以高素质教师带动高校内涵式发展的新道路。四川省教育厅紧跟教育部工作重点，发布《关于成立2021—2025年四川省普通本科高等学校教学指导委员会的通知》（川教函〔2021〕20号），提出加强发挥专家组织对高等教育教学改革的研究、咨询、指导等作用。

2021年，教育部在上一年工作主线基础上强调该年工作主线：立足教育高质量发展体系，深入推进"四新"建设，全面提升四个质量，着力建设质量文化。[①] 随后，四川省教育厅深入贯彻教育部强调的工作主线精神，并结合十九届六中全会精神，提出以"五个着力"推动高校科研工作实现新跨越。一是着力提高政治站位推动国省战略落实。二是着力对标竞进争创加速良好氛围形成，"比、学、赶、帮、超"的科研氛围加速形成。三是着力找准工作定位突出创新源头供给，事实表明高校科技创新是四川省高等教育内涵式发展的关键支点。四是着力强化资源统筹加大政策配套支持力度，努力打破高校科技创新平台建设瓶颈、人才队伍建立困难的现状。五是着力精准谋划推动力争实现三个倍增，即至"十四五"末，四川省整体科研实力较"十三五"时期迈向一个崭新的台阶。同时，教育部回复为帮助中西部地区改变其内部高等医学教育资源分布不均衡、发展不平衡的现状，将支持中西部地区"双一流"高校利用多学科优势，积极建设、发展医学学科，在审核学位授权时，对西部地区的高校给予一定的政策帮扶，对新增硕博点可将评审标准降低至原标准的80%。这将有利于西部地区加快培养高层次医学人才和建立高质量人才队伍，也为四川省高校多学科综合发展以及医学学科的高质量发展提供有力的政策支撑。

---

① 《教育部高等教育司2021年工作要点》。

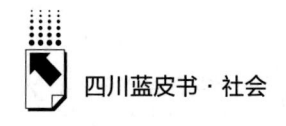

二 四川省高等教育内涵式发展成效

2021年3月23日,教育部、财政部、国家发展改革委制定《"双一流"建设成效评价办法(试行)》,重点在人才培育评价、教师队伍评价、科学研究评价、社会服务评价等方面。四川省深入贯彻执行教育部要求,坚持按"双一流"评价指标来促进高等教育内涵式发展。

(一)高等教育经费支出不断增加

自2017年党中央确立高等教育内涵式发展道路的顶层设计以来,全国高等教育经费支出以11%的增速持续增长。如表1所示,将我国各省区市按传统地理划分为中部地区、西部地区和东部地区,其中东部地区的教育经费稳定占据全国的约56%,排在首位,其次是中部地区,占比为25.19%~26.24%,最少的是西部地区,占比为17.32%~18.60%。数据显示,尽管西部地区的高等教育经费支出正缓慢增长,但与东部地区56%的占比还存在相当大的距离。具体看各省份2017~2020年的高等教育经费支出,如表2所示,北京市以10.32%~11.90%的占比稳居第一,其次是广东省和江苏省。虽然从数据上看四川省仅占3.81%~4.58%,但2020年达到4.58%,较2017年增加0.42个百分点,对比西部地区其他省份的增减幅度发现,四川省是西部地区高等教育经费支出增幅最大的省份。总体而言,根据各地区、省份的高等教育财政支出趋势来看,西部地区的高等教育发展仍任重道远,四川省该数据的增加也预示着将承担更多的西部地区高校发展重任。

表1 2017~2020年各地区高等教育经费支出占比

单位:%

地区	2017年	2018年	2019年	2020年
东部	56.10	56.44	56.06	56.51
中部	26.12	26.24	25.34	25.19
西部	17.78	17.32	18.60	18.38

数据来源:2017~2020年《中国教育经费统计年鉴》。

表 2 2017~2020 年各省份高等教育经费支出占比

单位：%

省份	2017 年	2018 年	2019 年	2020 年
北京	11.90	11.87	10.71	10.32
天津	2.56	2.82	2.79	2.90
河北	2.84	2.92	2.83	2.82
辽宁	3.47	3.20	3.21	3.10
上海	6.74	6.61	5.79	5.91
江苏	7.33	7.07	7.34	7.48
浙江	4.26	4.44	5.01	5.01
福建	2.38	2.45	2.65	2.81
山东	5.03	4.64	5.06	5.07
广东	7.34	7.88	8.00	8.28
广西	1.81	2.08	2.16	2.28
海南	0.45	0.44	0.51	0.52
山西	1.80	1.91	1.81	1.77
内蒙古	1.70	1.63	1.38	1.28
吉林	2.48	2.37	2.12	2.10
黑龙江	2.57	2.36	2.37	2.35
安徽	3.12	3.53	3.04	2.88
江西	2.20	2.45	2.12	2.25
河南	4.00	3.91	4.05	4.14
湖北	5.14	4.87	5.12	4.95
湖南	3.11	3.21	3.32	3.46
重庆	2.24	2.09	2.45	2.36
四川	4.16	3.81	4.48	4.58
贵州	1.63	1.74	2.35	1.85
云南	1.46	1.55	1.73	1.77
西藏	0.24	0.25	0.18	0.21
陕西	4.07	4.03	4.16	4.27
甘肃	1.88	1.77	1.53	1.52
青海	0.37	0.37	0.29	0.36
宁夏	0.47	0.50	0.41	0.38
新疆	1.25	1.21	1.03	1.10

数据来源：2017~2020 年《中国教育经费统计年鉴》。

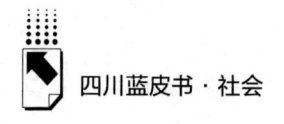

（二）高校"一把手"提能和教师质量提高

以提高质量为主导的内涵式发展，其重要途径为优化高校内部的领导、教师队伍，这是内涵式发展的关键。领导和教师作为高校体系中的管理者、教育者，既要求具有扎实的专业学科素养，还强调具有相应的师风师德，才能实现最终的"以人为本，立德树人"的战略目标。

1. 领导队伍提能

提升高校领导者能力，是构建高质量高等教育体系的重要内容，也是高等教育内涵式发展的重要组成部分。2021年5月，四川省高校党委书记政治能力提升专题培训班在国家教育行政学院开班，全省普通高校党委书记共81人参加了开班式。9月，四川省高校党的建设工作会议暨"对标竞进、争创一流"读书班在成都开班，全省各高校共300余人参与，此次会议强调要牢抓高校党建工作体系，以高质量党建引领推动高校高质量发展。"要担当新时代管党治党、办学治校政治责任，提升为党育人、为国育才政治能力，发挥弘道立身、以德率人示范作用，葆有专注发展、改革创新奋发姿态，厚积遵循规律、深耕主业专业素养，强化从严治校、敢抓敢管责任担当，努力成为社会主义政治家、教育家。"

为实现"高校'一把手'提能"，四川省高职院校创新优化院校领导干部考核机制，激励领导担当作为。首先，研究制定了《四川省属高等职业院校领导班子和领导人员年度考核评价办法（试行）》（川教工委〔2021〕3号），以克服原有考核体系评价方式单一、考核主体不明确等问题；其次，细化考核指标，增强考核方式的灵活性、促进考核结果更具实用性，以防止考核工作"一般粗"；再次，进一步优化创新考评体系，加强真实民主测评和多维征求意见；最后，强化考评结果的运用，积极调动和发挥各院校领导干部参与工作的热情与干劲，努力改变考评结果无用功现状。

2. 优质教师队伍建设

高等教育内涵式高质量发展离不开高素质的教师队伍。2020年，四川省高等教育学校、机构数量为132家，较上一年增加6家；高等教育专任教师学历为博士的人数为21004人，较上一年增加24.2%；高等教育学校、机构教职工职称为正高级的人数为10940人，与上一年相比增加8.2%。① 其中各大高校也采取积极举措来推动高素质教师队伍建设。2021年，成都理工大学以深入贯彻"聚天下英才而用之"的人才观，实施"珠峰引才计划"，引进各类人才368人，资助优秀中青年人才602人，并建立起配套机制如"人才一站式服务机制""人才引进与服务多部门协调机制"来吸引更多青年才俊加盟。成都中医药大学建立师德委员会，将师德纳入教师绩效考评中，促教师回归教学来提高教师素养。四川职业技术学院采取联合培养机制来提高教师素质，与成都师范学院开展合作，两校进一步结合各自办学优势，探索本科层次职教师资培养新路径，提升高等职业教育教学和人才培养质量，以高质量教学成果回馈社会、服务社会。

（三）教育教学质量提高

2021年12月，四川省教育厅提出以"优化、提升、引领"推动高等教育质量质量提升，坚持以人才培育为中心，不断创新发展动力。要进一步推动高等教育发展，就必须走内涵式的发展道路，培育高素质毕业生，才能实现"树人重立德，为国育英才"的战略目标。

1. 优化学科布局，加强学科建设

在全国第四轮学科评估中，四川省各大高校获得A类学科总计27个，具体包括A+学科5个、A学科2个、A-学科20个。为在全国第五轮学科评估中取得优异成绩，各高校皆采取了积极举措。四川农业大学响应国家需求，打造以农业和动物植物科学为优势、理工经管等社会科学为支撑，促进跨学科交融的协调发展体系，在2020年取得4个学科跻身ESI前1%、5个学科入选软科世界一流学科的好成绩。成都理工大学顺应新时代变化发展，构建引入与开发结合、线上线下形式互补的创新创业通识课程体系。四川轻化工大学建设科教融合产业学院，助力学科建设与地方经济结构、产业升级

---

① 数据来自2020年教育部教育统计数据。

相适应，以高校学科建设促区域产业优化、经济协调发展。

2. 创新培养模式，促进交流合作

成都理工大学建立创新创业实践平台，现已吸引57家企业、3家科研机构入驻，截至2021年底，该平台已培育超1000项国家级、省级大学生创新创业项目，学生依据项目发表1200多篇学术论文，申请230多项专利。还把握住"文旅成华""环理工大学知识经济圈"发展机会，与创新创业平台结合有效服务成华区创建水绿生态空间的目标。西南科技大学城市学院引入校企合作的人才培养新模式，与广联达科技股份有限公司合作申报"基于BIM技术的建筑环境与能源应用工程实践基地建设"项目，成功入选2020年度中国高等教育博览会"校企合作双百计划"路演展示案例，这也是四川省唯一入选的民办高校。四川科技职业学院成立乡村振兴学院，聚焦基层社会经济发展，以学校多方优势助力乡村振兴。2021年11月，学校在四川天府新区眉山管委会乡村振兴局支持下启动"我为乡村振兴贡献青春力量"直播活动，助力解决四川省"爱媛"果冻橙滞销问题。

3. 毕业生质量稳步提升

（1）普通高等院校毕业生质量平稳提升

2020年受新冠肺炎疫情影响，毕业生整体就业情况较之前出现了一些波动，但四川省高校仍以85.77%的初次就业率位居全国第五。[①] 2021年，根据各大高校发布的2021届毕业生就业质量报告，新一届毕业生就业情况有所好转。电子科技大学作为"双一流"大学，2021届本科毕业生就业率为20.11%，但其升学率高达70.74%。以财经专业为办学特色的西南财经大学本科生也是以升学为主，大多数毕业生流向西南地区。以医学为办学特色的成都中医药大学和川北医学院应届毕业生就业率分别高达83.45%和89.5%，且主要就业地区在省内，但成都中医药大学在卫生和社会服务行业的对口率较2019年下降了约10个百分点，为51.31%，而川北医学院对口就业率高达95%以上，由此可见仍需重视和推进中医行业的蓬勃发展，特别是以高等中医

---

① 数据来自《四川省2020届毕业生就业质量年度报告》。

药大学带动区域内中医行业的发展。西南民族大学作为省内民族高校，其毕业生大多数流向西部地区，有10.54%的毕业生服务于民族地区。地处四川西南深处的攀枝花学院，2021届毕业生约有74%留在川内，其中有23%留在攀枝花就业，这有助于以高校教育助推地方人才培养和人才流入。

（2）高等职业院校毕业生就业质量稳步提升

据《四川社会发展报告（2021）》专题篇相关报告，当前四川省不断推进发展系统、多样且实用的高水平现代职业高校。《四川省2020届毕业生就业质量年度报告》显示，本科毕业生就业落实率为83.66%，专科毕业生就业落实率为87.57%，二者相差近4个百分点。从毕业生就业省份来看，本科毕业生留在省内的比例为70.24%，而专业毕业生留在省内的比例为82.33%。结合这两项数据来看，高等职业院校培育的学生更有可能留在川内并服务于四川省经济社会发展，且目前表现出的就业情况将不断打破传统专科学历偏见。从目前各大高校已经发布的2021届毕业生就业质量年度报告来看，高等职业院校也取得了不错的成绩。四川电力职业技术学院以电力办学为特色，2021年应届毕业生总就业率为91.95%，电力相关行业就业率为69.48%，从整体上看签约国有企业的占57.12%。四川建筑职业技术学院应届毕业生协议就业率达70%，其中国企签约率为60.43%，主要集中在建筑行业，数据表明以就业和技术为培养目标的高等职业院校在当前社会形势下适应良好，也为其他高等院校提升学生就业质量提供了新思路。①

（四）创新思想政治教育，增强高校软实力

高等教育内涵式发展最终目标是要培育出合格的社会主义接班人，这是实现内涵式教育发展良性循环和彰显"立德树人"理念的落脚点。这也意味着高等教育内涵式发展需要通过思想政治教育来培育人文精神。

2021年是中国共产党建立100周年，四川省各大高校均开展了一系列以党史学习为主题的思想政治教育，形成了以专家、学者和教师学习理论并发

---

① 数据来自各大高校2021届毕业生就业质量年度报告。

表理论文章自上而下地带动学生开展歌唱、演讲、观影、征文比赛等活动来学习党史、感悟革命精神的思想政治教育课堂。截至2022年1月，专家学者在《社会主义研究》、《四川日报》、光明网等核心期刊和主流媒体上发表理论文章100多篇。"四川教育发布"联合全省高校开展"青春向党、时代向上"网络主题拉歌41场，联合承办全国第六届大学生艺术展演活动，组织筹办中华经典诵写讲演系列活动，并指导全省各高校组织开展研学实践1.4万次，参与人数达250万人次。①四川省高校党史学习系列活动的成功开展是在原有思想政治教育体系中创新地融合了中国共产党作为百年大党的精神品格和中华民族的伟大精神，而这也是高等教育内涵式发展的生动体现。

三 四川省高等教育内涵式发展机遇、挑战与改革趋势

（一）机遇与挑战

1. 四川省高等教育发展机遇

我国进入中国特色社会主义新时代这一崭新的历史阶段，新时期的高等教育发展必定要走高质量的内涵式发展道路。四川省也立足于新发展阶段，提出加强党对高等教育工作的全面领导，落实"立德树人"，优化学校整体布局，调整专业学科结构，提升教育教学、人才培养和科学研究的水平，以强劲的办学实力来引领创新发展，增强内生发展动力。同时，四川省还走出了以高等教育推动区域协调发展，即抓住成渝地区双城经济圈建设机遇和以高等教育助推乡村振兴的创新发展道路，这些创新举措既体现了培育"德才兼备"的人才的目标，又丰富了内涵式发展的内涵和具体路径。

2. 四川省高等教育发展面临挑战

2017~2022年四川省高等教育创新改革取得了一些积极的成果，但仍面临许多困难挑战亟待解决。首先，四川省内部发展差异显著，使得地方高校

---

① 数据来自四川省教育厅。

也因区域发展不协调而不能充分均衡发展。其次，四川省作为农业大省，势必要在实现乡村振兴和共同富裕道路上发挥重要作用，但目前省内的高校教育教学体系中服务社会、建设乡村的教学理念与实践环节薄弱，既难体现"以人为本，立德树人"的内涵式发展理念，又难以推动毕业生在毕业后服务基层。最后，高校内部层次差异显著，最突出的则是普通院校与职业院校的差异，普遍认为高等职业院校的就业率、就业质量都不尽如人意，从现有的职业院校就业数据来看却并非如此，甚至某些职业院校交出的成绩单还十分亮眼，但社会上对职业院校的歧视与不重视也将阻碍四川省高等教育的内涵式发展。

（二）改革趋势

1. 加大教育经费投入

党的十九大以来，党中央、国务院为了推进职业教育的高质量发展，发布了一系列重要文件，主要集中在《国家职业教育改革实施方案》《职业教育提质培优行动计划（2020—2023年）》《关于推动现代职业教育高质量发展的意见》三个文件中。这也预示着高等教育的内涵式发展需要推动高等职业教育的高质量发展，以不断实现整体的高质量发展。

四川在促进省内高等教育内部均衡发展过程中采取了积极举措。如表3所示，2017~2020年四川省普通高等本科学校与普通高职高专学校的教育经费支出皆呈现大幅上升的趋势，其中普通高等本科学校的教育经费增幅分别为5.03%、12.83%、12.83%，普通高职高专学校的教育经费增幅则分别为16.43%、19.42%、17.20%，与普通高等本科学校相比增幅更大。同时对比2017~2020年四川省普通高等本科学校与普通高职高专学校的财政补助支出（见表4），二者也呈上升趋势，其中普通高等本科学校的总体增幅为39.80%，普通高职高专学校总体增幅更是达到了70.43%。这表示四川省不断加大高等教育投入，特别是高等职业教育投入，以支持高等职业院校规模、人才队伍、配套设施的建设及发展，并不断促进高等教育内部体系均衡发展。

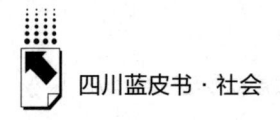

表3　2017~2020年四川省普通高等本科学校与普通高职高专学校教育经费支出

单位：千元

项目	2017年	2018年	2019年	2020年
普通高等本科学校	34844021	36595939	41290410	46588531
普通高职高专学校	8230150	9582456	11442916	13411565

数据来源：2017~2020年《中国教育经费统计年鉴》。

表4　2017~2020年四川省普通高等本科学校与普通高职高专学校财政补助支出

单位：千元

项目	2017年	2018年	2019年	2020年
普通高等本科学校	17734516	18724218	20189514	24792690
普通高职高专学校	4294374	5094269	6808027	7318723

数据来源：2017~2020年《中国教育经费统计年鉴》。

2. 回应经济社会均衡发展现实需求

（1）推动区域协同发展

高等教育是基于社会发展而诞生的，以培养人才、科学研究来服务与回馈社会。在新时代发展背景下，高等教育的重要使命就是服务于区域经济发展，推动区域经济进一步均衡协调发展。四川省作为西部教育大省，更是肩负着以提升教育水平来促进西部经济社会发展的重任。2020年，《成渝地区双城经济圈建设规划纲要》颁布，此文件为四川省高等教育助推区域协调发展提供了新思路和新路径。2021年，代省长黄强在省两会上提出高校要抓住成渝地区双城经济圈建设的发展机遇。随后各大高校采取各项举措共建成渝地区双城经济圈。同年3月，四川省体育局、重庆市体育局与成都体育学院召开川渝体育深化融合发展推进会，通过跨省市与跨主体的协作机制，助推成渝经济圈内地区体育产业的协调、均衡、可持续发展。随后，在四川省教育厅与重庆市教委支持下，南充职业技术学院与重庆旅游职业学院牵头成立"成渝地区双城经济圈研学旅行职教联盟"。6月，四川工业科技学院就校地融合发展与重庆市合川区展开合作，探索跨区域的政府、企业和学校多维合作的协调教学培养模式。7月,西华大学与西南大学合作共建"西南农业智能装备科技创新中心"和"川渝共建特色食品重庆市重点实验室",助力川渝特色农业副产品、食品科学以及地方传统食品产业化的发展。由此,四川省高校高质量发展紧跟区域协调发展新风向,以成渝地区双城经济圈为西部地区经济发展中心点,推动四川省内部多地域、多学科领域的均衡发展,助力西部地区整体协调、可持续的高质量发展。

(2)培养乡村振兴专类人才

党的十九大以来,"三农"问题就已成为全党工作的重点,实施乡村振兴战略更是义不容辞。四川省地域辽阔、人口众多,也是全国范围内著名的农业大省,因此四川必定要肩负起乡村振兴的重任。到2020年底,我国实现了农村绝对贫困人口的全面脱贫,也预示着高等教育推动乡村建设方式或内容出现了新变化和新挑战,一是贫困治理主体转变成多元主体协同参与;二是扶贫对象从绝对贫困转变为相对贫困,这使得致贫原因多维化。因此,这需要高校转变思路,以乡村振兴为目标培养各类人才,鼓励各领域青年才俊助力乡村振兴。截至2021年底,四川省内许多高校成立乡村振兴学院,并以各自办学特色为乡村振兴添砖加瓦。四川师范大学成立支教团队,坚持"扶贫先扶志、扶贫必扶智"支教理念助力乡村教育;达州职业技术学院开设"乡村振兴"课程表,定向培养专业技术人才;吉利学院开创独具特色的"布拖样板吉利模式",以科技赋能、人才培养、定点帮扶等举措多管齐下助推乡村教育振兴。因此,四川省高校内涵式高质量发展以肩负乡村振兴使命而奋力前进。

3. 建设高水平高等职业学校,大力发展现代职业教育

2022年开端,省教育厅、省发展改革委等九部门联合制定《四川省职业教育提质培优行动计划(2021—2025年)》,全面部署四川省职业教育高质量发展工作。该计划明确提出以下目标:第一,力争2025年在四川省内建立起高水平高等职业学校15所以及具有高水平专业群50个;第二,力争在下一轮国家"双高计划"期间,全面升级提档现有项目,新增2~3所高等职业学校专业群进入国家建设名单;第三,力争在全国中职优质学校遴选

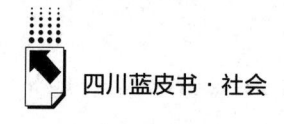

中排位居全国前列。

这一计划的发布也预示着未来五年高等职业院校的内涵式发展将是四川省高等教育发展的重要环节。同时还致力于优化专业设置，全面推行学徒制以及企业新型学徒制，努力将乡村振兴、"三农"建设融入教育教学之中，最终培育出顺应新时代背景的应用型人才。

4. 加强精神文明建设

2022年开年之际，教育部发布了2022年的工作要点，其中首先强调了"坚定不移用习近平新时代中国特色社会主义思想铸魂育人，确保教育领域始终成为坚持党的领导的坚强阵地"。这表明要以思想育人，更要以新时代中国特色社会主义思想育人。而高校体系中的思想政治教育工作作为教育体系内思想育人的重要环节，更是要坚持这一要点。2021年创新地将党史学习与思想政治教育结合起来取得了良好效果，这为各大高校在2022年开展思想政治教育工作提供了可借鉴的经验及未来创新的基石。只有不断地通过这种与时俱进的思想教育才能真正地为青年学子树立正确的价值观念，提供正确的人生方向，才能为精神文明建设添砖加瓦。

（三）展望

2021年8月，教育部印发《加强和改进涉农高校耕读教育工作方案》，强调培养德智体美劳全面发展的社会主义建设者和接班人具有重要意义，这为四川省高等教育未来的发展指明了方向。

1. 高校要以增强学生适应社会的能力为目标创新培养体系

2020年新冠肺炎疫情发生以来，整个就业市场处于高压状态，应届毕业生的就业率、就业去向等就业指标已经成为衡量高校高质量发展的重要指标。只有在学校里培养好学生的实践能力、抗压能力、专业学科能力，才能让学生在当前就业严峻的情形下安身立命。因此，高校未来的创新思路要更加务实，一定要牢牢地与毕业生就业联系在一起。

2. 高校要承担社会责任服务于地方经济发展

四川省是西部大开发新格局的重要组成部分，也是成渝地区双城经济圈的重要主体，但四川省内部也面临着各市经济发展不均衡的困境。而高校的发展与其所处的地方发展紧紧相连，若不担负起促进地方发展的责任，只会加剧当前发展不均衡的困境，进而影响高校自身发展质量。由此，各大高校，特别是身处亟待大力发展地区的高校，一定要与地方发展紧密相连，要培养出既能"走进来"，又能"留下来"的人才。

3.高校要主动担当乡村振兴人才培养的使命

高校作为培养人力资源的主要阵地，既承担了教学的职能，还肩负着培育学生正确观念的责任，由此高校也成为培养学生回归乡村、勇于为乡村振兴事业献身的阵地。同时，高校需要建立起"以人为本，立德树人"的榜样机制，由上至下地引导学生主动担当起乡村振兴使命。唯有一代又一代青年人投身乡村建设，才能早日实现乡村振兴的伟大目标。

参考文献

陈斌：《高等教育高质量发展：价值意蕴、现实境遇与推进策略》，《重庆高教研究》2022年第1期。

包永梅、陈秋萍：《我国区域间高等教育对经济发展贡献率的比较分析——基于近20年中国省域面板数据的实证研究》，《兰州大学学报》（社会科学版）2021年第5期。

袁利平、李君筱：《我国高等教育扶贫政策的演进逻辑与未来展望——基于历史制度主义的视角》，《清华大学教育研究》2021年第5期。

王丽、李凤兰：《普及化阶段高等教育对收入及收入分配的影响——来自中国家庭追踪调查微观数据的经验证据》，《重庆高教研究》2021年第11期。

于光：《提升高校软实力　促进高等教育内涵式发展》，《国家教育行政学院学报》2008年第6期。

游旭群：《新时代高等教育内涵式发展路径探析》，《中国高等教育》2020年第5期。

孙树彪：《高等教育内涵式发展的"立德树人"研究》，吉林大学博士学位论文，2019。

刘国瑞：《新发展格局与高等教育高质量发展》，《清华大学教育研究》2021年第1期。

姚芳：《地方高等教育服务区域经济发展的研究》，《辽宁工业大学学报》（社会科

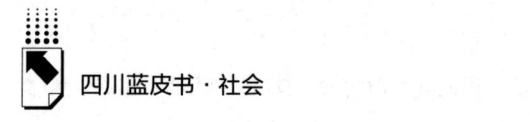

学版）2020 年第 4 期。

刘小俊：《农村职业教育助力四川民族地区乡村振兴思考》，《合作经济与科技》2021 年第 18 期。

覃红霞、李政：《高等教育扶贫与人类命运共同体建设》，《苏州大学学报》（教育科学版）2021 年第 4 期。

王福颖：《高等教育人力投入对区域经济增长的实证研究——基于西部 12 省市区面板数据》，《智库时代》2020 年第 16 期。

蔡文伯、赵志强、禹雪：《成渝地区双城经济圈高等教育——科技创新—经济发展动态耦合协同研究》，《西南大学学报》（社会科学版）2022 年第 1 期。

邓鼎成：《面向成渝双城经济圈先进制造业转型升级的校企合作协同育人培养模式探索》，《中外企业文化》2021 年第 11 期。

古银华、罗钰、叶华、阳琴、曹鹏：《人力资源地域协同发展模式探索——以成渝地区为例》，《时代经贸》2021 年第 12 期。

蔡群青、袁振国、贺文凯：《西部高等教育全面振兴的现实困境、逻辑要义与破解理路》，《大学教育科学》2021 年第 1 期。

管培俊：《振兴中西部高等教育　助力高质量发展》，《中国高教研究》2021 年第 12 期。

马鸿霞、朱德全：《民族地区职业教育服务乡村振兴研究的知识图景与发展前瞻——基于 CNKI 数据库的分析》，《西南民族大学学报》（人文社会科学版）2022 年第 1 期。

案例篇

Cases

B.13
县域治理的经验案例

——邛崃"五维治理"

金小琴 康莹*

摘　要： 县域作为国家治理实践的基本单元，在整个国家治理体系中具有基础性地位，同时起着承上启下的作用。推进县域治理是国家治理体系与治理能力现代化的重要组成部分。本文以四川邛崃为例，结合其县域治理的必要性与紧迫性，从政府治理、经济治理、文化治理、社会治理和生态治理等五个方面探索新时代县域治理的路径选择。

关键词： 县域治理　新时代　邛崃

---

* 金小琴，博士，四川省社会科学院副研究员，主要研究方向为城乡社会发展；康莹，四川省社会科学院硕士研究生，主要研究方向为社会治理。

古人云："郡县治，天下安。"自秦设立郡县以来，县域拥有政治、经济、文化、社会等多方面的功能，是党的组织结构和国家政权结构的基本单元，也是我国最稳定、最全面的微观政治单位。因此，县域作为我国最基本的地域单元，对上有中央政府以及市级单位，向下还有乡镇基层单位[①]，既要上接"天线"又要下接"地气"，既具有"理论性"又兼备"实践性"，是推进国家治理体系与治理能力现代化的重要组成部分，在整个国家治理体系中具有基础性地位，同时起着承上启下的作用。因此，在新时代切实推进县域高质量发展、促进共同富裕战略目标下，加强县域治理意义重大。

一 县域治理的必要性与紧迫性

（一）邛崃基本概况

邛崃位于四川省成都市西南部，地处北纬30°12′~30°33′、东经103°04′~103°45′，东西长68.5公里，南北宽38.5公里。北与大邑县毗邻，东邻新津区、眉山市彭山区，西与雅安市雨城区、芦山县接壤，南与蒲江县、雅安市名山区相连，距成都市主城区65公里。[②] 全市行政区面积1377平方公里，辖6个街道办事处、8个镇、117个村、72个社区。[③]

邛崃始建于公元前311年，古称临邛。1994年6月6日经国务院批准撤销邛崃县，设立邛崃市（县级），由四川省直辖并委托成都市代管。邛崃迄今筑城置县已有2300余年历史，是巴蜀四大古城之一，自古便有"天府南来第一州"的美誉，并成功上榜"2020中国县域旅游综合竞争力百强县""2020年度中国文旅融合创新发展典范""2021中国最美乡村百佳县市"。

[①] 张娟娟、丁亮：《乡村振兴：治理逻辑、主体与关键领域——第三届县域治理高层论坛会议综述》，《社会主义研究》2019年第1期。

[②] 邛崃市人民政府网站，http://www.qionglai.gov.cn/。

[③] 数据来源：2020年邛崃市国民经济和社会发展统计公报。

（二）邛崃推进县域治理的重要性

从区位条件来看。邛崃是成都平原连接川西高原的重要走廊，也是唯一横跨成都"西控"和"南拓"的区（市）县。[1] 中国共产党邛崃市第十五次代表大会报告提出，要全力开创成都西部区域中心城市建设新局面，加快构建"一核两翼、三区协同"发展新格局，全力打造"四中心一枢纽"，努力为成都建强"极核""主干"做出新的更大贡献。由此可以看出，邛崃开启了建设成都西部区域中心城市的新征程，推进县域治理可以为成都西部县市乃至康藏地区参与成渝地区双城经济圈建设发挥"桥头堡"的重要作用。

从现实发展困境来看。第七次全国人口普查数据显示，2020 年邛崃市常住人口 602973 人，占成都市常住人口的比重为 2.88%，相比 2010 年的 4.05%下降了 1.17 个百分点，人口占比位居 20 个区（市）县的倒数第五。其中，城镇人口 322777 人，农村人口 280196 人，邛崃市城镇化率为 53.53%，比成都市城镇化率 78.77%低 25.24 个百分点。邛崃市 0~14 岁人口占比 12.48%，15~59 岁人口占比 62.60%，而 60 岁及以上人口占比 24.92%，其中 65 岁及以上人口占比 19.73%。邛崃市 60 岁及以上人口所占比重比成都市高 6.94 个百分点，仅次于成都东部新区（26.23%）、简阳市（26.21%）、彭州市（25.27%），位列全市 23 个行政区域[2]第四；65 岁及以上人口所占比重比成都市高 6.11 个百分点，仅次于成都东部新区（21.56%）、简阳市（21.44%），位列成都市第三。由此可以看出，邛崃市的城镇化率较低而人口老龄化程度比较深，公共服务品质不高、人口吸附力不强等问题突出。如何推进县域治理，强化城市吸聚效应、激发高质量发展活力，是邛崃市开创成都西部区域中心城市建设新局面的必然选择。

---

[1] 李好、冯杨：《邛崃建设成都西部区域中心路径选择》，《当代县域经济》2019 年第 5 期。
[2] 成都共有 23 个区（市）县，行政区划共有 20 个区（市）县，另外还有 3 个功能区，分别是成都高新区、天府新区成都直管区、东部新区。

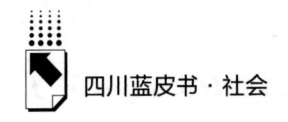

二 推进县域治理的探索与实践

县域治理涉及面比较广泛，主要包括党的建设、经济发展、社会稳定、民生改善、基层自治、生态治理等方面[①]，本文从"五位一体"总体布局出发，主动适应新时代县域高质量发展在政治、经济、文化、社会、生态等方面提出的实践需求，将邛崃市县域治理探索与实践总结为政府治理、经济治理、文化治理、社会治理和生态治理[②]五个方面。

（一）政府治理

邛崃坚持以党建为引领，积极发挥党领导统揽全局、协调各方的核心作用，着力构建上下贯通、执行有力、治理有序的组织体系。通过加强政府自身建设，切实提高干部队伍干事创业的本领素质，重塑干部特质，锻造"讲政治、懂城市、会经济、善治理"的高素质专业化干部队伍，凝练勇毅担当、谋新舍旧的气魄风骨，努力营造风清气正、廉洁高效的良好氛围。通过把抓落实作为政府工作的生命线，树立"一线工作"作风，坚持推进工作在一线，解决问题在一线，最大限度减少工作环节，切实提升政府工作效率和治理效能，为邛崃高质量发展提供坚实的政治保障。

（二）经济治理

邛崃把营商环境作为城市核心竞争力来塑造，以工程建设项目审批改革为突破口，全力打造"风景这边独好"的营商环境邛崃版本。通过创新审批方式、深化流程再造，全面实施行政审批"确定性"改革，让流程更精简、服务更贴心，并变"对标一流"为"超越一流"，从而创下多个"全国

---

① 萨日娜、刘守亮：《县域治理体系要件建设和治理能力提升的着力点》，《山东社会科学》2015年第9期。
② 郁俊莉、姚清晨：《内容指向与结果导向：县域治理评估框架构建研究》，《北京工业大学学报》（社会科学版）2020年第1期。

之最"的良好记录——审批确定性全国最高（实现审批事项确定性100%，让企业和群众"办事不求人，办成事不找人"）、服务方式全国最优（首创"无窗审批、专员服务"，实现有感服务、无感审批）、审批速度全国最快（例如，改革前从项目生成到竣工验收的全流程审批时间至少需要239个工作日，改革后压减至70个工作日）。随着营商环境的改变，邛崃吸引了国内外众多知名企业前来观光考察、投资发展，成甘工业园区、天邛产业园区、临邛工业园区良好的投资环境，促成了达能集团、阿克苏·诺贝尔以及立邦油漆、伊利乳业、神威药业、长兴化工、金六福酒业等世界500强和国内外知名企业落户。

（三）文化治理

邛崃历史文化资源丰富，主要有南方丝绸之路文化、茶马古道文化、邛窑文化、文君文化等，是四川省首批历史文化名城。近年来，邛崃一直在积极探索城市空间的创新发展，以"城市有机更新"实现千年古城蝶变新生为目标，注重深度挖掘千年古城历史遗迹以及汉赋秦歌文化中蕴含的城市美学价值，以临邛古城、邛窑遗址、"凤求凰"为抓手，让历史文化符号元素在城市空间中得以创造性展现。[①]

具体来看，一是充分挖掘在地资源，以临邛古城为核心，依托文脉坊、大北街-兴贤街项目，形成具有高颜值、生活味、归属感的特色文化消费场景，打造具有历史人文厚度、院巷市井温度、国际时尚潮度的古城人文美学商圈。二是积极构建包容性更广的人文环境，培养乐观包容、创新创业、重诺守约、务实拼搏的精神气质，弘扬传承优秀企业家精神，营造重商、亲商、安商的社会氛围。三是完善公共服务设施配套，持续引进优质教育、医疗资源，布局高能级文体设施，统筹推进体育馆、文化馆、图书馆、展览馆、市民活动中心"四馆一中心"建设提升工程，强化城市人文浸润，增强城市吸引力、提高城市品质。

---

① 李好、冯杨：《邛崃建设成都西部区域中心路径选择》，《当代县域经济》2019年第5期。

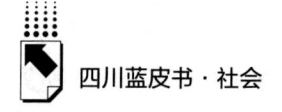

（四）社会治理

邛崃市全面贯彻落实中央、省委、市委关于城乡社区发展治理的重大部署，通过实施"一纲领、二平台、三支点、N举措"，扎实推进社区形态、业态、文态、生态、心态同步协调发展，努力实现城市有变化、市民有感受、社会有认同。按照社区五大基本要素，构建"3+4+11"三级社区分类体系，将城镇社区、乡村社区、产业社区细分为古城宜居、产业集群、文旅融合等11个小类，更加聚焦社区主题，更为凸显社区特色。同时，以创建国家文明城市、天府旅游名县为契机，紧扣"爱成都·迎大运"城市共建共治共享"七大行动"，积极开展"最美邛崃·文明有我"市民文明素质提升专项行动，撬动政府部门、社区居民、社会各界广泛参与，将"自己的家园自己建"的自治意识转化为自觉行为。通过常态化开展"书记龙门阵""崃茶叙"系列活动，搭建市委、市政府主要领导与企业代表、基层群众、行业人士对话渠道，解决问题、汇聚共识。目前，"书记龙门阵"已成为邛崃市推进现代治理的品牌活动之一。

（五）生态治理

邛崃坚定践行"两山"理念，突出生态优先、绿色发展，注重将优渥的生态本底导入生活、导入产业、导入城市，既优化提升区域生态质量和人居环境，又给市民游客带来一个可进入、可参与的亲近自然、融入自然的美丽新环境。具体来讲，主要以龙门山生态价值转化示范区建设为核心，以34.7公里白沫江水美乡村生态综合体EOD项目建设为脉，以10万亩川西竹海为面，以生境营造的逻辑、供排净治的方式，系统推进生态修复治理、绿道蓝网建设和大地景观塑造，构建承载美好生活的绿廊空间。通过积极的生态治理，让绿色成为最优质的资产，让良好生态成为最普惠的民生福祉，生动诠释"以控促优"的邛崃表达。

三 推进县域治理的路径选择

（一）探索"中心城市+特色镇"方式，增强人口集聚和承载能力

积极探索"小县大城""中心城市+特色镇"等符合邛崃特点的新型城镇化道路，推动产业和人口向县城和重点城镇聚集，实现人口集中、空间优化、要素集聚和产业发展的良性互动，走内生良性发展的道路。一方面，积极回应新发展阶段市民群众的美好生活需要和品质消费需求，将消费新场景作为城市生活的文化桃源、空间美学的脉络延伸，以做强标志性商圈建设、做精示范性场景打造、做优知名品牌招引为抓手，构建"活力商圈+特色场景+消费IP"的三级消费供给体系，打造区域生活消费中心，为加快建设成都西部区域中心城市蓄力；另一方面，做好"两项改革"的"后半篇"文章，统筹生产、生活、生态空间布局，强化特色镇、产业区的功能配套和多元功能聚合，通过提升服务功能、环境质量、文化内涵和发展品质，推进城乡基本公共服务均等化，提升特色镇人口集聚能力和承载能力。

（二）打通东西通道，提升区域辐射带动能力

作为成都西南门户重要的交通枢纽，邛崃着力构建"四轨四高六快"外连通道路网格局，通过推动"城市向东、辐射向西"重塑经济地理，建设成都"主干"服务辐射川西区域、向东融入的重要极核，践行邛崃建设成都西部区域中心城市的重大使命。一方面，要强化与雅安、甘孜等省内市（州）的规划衔接、交通连接、产业协同，探索建立区域利益分享机制，构建更加紧密的"总部+基地""研发+转化"协作关系。另一方面，要着力提升教育、医疗卫生等公共服务品质，主动对接雅安名山县、芦山县、宝兴县、甘孜泸定县等周边区县的民生需求，以高品质服务凸显邛崃宜居宜业优势，切实推动邛崃建设成都辐射服务川西

区域的重要极核。① 同时，要加快邛崃融入成渝地区双城经济圈步伐，从旅游资源、城市建设、历史底蕴、经济发展各方面加强与重庆的跨区域交流合作，打造优势互补、错位发展、同频共振、联动提升的合作样板，重现巴蜀文化走廊、生态旅游走廊、交通经济走廊，从而增加人流、物流在邛崃的集聚和流转。

（三）吸引人才下沉，激发城市发展活力

随着新一轮西部大开发战略的实施和成渝地区双城经济圈建设等一系列国家重大战略部署的纵深推进，四川省在全国发展大局中的战略地位得到极大提升，而成都作为四川省"一干多支"发展战略中的"主干"以及成渝地区双城经济圈的"中心城市"之一，吸引人才集聚具有较大的潜力和优势。邛崃市以此为契机，一方面，立足邛崃需求招引青年才俊，充分考虑引才、育才、用才、留才、助才整个人才产业链条各个环节的政策配套，从创业扶持、住房、医疗、子女就学、家属就业等方面给予特殊政策照顾，消除引进人才的后顾之忧，通过着眼于打造更优的平台、提供更好的服务、创造更多的机会，更好地为人才赋能，从而吸引更多优秀的活力人才下沉邛崃。另一方面，积极主动邀请邛崃本籍在外企业家、专家学者、在读大学生等优秀人才回乡参观考察，促成在外人才、技术、项目和资本回归。通过人才的集聚，激发邛崃市整个经济社会的发展活力。

（四）提升区域首位度，塑造城市新形象

中国共产党邛崃市第十五次代表大会报告提出要"加快提升区域首位度"，构筑城市比较优势，推动邛崃焕颜蝶变、跨越崛起是邛崃提升城市竞争力的关键。为此，要做到以下几点：一是继续深化营商环境综合改革，坚持把营商环境作为城市核心竞争力来塑造，推动营商环境成为承载要素流动、吸引项目落地、滋养创新创业的丰厚土壤，打造"风景这边独好"的

---

① 李好、冯杨：《邛崃建设成都西部区域中心路径选择》，《当代县域经济》2019年第5期。

营商环境邛崃升级版本。二是聚焦公共服务品质供给。邛崃应坚持以人民为中心，对标《成都市基本公共服务标准（2021年版）》，在完成规定动作基础上做优自选动作，通过补短板、强功能、优品质，完善教育、医疗、养老等城市配套服务，增强城市安全韧性，以城市的温度提升生活的向往度，努力实现城市有变化、市民有感受、社会有认同。三是以人文特质推动更新提能，塑靓城市颜值、彰显古城魅力、提升吸聚势能。邛崃应以创建国家文明城市、天府旅游名县为契机，发挥生态资源禀赋和人文特质优势，通过"城市有机更新"实现千年古城蝶变新生，充分展示邛崃山水之美、人文之厚、城市之韵，重现"巴蜀四大古城"和"天府南来第一州"的辉煌。通过着眼于城市功能的系统集成，以战略思维、营城理念、动力机制、治理体系的全方位变革，促进人城境业高度融合，全面提升城市能级位势，从而营造宜业、宜居、宜商、宜游的良好城市形象，让更多的人认识邛崃、走进邛崃、爱上邛崃。

参考文献

于建嵘、张正州：《理念、体系、能力：当前县域治理的转型困境与发展方向》，《学术界》2019年第6期。

郁俊莉、姚清晨：《内容指向与结果导向：县域治理评估框架构建研究》，《北京工业大学学报》（社会科学版）2020年第1期。

翟坤周：《新发展格局下乡村"产业—生态"协同振兴进路——基于县域治理分析框架》，《理论与改革》2021年第3期。

邹毅：《现阶段我国县域治理问题研究》，中共中央党校博士学位论文，2016。

唐惠敏、范和生：《县域社会治理：问题指向、核心目标与路径实践》，《宁夏社会科学》2021年第3期。

B.14 中心镇社会治理的四川实践与思考[*]

——以泸州为例

四川省社会科学院小城镇课题组[**]

摘　要： 四川将中心镇发展作为新型城镇化战略的重要抓手。城镇化引发的城乡资源配置和城乡关系的持续变化，不仅直接显现于城镇治理绩效，也引起了既有治理方式的变革和转型。本文基于四川中心镇社会治理政策和实践，分析中心镇社会治理与乡村社会治理的不同以及优化中心镇社会治理的建议。第一，将中心镇纳入政府治理的制度体系。第二，加强乡镇国土空间规划与事权协调。第三，构建地方政府全域村社发展治理体系性社会支持政策。第四，构建宜居型小城镇的民生指标。第五，推进乡村产业的可持续发展。第六，活化乡村文化，发挥文化艺术和创意在中心镇的可持续性作用。

关键词： 中心镇　社会治理　四川实践

四川将中心镇发展作为新型城镇化战略的重要抓手。城镇化引发的城乡资源配置和城乡关系的持续变化，不仅直接显现于城镇治理绩效，也引起了

---

[*] 本文系 2021 年四川省软科学项目"城乡融合中的小城镇社会治理"（项目编号：21KJT7429）的阶段性成果。

[**] 课题组成员：李羚，四川省社会科学院社会学研究所研究员，硕士研究生导师；胡勇，四川省社会科学院社会学研究所助理研究员；王楠，四川省社会科学院社会学研究所副研究馆员；兰琴，四川省社会科学院社会学研究所实习研究员。

既有治理方式的变革和转型。本文旨在从四川中心镇发展历程出发,研究小城镇治理的政策变迁及实践,以泸州中心镇社会治理实践为案例,进一步提出完善中心镇社会治理的对策建议。

一 中心镇发展与治理实践历程

当今城乡基层治理中,小城镇治理不可忽视。小城镇已成为中国独特的社会体系,具有连接基层社会与整体社会的功能。[1]中心镇社会治理与小城镇发展紧密相连。四川小城镇建设主要分三步走:第一,开启"两项改革",乡镇行政区划和村级建制调整改革,即小城镇发展的1.0版,是加强和改进乡村发展治理的一项重大基础性原创性改革。截至2018年,四川乡镇数量多达4610个、建制村数量多达4.54万个,[2]它是传统微型农业经济状态下的乡镇结构,存在乡镇数量多、规模小、密度大、实力弱四大缺陷,导致资源、服务和治理分散。四川省委直面矛盾、攻坚克难,把"两项改革"作为实现乡村有效治理的牵引性工程来抓,借势优化县域空间布局、人口布局、产业布局,分两批次开展乡镇行政区划调整改革,接续推进村级建制调整改革。以镇村建制调整改革为牵引,全省乡镇(街道)、建制村、村民小组分别减少1509个、1.9万余个、15.6万余个,减幅达32.73%、41.98%、40.41%;优化社区4778个、新增社区461个,顺势接续推进村民小组和城乡社区调整优化,推动城乡基层治理体系和治理能力结构性变革。[3]

第二,发展壮大中心镇,这是小城镇发展的结构性变化,即小城镇发展的2.0版。"两项改革"后,小城镇怎么办?可在小城镇基础上扶持发展中心镇。2019年7月,四川省委、省政府印发《关于推动县域经济高质量发

---

[1] 王春光:《县域社会学研究的学科价值和现实意义》,《中国社会科学评价》2020年第1期。
[2] 彭清华:《激活四川乡村治理"一池春水"——三台县、盐亭县"两项改革"调查》,《乡村振兴》2021年第1期。
[3] 《服务兴川大业 谱写爱民新篇——党的十九大以来四川民政工作综述》,《四川日报》2022年2月17日。

展的指导意见》,明确提出要"发展壮大中心镇,加快实现由镇向城转变,争取发展成为县域副中心",把中心镇建设作为巩固深化乡镇行政区划调整改革成果的重要抓手。2020年9月1日,四川省委办公厅、省政府办公厅印发了《关于推进中心镇改革发展的指导意见》(川委办〔2020〕17号,以下简称《指导意见》),明确提出推动中心镇改革发展的"6+5"工作框架和内容,为基层治理提供了行动框架。这两个文件,为深化中心镇发展目标、方向和行动提供了坚实的政策和制度支持。

第三,2021年重点培育中心镇的不同类型①和功能,即小城镇发展的3.0版。提升中心镇的"中心度",坚持中心集聚,引导人口、产业、服务等资源要素向中心镇集中,提高中心镇引领辐射带动能力,确保中心镇能够承担起为其他乡镇提供公共服务的职能。积极培育做强片区功能和中心镇,加快形成重要的人口集聚中心、交通枢纽节点、经济发展极核和公共服务高地,推动形成中心引领、功能衔接、互促互进的良好发展态势。

目前,四川县域内片区划分全面完成,共划分乡镇级片区809个,设置700个中心镇、128个副中心镇,架构起全省县域内"主干牵引、干支联动"的"四梁八柱"。将重点做好片区规划编制、优化片区资源配置、统筹推进"四大任务"落地落实三个方面工作,推动"两项改革""后半篇"文章乘势而进、行稳致远,以改革新成效推动新时代治蜀兴川再上新台阶。

为什么四川在推进小城镇建设中保持稳定与发展?主要原因在于:一是以规划强引领,由省委、省政府统筹规划,城镇体系更趋合理,全省共设置700个中心镇(127个县级政府驻地未设中心镇)、128个副中心镇、7392个中心村,县域内"县城(驻地镇)—中心镇(一级镇)—其他乡镇(街道)—中心村—其他村(社区)"的城乡梯次发展格局已具雏形,为全省县域经济

---

① 主要有三种大类型:在城市化发展区打造一批加工制造、商贸物流、科技教育等类型中心镇,将其培育成为城市卫星城镇;在农产品主产区打造一批特色农业、农旅结合、商贸物流等类型中心镇,将其培育成为高产优质、特色鲜明的城乡融合发展示范小城镇;在重点生态功能区打造一批生态旅游、文化体验、健康养生等类型中心镇,将其培育成为宜居宜业宜游的新型绿色低碳小城镇。

高质量发展、乡村全面振兴、新型城镇化建设、实现共同富裕提供有力支撑。①

二是强化县域行政区与经济区协调发展。从发展格局来看，县域城乡建设、产业发展、生态保护等功能分区更加明晰。围绕"一体两翼"特色发展战略，统筹政治与经济因素，以经济区思维谋发展，以行政区职责抓管理，全面推动县域内片区划分工作。从片区规模来看，全省共划分乡镇级片区809个，其中城市片区48个、城乡融合片区201个、农村片区560个；村级片区6812个，全省乡镇级片区平均包含3.83个乡镇，平均人口10.35万人，平均面积600.74平方公里，为更大范围促进产业集中连片、适度规模发展，培育做强区域经济板块奠定了基础。

三是赋权赋能乡镇职能改革，加大社会支持力度。乡村基层治理则是一套依托组织结构，衔接内外部资源，开展基层动员，达成治理目标的资源体系、组织体系、工作体系，是巩固拓展脱贫攻坚成果同乡村振兴有效衔接的最广泛、最基础的治理支撑。中心镇将推动扩权赋能，重点扩大在建设管理、市场监管、农业农村、交通运输等方面的行政权力。同时，拓宽投融资渠道，鼓励各地研究设立中心镇建设基金，搭建投融资平台，鼓励民间资本参与中心镇建设。在"两项改革""后半篇"文章的系列措施中，牵头开展了乡镇市政设施和村镇建设管理"两不一增"专项行动②，以进一步提升小城镇改革创新等方面的综合能力。

通过"两项改革"，实现了两个深刻变革：首先，县域社会结构多元化，形成了县域、小城镇、中心镇和乡镇、村社的结构。其次，中心镇类型呈现多样性，按照城市化发展区、农产品主产区和重点生态功能区，分类别推进中心镇发展改革工作，夯实县域经济高质量发展的底部基础。③

---

① 《四川县域内片区划分全面完成，全省划分乡镇级片区809个、设置中心镇700个》，四川在线，2022年1月10日。
② "两不一增"专项行动是指：开展被撤并乡镇污水处理设施评估论证和提质增效项目，优化调整生活垃圾收转运处置体系；实施被撤并乡镇市政设施不降低维护管理水平专项行动，明确被撤并乡镇市政设施管护责任，健全垃圾污水设施维护管理长效机制；积极指导各地对已入库候选的省级百强中心镇党政主要领导开展培训工作。
③ 《乡村国土空间规划怎么编制？》，《四川日报》2021年11月2日。

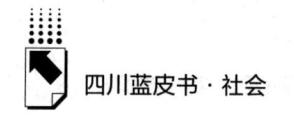

二 泸州中心镇社会治理的实践和经验

2019年以来，泸州市通过实施"两项改革"，乡镇（街道）从144个调减为126个，建制村从1335个调减为1143个，精简镇街事业机构359家，"两项改革""前半篇"文章取得阶段性成果。泸州市将在城市化发展区重点培育加工制造、商贸物流、科技教育等类型中心镇，发展城市卫星城镇；在农产品主产区重点培育特色农业、农旅结合、商贸物流等类型中心镇，发展高产优质、特色鲜明的城乡融合发展示范小城镇。到2025年底，全市争创10个"省级百强中心镇"，推动有条件的中心镇发展成为县域副中心和现代新型小城市。

（一）推动行政执法改革，创新街镇行政执法体系[①]

聚焦基层街镇执法"权责不清、力量分散、运行不畅、能力不足"等突出问题，重点扩大中心镇在建设管理、市场监管、农业农村、交通运输等方面的行政权力。龙马潭区积极推行街镇综合行政执法改革，全域实现街镇"一支队伍管执法"，基层街镇执法能力和效率大幅提升。

"一支队伍管执法。"坚持机构融合、人员整合、扁平管理，整合执法资源，统筹执法力量，推动基层执法由"分散执法"向"集中执法"转变。一是队伍重整。整合派驻至街镇的市场监管、城市管理、应急管理等执法队伍，全覆盖组建11支街镇综合行政执法队，推进标准化建设，统一制式服装、统一集中办公、统一标志标识、统一执法设备，破除基层多头执法、各自为政的难题。二是人员重组。将原街镇执法办公室、各行政执法部门配备的136名在编执法队员和120名执法辅助人员，交由街镇综合行政执法队统筹指挥调度，大力培养"一专多能型"执法人员，彻底解决基层执法力量分散薄弱等问题。三是机构重构。街镇综合行政执法队按副科级配备，设队

[①] 泸州市"两项改革""后半篇"文章专项工作领导小组办公室，2021年7月29日。

长1名、副队长3名，同时成立街镇综合行政执法队党支部，强化街镇党（工）委对综合行政执法工作的统一领导，切实提升基层执法的组织实施和专业水平。2021年以来，街镇综合行政执法队信访平均投诉量下降16%，案件办理量上升40%，立案案件办结率达100%，群众满意率达98%。

（二）探索县域医共体，优化农村卫生健康服务[①]

聚焦农村医疗机构布局不优、资源分布不均、功能定位不明的问题，纳溪区打破行政区划限制，整合片区、联盟、网格资源，构建"点、线、面"立体式县域医疗卫生服务新体系，提升医疗服务的可及性。

一是建立区、镇、村三级医疗卫生服务体系，推动医疗卫生资源下沉，覆盖全区156个村（社区）。二是打造乡镇医疗次中心。根据人口分布、交通条件和就医流向三大要素，在区域副中心大渡口镇、区域中心镇护国镇建设2个医疗卫生次中心。打造具备医疗救治、急救、技术指导、人才培训和公共卫生等功能的次中心"复合体"。三是密织乡村医疗服务网。按照"五个不变"的要求，坚持"宜并则并、宜留则留"及"撤小并弱"理念，撤并镇卫生院3个、村卫生室32个，壮大建制镇卫生院10个、社区卫生服务中心3个、村卫生室337个。乡村医疗卫生资源配置进一步优化，服务能力显著增强。

（三）清单制破解小城镇社会治理难题

多元主体参与社区治理常常面临职责不清的难题。江阳区以清单制为抓手，通过厘清治理主体的职责，促进共建共治共享新格局。

江阳区面对老旧城区空间局促、配套老旧、交通拥堵、人员复杂等问题，以泸州市最老城区皂角巷社区为切入点，破解问题化解矛盾焦点，瞄准群众幸福"靶心"，盘活存量和增量资源，大胆探索全过程党建引领、全领域共同参与、全方位服务到位的治理新方法，引领全区"两项改革"后老

[①] 泸州市"两项改革""后半篇"文章专项工作领导小组办公室，2021年9月30日。

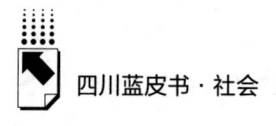

旧社区治理新局面。

一是制定网格（小区）党组织职责清单。进一步强化网格（小区）党组织领导核心功能，细化制定组织建设、推荐人选、意见收集、审议事项、阵地建设、服务居民等13项具体职责，实现网格（小区）党组织领导治理工作制度化、清单化，对业委会、物业企业加大指导和监督力度，资源整合力明显提升。二是制定业委会职责清单。聚焦督促和规范业委会履职，制定业委会监督管理业主共有收益、监督使用住宅专项维修资金、参与矛盾纠纷调解、丰富群众文化生活、监督物业企业履职等10项具体职责，为业委会参与治理工作细化"任务书"，系统回答了业委会"做什么""怎么做"的问题。三是制定物业企业职责清单。聚焦解决物业企业管理过度、服务不足的问题，制定物业企业在履行合约、信息公开、秩序维护、文明劝导、应急处置、代收费用、党群服务等11个方面的具体职责和履职要求，加强了网格（小区）党组织和业委会对物业企业的监督指导，物业企业履职担当意识更强，行为更加自觉、规范。

（四）注重产城人景融合，注重民生工程配套

"两项改革"中，纳溪区整合一批产业基础和发展条件相近的镇村，特色产业集中连片发展的基础越发坚实、态势越发明显。梅岭村"六村合一"是纳溪区整合优势资源、推动产业规模化发展的代表。

护国镇梅岭村是"纳溪特早茶"核心种植区，"两项改革"前，原梅岭、农民等6个村的茶叶种植分散、品种单一。为做好"后半篇"文章，确保"两项改革"终端见效，纳溪区广泛收集群众意见建议，实施"六村合一"，引导村民发展优良茶叶种植，统一规划建设产业道路、排灌渠、生产便道等，并在项目、资金等方面给予支持，产业集聚效应凸显。该村制定"纳溪特早茶"种植、管护、加工等标准，严把入市品质关，联合多家规模企业，共建共育"那溪那山"品牌。聘任2名"特聘村主任"助力茶产业发展，推进院士人才工作站建设，指导换代"中黄2号""黄金芽"等优良品种。做大做优全省首批乡村旅游实训基地，发展乡村旅游，带动茶农及周

边群众人均增收超过2000元，先后获"全国茶旅精品线路"、省乡村振兴示范村等殊荣。现如今，该村茶叶总面积达6万亩，茶产业综合产值超过10亿元。2020年村集体经济经营性收入达500万元，纯利润超过150万元，成为"纳溪第一村"。

（五）盘活闲置资源，创新集体经济

针对镇村公有资产面宽量大、分布广泛、组成复杂等特点，泸县教育、卫生等相关业务主管部门及各镇（街道）开展拉网式清查，按照"统筹兼顾、综合利用、分类处置、创新盘活"的总体思路，全面摸清资产底数、现状、问题，做实"三张清单"，厘清资产账目清单，梳理资产问题清单，制定资产盘活清单。[①] 按资产类别、分布、状况三类进行数据分析，出"重拳"做好资产清理。

通过全面清理摸排，全县镇级总资产房屋1492宗，面积126.59万平方米，其中闲置资产95宗，面积7.06万平方米；全县村级总资产房屋453宗，面积15.31万平方米，其中闲置资产206宗，面积8.43万平方米。问题清单的内容包括资产产权不完善、权属不清、排危成本高、地理位置偏远、房屋已倒塌等。发挥首创精神，分类制定盘活清单。因地制宜，精准施策，通过市场化处置、调剂使用、出租、助力产业发展、划转国有平台公司、拆除排危等方式，将301宗闲置资产分类列入盘活清单。

为充分发挥闲置资产效益，按照创新方式、分层分类、科学规划的原则，通过多种形式，切实推动"变资产为资本、变资产为资源、变闲置为利用"，做到"物尽其用"。

一是以调剂为导向，发挥集约效益。全县闲置资产通过调剂的形式充实办公用房和职工周转房20宗、面积3733.06平方米，用于便民服务25宗、面积4597.42平方米，用于公益事业44宗、面积13050.95平方米，用于集体经济驻地等7宗、面积3622平方米。二是以市场为导向，激活经济效益。

---

① 泸州市"两项改革""后半篇"文章专项工作领导小组办公室，2021年11月4日。

全县镇村资产市场化处置89宗，面积31166.98平方米。采取出租、入股分红、联合经营等方式兴办幼儿园、民宿酒店、仓储或管理用房等盘活48宗，面积37949.32平方米。如奇峰镇将原建校部分闲置校舍约10000平方米出租给泸县万顺羽绒有限公司变为厂房。三是以振兴乡村为导向，提升价值效益。组建泸县振兴乡村服务集团有限公司，38宗镇（街道）闲置公有资产以资本金方式注入；将村集体闲置资产以参股、租赁、联合经营等方式与公司进行合作，用于乡村振兴、产业发展等项目盘活村级资产180宗，面积66721.14平方米，增加村集体经济收入400余万元。

（六）全面推进农村基层组织建设，抓好三支队伍

为解决乡村振兴人才不足、特色产业融合发展不畅、集体经济发展遭遇瓶颈等困难问题，泸州市委组织部积极探索"特聘村主任"模式。

龙马潭区首创乡村振兴"特聘村主任"工作模式。选聘优秀的企业家、社会贤达为"特聘村主任"。"特聘村主任"主要是那些企业经营管理负责人以及熟悉农村事务、基层工作经验丰富的本土人员，通过选聘他们，凝聚一股力量，整合一批资源，带动乡村振兴发展。这是龙马潭区强化基层治理、提振乡村振兴、推动经济发展的创新举措。为吸纳优秀人才担任"特聘村主任"，龙马潭区专门制定《激励"特聘村主任"十条措施》，充分调动他们干事创业的热情，激励他们担当作为，即为强化基层治理、乡村振兴人才支撑，推动乡村振兴、经济发展而设立的村级"特设顾问"，履职范围包括参与村基层治理、提供智力支持、推介招引项目、搭建致富平台和鼓励直接投资，实行聘任制，一次聘期2年，不占村"两委"干部职数，不纳入村"两委"干部日常管理，不参与村日常内部事务，也不在聘任期间领取任何报酬、报销费用。还包括支持子女入学、奖励招商引资、扶持创新创业、加强评先评优等一系列超常举措，不断激励更多优秀成功人士回乡创业。

泸州民建会员企业家们积极响应，数名企业家当起了"特聘村主任"。如此一来，这群城市里善经营的企业家，便成了乡下"农创客"；懂技术的

管理者，成了坝坝头的"田秀才"，他们在农村这片广阔天地里创新创业，焕发出乡村振兴的巨大潜力。

三 中心镇社会治理面临的问题

课题组在调研中发现中心镇社会治理面临一些共性问题：第一，乡镇总体规划和乡镇土地利用总体规划（乡镇两规）的内容和实施都表现出对镇村的不适应性，难以全面指导乡镇的发展和对空间资源的有效管控。

第二，三支队伍建设亟待完善。特色产业发展缺乏有带动能力的新型农业经营主体，缺少懂技术、懂经营、会管理的农业从业人员，在招商方面因土地政策限制导致项目难以落实。有村社干部反映，集体经济发展中懂治理、懂运营、会联系群众的人才少，治理发展方式不适应，在严格的考核制下，村干部基本上按照基层党委、政府的指挥棒来开展工作，不断地接待上级检查督查考核，面临自由裁量权的压缩和问责风险的压力。

第三，"两项改革""后半篇"文章之乡镇政府购买服务项目绩效评价与中心镇民生发展不相适应。在调研中发现，政府购买服务方面：一是社会组织承载能力不够。目前，泸州县级社会组织发展处于初级阶段，面临机构数量不多、业务能力不强、专业领域不精、社工人才不足等问题，在实施项目时出现专业化不强、承载力不够等现象。二是预算资金相对零散。政府购买服务资金虽然纳入镇街财政预算统筹，但部分是上级专项资金。上级专项资金大多具有临时性、应急性的特点，具有很大的不确定性。三是购买服务种类单一。对照《泸州市江阳区镇街政府购买服务试点指导性目录》规定的六大类30个小类目录，镇街开展的购买服务项目还存在范围小、种类单一的问题。

第四，中心镇大量闲置资产亟待整合资源发挥效能。盘活用好镇村公有资产方面：一是效益发挥不充分。虽然总体资产盘活进度达到100%，但大部分用于充实办公用房、提升便民服务的公益事业等，市场化盘活不够，资产最大价值发挥不充分。部分非涉改镇街闲置资产因区位条件、市场行情差等导致盘活效果差。二是产权手续办理难。因多数资产形成时间早，现有人员无法厘清资产历史情况，既不了解具体情况也拿不出必要手续，导致确权手续办理困难。部分资产形成复杂，部分资产修建时由政府向村民购买集体土地并在该土地上建造形成国有房产，但土地未完成相关征收、供地手续，导致复合产权确权难。三是维修资金需求大。多数资产因年久失修变成危房，存在安全隐患，维修加固或打围封闭所需资金量大，且投入资金改造后能否盘活也具有不确定性。不具备维修的危旧资产就算投入资金拆除地上建筑物后，土地产权也未办理，形成新的遗留问题。

第五，县域医疗改革令医师和村医执业难。县域医疗卫生次中心通滩中心卫生院现有职工197人，编制数87个，现有编制不能满足县域医疗次中心发展需要。医疗机构更名影响基层医生执业。泰安和况场由街道卫生院更名为社区卫生服务中心，执业助理医师将无法独立执业，面临执业困难。村医安置退出机制不健全。撤村改居后，部分村医不具备执业资格，若不妥善安置，存在群体上访风险，而超龄村医强制退出难度大。

第六，城镇化与城乡基层治理中的新矛盾。农村人口空心化与撤并乡村土地征用、拆旧建新带来上访和群体性事件风险。大量青壮年外出打工，新建的农村社区面临空心化问题，中国的城镇化进程出现一个现象，"一头堵，一头热"。几亿农民工两头管不着，"'人户分离''人地分离''人房分离'，由此造成'人家分离'，成为基层社会治理中的最大难题"。[①] 另外，乡村产业与农户居住关系发生变化。乡村产业发展导致农民生产生活方式发生一些变化，城乡一体化、乡村社会如何影响城市，这是中心镇发展面临的难题。

四 完善中心镇社会治理的建议

"两项改革"后，中心镇的社会结构和人口结构、经济结构都发生了深

---

① 《乡村振兴实施中的弊端、隐患和对策》，文旅壹旅库，2022年3月1日。

刻变化，让中心镇起到承载产业集聚、分担县城功能、支撑县域发展的重要作用，还需要进一步加大政策支持力度。

第一，将中心镇纳入政府治理的制度体系。从系统的思维来看，国家要充分考虑中心镇政府治理转型在新型城镇化战略中的地位，将中心镇的发展嵌入整个区域发展系统中。乡村空间治理通过"自上而下"和"自下而上"相结合的动员和行动策略，构建新型村庄运营模式和组织机制，为落实实用性村庄规划和乡村振兴战略创造条件。因此，推进中心镇政府治理转型，除了在中观和宏观层次进行顶层设计外，还要考虑将治理层级下移，重视中心镇在推进城镇化与城乡一体化中的基础性作用。

第二，加强乡镇国土空间规划与事权协调。加快构建"县乡一体、条抓块统"的高效协同治理格局。即全面推进职能部门赋能基层、放权基层、服务基层，明确县乡权责界限；而"块统"，则是把乡镇做大做强，提高对资源、平台、队伍的统筹协同能力；结合我国的行政管理体制特点，乡镇国土空间总体规划既要与当下的乡镇事权相匹配，也要明晰并尝试改革县与乡镇之间的事权划分，逐步因地制宜地适当下放县级规划建设管理权限，提升乡镇政府的执政能力。如定向下放国土空间资源的管理权限，明晰乡镇政府在自然资源管理、监督和巡查方面的作用。强化财政和项目支持，提升中心镇政府在基本公共服务供给、社会保障、经济发展、流动人口管理、公共安全等方面的治理能力。

第三，构建地方政府全域村社发展治理体系性社会支持政策。中心镇面临深刻的结构型转变，群众需求和问题呈现多样性，尽快出台政府购买社会组织服务等系列村社治理支持政策，建构"五社联动"体系。通过发展与治理融合的视角，以制度体系重构破解政策重复低效困局。编制城乡社区发展规划，制定城乡社区发展治理条例，配套出台镇街职能转变、社区工作者规范化管理、社区营造等6个重点领域改革的文件和物业服务管理、社会组织有序发展等指导性实施细则，形成系统完备、相互协调、有序衔接的制度设计。

第四，构建宜居型小城镇的民生指标。从产业发展的角度来说，其基础在于民生，同时民生体系本身也是产业体系的一部分。民生福利的提升和发展，也能够带动区域产业整体发展，从而实现地域振兴。2022年"一号文件"提出乡村建设要重点加强普惠性、基础性和兜底性民生建设，健全实施机制。从宜居性的社会-文化维度来看，民生体系涉及认同感和场所感，人们的物质性福祉、机遇和生活方式选择等。[①] 借鉴国际慢城理念和发展框架，构建中心镇行动方案和中心镇民生发展指标体系，具体来说构建中心镇民生要素标准，分为福利和医疗设施领域、劳动就业领域、生活起居领域、生活环境领域、区域安全领域、文化教育领域六大类，进一步细化民生相关指标，促进形成小城镇的宜居型社会基础。

第五，推进乡村产业的可持续发展。首先，深化对乡村产业的认识，乡村的生产类型是丰富和多元的，有传统的乡村种植业养殖业，也有丰富多彩的乡村手工业，有大田的农业生产，也有庭院经济，更有现代社会的新产业类型。其次，强化乡村产业项目支持，对当地特色产业进行重点扶持、重点打造和重点营造。加强规划引导，在优势产业区发展多功能密集型产业集群。推动乡村产业交叉融合，持续推进农业与旅游、教育、文化和健康等产业的深度融合。在乡村振兴推进过程中推动社会组织参与乡村产业，为产业发展提供人才培育支持和从业人员培训，同时推行乡村休闲旅游、住宿、餐饮、旅行社和导游业等服务标准规范，提升服务质量及满意度。最后，大力发展农村直播、农村电商等乡村新业态，引导和鼓励互联网平台企业进一步深入农产品原产地，深入农产品的供应链建设中，进一步发展县、乡、村三级电子商务体系和快速物流配送体系，补齐县级以下地区的物流短板，尤其是冷链物流短板，促进城乡供需主体的有效对接。同时，完善新农人的培训体系，借助互联网平台开展免费培训、送课下乡等行动，有效帮助区域农产品进城走向全国，打造地域公共品牌，带动当地农民增收。

第六，活化乡村文化，发挥文化艺术和创意在中心镇的可持续性作用。小镇文化和传统的创意表达是社会可持续发展的重要元素。艺术和文化对城

[①] 〔美〕保罗·L.诺克斯、〔瑞士〕海克·迈耶：《小城镇的可持续性：经济、社会和环境创新》，易晓峰、苏燕羚译，中国建筑工业出版社，2018，第65页。

镇的活力而言始终是重要的。文化传承和传统融入小城镇的社会机理中，给了小城镇持续存在的意义。要保护并活态利用不同风貌的传统村落及乡土文物、非遗、民俗、红色文化及名人资源，创造发展多种乡村旅游，利用当地民俗物品、土菜、点心等，开发特色旅游产品；运用文化创意结合数字乡村建设，将乡土文化中的重要部分转化成高水平、强吸引力的旅游项目或场景。如果说脱贫攻坚更多要靠党政机关通过第一书记和工作队方式来推进以城促村，乡村振兴小城镇建设则需要更多专业团队和知识劳动者的能力（科学家、工程师、作家、艺术家、建筑师、设计师、经理等创意阶层）。加强高校科研院所与小城镇的链接，注重规划社区艺术文化、艺术创意项目，推进"小城镇文化艺术振兴计划"，成立小城镇艺术观光圈联盟，加强社区文化艺术相关人才培育，通过社区成员的参与和社区能力建设，推动小城镇居民在文化艺术和创意方面的互动，发现小城镇新体验，发展乡村文化艺术。

社会科学文献出版社

皮 书
智库成果出版与传播平台

❖ 皮书定义 ❖

皮书是对中国与世界发展状况和热点问题进行年度监测，以专业的角度、专家的视野和实证研究方法，针对某一领域或区域现状与发展态势展开分析和预测，具备前沿性、原创性、实证性、连续性、时效性等特点的公开出版物，由一系列权威研究报告组成。

❖ 皮书作者 ❖

皮书系列报告作者以国内外一流研究机构、知名高校等重点智库的研究人员为主，多为相关领域一流专家学者，他们的观点代表了当下学界对中国与世界的现实和未来最高水平的解读与分析。截至2021年底，皮书研创机构逾千家，报告作者累计超过10万人。

❖ 皮书荣誉 ❖

皮书作为中国社会科学院基础理论研究与应用对策研究融合发展的代表性成果，不仅是哲学社会科学工作者服务中国特色社会主义现代化建设的重要成果，更是助力中国特色新型智库建设、构建中国特色哲学社会科学"三大体系"的重要平台。皮书系列先后被列入"十二五""十三五""十四五"国家重点出版规划项目；2013~2022年，重点皮书列入中国社会科学院国家哲学社会科学创新工程项目。

权威报告·连续出版·独家资源

皮书数据库
ANNUAL REPORT(YEARBOOK) DATABASE

分析解读当下中国发展变迁的高端智库平台

所获荣誉

- 2020年，入选全国新闻出版深度融合发展创新案例
- 2019年，入选国家新闻出版署数字出版精品遴选推荐计划
- 2016年，入选"十三五"国家重点电子出版物出版规划骨干工程
- 2013年，荣获"中国出版政府奖·网络出版物奖"提名奖
- 连续多年荣获中国数字出版博览会"数字出版·优秀品牌"奖

皮书数据库　　"社科数托邦"微信公众号

www.pishu.com.cn

成为会员

登录网址www.pishu.com.cn访问皮书数据库网站或下载皮书数据库APP，通过手机号码验证或邮箱验证即可成为皮书数据库会员。

会员福利

- 已注册用户购书后可免费获赠100元皮书数据库充值卡。刮开充值卡涂层获取充值密码，登录并进入"会员中心"—"在线充值"—"充值卡充值"，充值成功即可购买和查看数据库内容。
- 会员福利最终解释权归社会科学文献出版社所有。

数据库服务热线：400-008-6695
数据库服务QQ：2475522410
数据库服务邮箱：database@ssap.cn
图书销售热线：010-59367070/7028
图书服务QQ：1265056568
图书服务邮箱：duzhe@ssap.cn

社会科学文献出版社　皮书系列
卡号：359727526327
密码：

S 基本子库
SUB DATABASE

中国社会发展数据库（下设 12 个专题子库）

紧扣人口、政治、外交、法律、教育、医疗卫生、资源环境等 12 个社会发展领域的前沿和热点，全面整合专业著作、智库报告、学术资讯、调研数据等类型资源，帮助用户追踪中国社会发展动态、研究社会发展战略与政策、了解社会热点问题、分析社会发展趋势。

中国经济发展数据库（下设 12 专题子库）

内容涵盖宏观经济、产业经济、工业经济、农业经济、财政金融、房地产经济、城市经济、商业贸易等 12 个重点经济领域，为把握经济运行态势、洞察经济发展规律、研判经济发展趋势、进行经济调控决策提供参考和依据。

中国行业发展数据库（下设 17 个专题子库）

以中国国民经济行业分类为依据，覆盖金融业、旅游业、交通运输业、能源矿产业、制造业等 100 多个行业，跟踪分析国民经济相关行业市场运行状况和政策导向，汇集行业发展前沿资讯，为投资、从业及各种经济决策提供理论支撑和实践指导。

中国区域发展数据库（下设 4 个专题子库）

对中国特定区域内的经济、社会、文化等领域现状与发展情况进行深度分析和预测，涉及省级行政区、城市群、城市、农村等不同维度，研究层级至县及县以下行政区，为学者研究地方经济社会宏观态势、经验模式、发展案例提供支撑，为地方政府决策提供参考。

中国文化传媒数据库（下设 18 个专题子库）

内容覆盖文化产业、新闻传播、电影娱乐、文学艺术、群众文化、图书情报等 18 个重点研究领域，聚焦文化传媒领域发展前沿、热点话题、行业实践，服务用户的教学科研、文化投资、企业规划等需要。

世界经济与国际关系数据库（下设 6 个专题子库）

整合世界经济、国际政治、世界文化与科技、全球性问题、国际组织与国际法、区域研究 6 大领域研究成果，对世界经济形势、国际形势进行连续性深度分析，对年度热点问题进行专题解读，为研判全球发展趋势提供事实和数据支持。

法律声明

"皮书系列"（含蓝皮书、绿皮书、黄皮书）之品牌由社会科学文献出版社最早使用并持续至今，现已被中国图书行业所熟知。"皮书系列"的相关商标已在国家商标管理部门商标局注册，包括但不限于LOGO（ ）、皮书、Pishu、经济蓝皮书、社会蓝皮书等。"皮书系列"图书的注册商标专用权及封面设计、版式设计的著作权均为社会科学文献出版社所有。未经社会科学文献出版社书面授权许可，任何使用与"皮书系列"图书注册商标、封面设计、版式设计相同或者近似的文字、图形或其组合的行为均系侵权行为。

经作者授权，本书的专有出版权及信息网络传播权等为社会科学文献出版社享有。未经社会科学文献出版社书面授权许可，任何就本书内容的复制、发行或以数字形式进行网络传播的行为均系侵权行为。

社会科学文献出版社将通过法律途径追究上述侵权行为的法律责任，维护自身合法权益。

欢迎社会各界人士对侵犯社会科学文献出版社上述权利的侵权行为进行举报。电话：010-59367121，电子邮箱：fawubu@ssap.cn。

社会科学文献出版社